ホームスクーリングに学ぶ

What the Rest of Us Can Learn from Homeschooling

リンダ・ドブソン 著

遠藤 公美恵 訳

緑風出版

What the Rest of Us
Can Learn from Homeschooling
by Linda Dobson

Japanese Translation rights arranged with
Three Rivers Press,a division of Random House,Inc.
through Japan UNI Agency.Inc.,Tokyo

目　次

ホームスクーリングに学ぶ

第4章　時間を作る　80

第5章　常識にとらわれない　107

序

わたしが本書を書き始めたころは、はらはらと落ちる木の葉が風に舞い、いかにも秋らしい匂いを運んでいました。けれども、大きなピクチャーウィンドーの外では、巨大なマリーゴールドが枯れる気配などみじんも見せずに咲き乱れ、惹き寄せられたオオカバマダラがゆったりと、花から花へと飛んでいました。わたしは手を止め、目をこらしました。

ホームスクーリングをする家族が、家庭で、子どもとともに学びながら、手探りで見つけ出してきた学習習慣やその秘訣についてご紹介する本を書き出すのにふさわしい、すばらしい光景ではありませんか。あの目がさめるほどあざやかな黒とオレンジの生き物の生まれもった目標への取りくみは、無造作で、ほとんど無計画に見えます。けれども、長い年月、たくさんの蝶を観察していれば、それが自然に備わった行動であることが、彼らが必要なときに必要なものを探し、生き延びる力を申し分なく備えているということが分かります。

わたしがこの一八年間に出会ったホームスクーラーの子どもたちは、それとよく似たやりかたで、学び、暮らしています。実際、わたしたちのほとんどが慣れ親しんでいる公立校の規則正しいやりかたにくらべたら、ホームスクーラーの教育はしばしば、蝶の行動と同じように、行きあたりばったりのように映るでしょう。しかし、こうした子どもたちと生活を共にし、つぶさに見守ってきた人は、混沌としたなかにも秩序が存在することを理解しています。ただ、その秩序の大部分が、専断的ともいえる学校のスケジュールやカリキュラムではなく、子どもの欲求《ニーズ》や興味に導かれているというだけのことなのです。

このように考えてみると、ホームスクーリングとは、本当に、驚くほどシンプルなコンセプトです。わたしたちに必要なのは、ただ、以下の二つのことを受け容れることだけです。(a)子どもは一人ひとりちがうということ。知能も、感情も、精神も、魂も、自分自身のペースで育っていくのだということ、(b)学習の「定式」として、あたりまえに受け容れられている学校のスケジュールやカリキュラムが唯一の方法ではないということ。そして、一人ひとりちがう子どもたちのすべてにあてはまる最善の方法ではないのかもしれないということ。

もし、(a)が受け容れられたなら、案ずるにはおよびません。さほど苦労もなく学校のスケジュールやカリキュラムが、すべての子どもにとって最善の学習方法とはいえないかもしれないという(b)にも納得がいくことでしょう。この本を読み進めるにあたっては、どうぞ、この、ホームスクーリングに取り組む家族が打ち出した、根本的なちがいを念頭に置いてください。そして、それをあなたご自身のご家族にどう適用できるかという視点で、考えてみてください。覚えておいていただきたい大事なことは、教育は、厳格な学校のスケジュールやカリキュラムではなく、子どものニーズや興味に導かれるべきだということです。

わたしは前著 ***“Homeschoolers' Success Stories”***（『ホームスクーラーのサクセス・ストーリー』（仮題））を書くに際して、ホームスクーリングで教育を受けた二四人の大人にインタビューする光栄に浴しました。彼らは、家族が一定のカリキュラムを利用したかいなかにかかわらず、成功していました。家庭が裕福か貧乏かも、彼らの成功には無関係でした。家族がホームスクーリングを選んだ理由も、成否を分かつものではありませんでした。実際、彼らの、多様な経歴に共通するのは、以下の二点のみだったのです。

・可能なかぎりの時間を学習にあて、個人的な興味を掘り下げた。
・両親その他の重大な意味を持つ大人から、理解と援助と擁護を受けた。

つまり、ホームスクーラーの成功を導く、もっとも大きな要素は二つ。子どもにできるかぎり自由な時間を与えるということ。そして、可能なかぎりの大人のサポートを提供するということなのです。これが、学習中心のライフスタイルであり、ホームスクーラーの秘密へと分け入る旅の原点です。

これこそあなたのすべての活動を積み重ねていく基盤なのだ、と考えてください。そのうえで、本書では、お子さんのほかの誰ともちがう学習者としての個性に配慮し、次に、望ましい学習環境を作り出すことを集中的に採りあげます。そして最後に、けれども、ほかのものにも劣らないほど大切なこととして、あなたが演じる極めて重要な役割にスポットライトをあてます。これには、あなたご自身の、学ぶうえでの失敗や成功を見せてやることから、子どもの宿題を含めた家庭学習を手伝うことまで含まれます。

この本で、わたしはあなたに、ホームスクーラーが教育をどのように経験するのかをたっぷりお目にかけるつもりです。さあ、想像してみてください。お子さんの教育が、ほかでもないお子さんのニーズや目標や夢にもっともかなったかたちで生ずるとしたら、どんな人生が開かれることでしょう。

この学習の道のりが、あなたのお気に召すものでありますように。

第1章　できるホームスクーラーの習慣とは

「真にオープンであるということは、すなわち、現代をぬくぬくと居心地のよい場所にしているすべての魅力を締め出す《クローズ》ということだ」

アラン・ブルーム *"The Closing of the American Mind"*（邦題：『アメリカンマインドの終焉』）

幼い少年のころ、デイヴィッド・ベイールは、州の首都について学ぶのを楽しんでいました。母親と、全国地理競技会という存在を発見したときは、いつか出場できたら楽しいだろうと思いを馳せたものです。それから五年後、デイヴィッドは出場を果たしていました――それも、一度ならず、四度も。去年、出場資格を得たとき、デイヴィッドはついに首位の座を射止め、二万五〇〇〇ドルの奨学金とオーストラリアへの家族旅行を獲得しました。

「両親は、ぼくがよりよく勉強できるよう、手伝ってくれたと思います」。デイヴィッドはこう話してくれました。「ぼくに向いた勉強のしかたを探す手助けをしてくれたんです。たとえ、世界一優秀な先生がずらりと揃っていたとしても、二〇人も三〇人もの生徒を相手に、それぞれが学ぶスタイルを最大限活かすなんてできっこないでしょう？」。

家庭で教育を受ける子どもたちがコンテストや、賞や、奨学金を勝ちとるたびに、メディアは、優秀な学力ばかりに注目します。大学進学適性試験《SAT》で一六〇〇点を記録した少女、ロボットコンテストで優勝したホームスクーラーのチーム、全米綴り字競技会で優勝した少年。そんな記事を前に、子どもを伝統的な学校に通わせている親は首をひねるかもしれません。「この子たちの家族は、うちとはちがう、どんなことをしているんだろう」と。毎日ドリルをやっている。毎週テストをする。「家庭学習」に何時間もかける。そんな想像をふくらませ、さぞや複雑で、自分の家ではとてもまねのできない学習法を実践しているのだという結論に達するかもしれません。

ホームスクーリングで学ぶなかには、たしかに、伝統的な学校の要素を生活にとり入れている子どももいます。教科書やテストや成績や本の感想文――読者が、ご自身の学校生活で経験されたようなこと一式です。けれども、コンテストで優秀な成績を治めるなかには、毎朝、目覚めると、従来の学校活動とは似ても似つかない――それこそ、ジェット機での空の旅と幌馬車での地面の移動ほどもかけ離れた――活動に向かう子どももいます。このことは、ホームスクーラーの教育的な成功の核心に、鉛筆と教科書以上の何かがあるという、最初の手がかりです。

あなたのような、そしてわたしのような普通の親が、なぜ、子どもに優れた学力を授ける「優秀な」親になれるのか。レポーターが訊くべき問いを発しないために、その肝心の答えは、メディアではまず見つかりません。もしかしたらあなたは、財産にも、学歴にも、住所にも、子どもの年齢にも一切かかわりなく、自分にも同じことができるのだということに、気づかずじまいになるかもしれません。もしもあなたが、成績のみならず、お子さんの自尊心や責任感や人生観を向上させる方法を探し求めている最中だとしたら、あなたは正しい場所にたどりつかれたのです。

本書では、たがいに重なりあって、子どもの身のまわりへの感動や興味を強くかきたて、家族全員にとって実り多き幸福な学習経験を生みだす四つの主な要素を検証していきます。第一に焦点を当てるのは、教育を、日常生活に浸透させ、優先事項にする、いわゆる「学習中心のライフスタイル」です。ご紹介するなかからいくつかの方法を選んで、学習中心のライフスタイルという姿勢を身につけてください。そして、親の愛情が持つ力について学び、提案を活かして、より多くの時間を一緒に過ごし、「常識の枠外」で考え始めましょう。

第二に、ほかの誰ともちがう個性を持った学習者としてのお子さんに着目します。これによって「子ども」を子ども時代に帰す理由がお分かりになるでしょうし、お子さんの学習のスタイルや、生まれつき持っている知性や、それをどう活用したらよいのかを探り当てること、そしてどの子にも通用する、実り多き学習の六つの原則に光をあてることが、いかに簡単かということを発見されるでしょう。

第三に、「フロー」概念を、お子さんの教育経験を豊かにし、発展させる手引きとしつつ、望ましい学習環境を作り出すことに着目します。さあ、ウォーキングシューズを履いてください。まもなく、あなたの住む地域――お子さんの最高の教室を、活用しに出かけるのですから！

最後に、学業の面で（も、その他の方面でも！）実り多きお子さんの人生で、親が果たす非常に重要な役割を掘り下げます。学習の進行係《ファシリテーター》という役目が、お子さんのもう一人の先生になるよりも、はるかに魅力的だということがきっとお分かりになるでしょう。どうしたら、ただ「声に出して考える」だけで、日常生活を送りながら、お子さんの基礎的な学習の技能を鍛えられるのかを学びましょう。お子さんとタッグを組んで宿題に――勉強に、秩序を正す技能に――取りくみましょう。やがてあなたは、お子さんの手助けをするうちに、自分自身について、そして世界について、どれほど多くを発見しているかに気がつかれることでしょう。

✽成功するホームスクーラーの七つの習慣✽

習慣というものは、ある行動を、長く、頻繁に行うあまりに、考えもせずにやるようになったときに生まれます。なかには（朝食を抜くなどの）悪い習慣もありますし、（テーブルを指でコツコツたたくなど）はた迷惑な習慣もありますが、多くは（お願いします、とか、ありがとうと言うことなど）よいものです。この例の場合、よい習慣の多くがそうであるように、まずは、礼儀正しいふるまいとはどんなものかを学び、次に繰り返し実践することによって、礼儀正しい習慣が身についた人になれます。「優秀な」親になるのにも、これと同じ概念があてはまります。子どもを伸ばす傾向のある活動がすっかり定着することによって、しばしば無意識的に、苦もなく、そうするようになるのです。「ありがとう」と言うのと同じように、反射的に、そういう行動をとるようになるわけです。

✱先輩からのアドバイス✱

とにかく、楽しむこと！

図書館や本屋さんには、子ども向けの、楽しくできる科学の実験の本がたくさんあります。何冊か選んで、子どもといっしょにやってみましょう。学んでいることについて、質問攻めにしようだなんて、考えるのも禁物。子どもに任せて、どんなことであれ、楽しみ、学ばせてあげましょう。彼らが主に学ぶのは、おそらく、学ぶということがどれほど面白いかということです。

子どもたちが、肩の力を抜いて、人生を楽しめるように導きましょう。なんだかんだと理屈をこねずに、マシュマロを焼いたり、詩を朗読したり、チョコレートを削って本物のホット・チョコレートを作りましょう。思い出を作るのです。ただでさえ、長い「就学」時間を、家に帰ってからまで引き延ばすことは、お子さんをより優秀な学び手にすることはありませんが、人生という経験を質的に豊かにすることは、たしかに、その効果をもたらします。わたしは、二、三日学校を休ませたら「なにかを逃す」かもしれないからという理由でおもしろい旅行の計画を取りやめた、などという話を聞くと、身震いしてしまいます。たったの二、三日でいったいどれほどのものを「逃す」というのでしょう。はっきり言えるのは、その旅行に行けばきっと得られた、新しい土地に出会う喜びとときめき、そして経験を「逃した」ということです！　手を伸ばせばそこには、大きな、魅力的な世界が開けているのに、そのすべてを吸収するチャンスを得られる子どもはあまりにも少ないのです。わたしたちにとって、ホームスクーリングでもっとも大切なのは、家族が一緒にいること、そして、実世界で、家族がともに、興味を追求するということです。このことは、子どもが学校に通っていようといまいと、できることです。

リリアン・ジョーンズ　カリフォルニア州　セバスタポル

これからご紹介する習慣は、有能なホームスクーラーの多くが、子どもと一緒に、幸せで実り多い教育経験を積み重ねていく基盤を作り出すのに用いているものです。繰り返し実践するように努めれば、これらは近い将来、「ありがとう」と口にするのと同じようにあたりまえの習慣になるでしょう。そして、お礼を言うのと同じように、それらは切り離すことのできない、人生の一部になるでしょう。以下の習慣を反射的に行うことはすなわち、「優秀な」親としての人生の切っても切れない一面となるのです。

習慣1　自分自身と子どもを信頼する

しばしば「ホームスクーリングの祖」と称されるジョン・ホルトは、画期的な代表作 *"How Children Learn"*（邦題：『学習の戦略――子どもたちはいかに学ぶか』）のなかで、子どもの学習を手助けするという複雑な仕事を、端的に表現しています。つまり「子どもを信頼しなさい」と。実にシンプルな響きですが、わたしたちの文化においては、もしかしたら、一番「成しがたい」課題なのかもしれません。それは、なぜでしょう。ホルトは、これが難しい理由をこう説明しています。「子どもを信頼しようと思えば、まず、自分自身を信頼することを学ばなければなりません。ところがわたしたちのほとんどは、子どものころ、自分は信頼に足りないと教えこまれているのです」。

このことはもしかしたら、教育を含め、人生の多くの分野において、わたしたちが専門家のアドバイスに依存したがる傾向を説明しているのかもしれません。場合によっては、実際に当初の問題が追い払われることもあるかもしれませんが、こんなふうに責任を放棄すれば、どんな結果が待っていることでしょうか。

「問題の解決を「専門家」に頼れば、結局、依存感情は強くなるばかりで、自分の人生を管理する能力への自信は蝕まれ、次にはまた別の「専門家」のもとに駆けこむ可能性が強くなるばかりです」とわたしは拙著*"The Art of Education : Reclaiming Your Family, Community, and Self"*〔仮題：教育という技　家族と、地域と、自分自身を取り戻すために（ホルト・アソシエイツ　一九九七年に再版）〕で書きました。「当面の問題は消えてなくなるでしょう。けれども、依存の副作用はけっして消えることなく残るのです」と。このような状態では、自分自身の感情や思考や選択からは遠ざかるばかり、ということになりかねません。

責任を専門家に押しつけるのではなく、自分で背負うとき、人は置かれた状況に固有で、外部の専門家には手の届かない感情や思考を取り戻すことができるのです。そしてほどなく、自分自身やその選択を、より信頼できるようになるでしょう。

つまり「優秀な」親の基本的な習慣とは、自分自身を――自分の思考や感情の正当性を、選択し、それにのっとって聡明な行動を起こす能力を、信頼することです。しかも、子どもに関していえば、今そのときの、そしてもっとも直接的で完全な姿を把握しているのは誰でしょうか。もちろん、わたしたち、親です。そういう、最新で行き届いた情報を持つ人こそ、どんな分野においても「専門家」と呼ばれるものではないでしょうか？

親として、自分には子どもが自立に向けて羽ばたいていくのに必要な手助けをするだけの愛と叡智があると信頼しましょう。生まれつき備わったこの力を再認すれば、きっと、子どもを信頼することもずっと簡単になるはずです。子どもの内面に、学びたいという欲求の種が眠っていることを信頼できるでしょう。そしてそのとき、種の成長に手を貸す庭師によく似た、学習の道案内《ガイド》としての自分の役割が見えてくることでしょう。

庭師は、種に成長を強いることができないのを知っています。マリーゴールドの種から、バラの花を咲かせることもできません。種を根本から変質させることはできないのです。よい庭師は、ただ、幼い種子を、経験上成長にかせをかけてしまうと分かっている有害な状況から守ります。肥料を与え、種が持つ可能性を最大限引き出すような環境づくりにつとめます。庭に蒔いた種のすべてが、同じ日に芽を出すわけでも、咲き誇るわけでも、同じ数の花をつけるわけではないことも、受け容れます。惜しみなく手を差し伸べながら、同時に、種が生来持つ「育つ力」を信頼します。

子どもが才能を発揮する手伝いをするのも同じで、彼らが内面に生まれもつ、成長し学ぶ、人間本来の才能を信頼し、それを支えるために最高の環境を整えてやることが必要なのです（学習環境については、パート3でより詳しく述べます）。このように、自分とわが子を信頼する習慣が身につけば、子どもの教育に対して責任を負うことも、ずっと簡単に思えることでしょう。

習慣2　学ぶ喜びを大切にする

まだ学校に上がる前の幼児が新しい環境に出会ったときの姿は、見ているこちらまでわくわくしてくるようです。新しい刺激が、生まれながらに備わっている好奇心の、消えることのない炎を激しく燃えあがらせるたびに、瞳がきらきらと輝きます。湧きあがる子ども本来のエネルギーで、物事の意味や結びつきが知りたいというあくことをしらない飢えを満たそうとまっすぐ探求に飛びこみ、新しい発見を積み重ねていきます。その姿はまさしく、小さな「学習マシーン」です。

ここで一つ、お子さんの就学年齢まで先回りしてみましょう。〔訳注：医師である〕ニコラス・H・アポストレリスは論文でこう問いかけています。「子どもが成長するにしたがって、学ぶことを愛する気持ちがかげっていくのは、適切な発達の段階であり、避けられないものなのだろうか？　問題は、学習環境なのか。色あせるのは、学ぶ情熱なのか、それとも、学校で教えられる科目への情熱なのか」（ちなみに、答えは順に、ノー、イエス、後者、です）。

そこで、有益な習慣とは、子どもの学ぶことを愛する気持ちを守る、あるいは、なんらかの――通常は楽しくない学習経験の――積み重ねによって、愛情が消えてしまった場合に、再びかきたてるために、できることはなんでもやることです。シアトル郊外に住むティーンエイジャー、リック・マーティンは幼稚園を卒園後、両親の目に映る自分が変わってしまった理由を、自分でも理解していました。「学校で、無理やり勉強させられるうちに、勉強したいって気持ちがどんどん、なくなっていったんだ」。彼はこう当事を振り返ります。「一年生の終わりには、入学したころには大好きだった絵の課題を完成させる気力もなくなっていた。単純なはなし、学校にうんざりしはじめていたんだ」。

母親のジャニーンの知るリックは、エネルギッシュで意思の強い子どもでした。ところが、目の前で、大好きだったその美点が失われようとしているのです。「リックのエネルギーを取り戻すためには、できるかぎり、手綱をゆるめてやらなければならないことが分かっていました。ですから、学校から帰ってきたあとは、時間を好きに使わせました。大好きだった絵を描くことが、学校で「奪われてしまった」ように感じているのは分かっていたので、画材を買い揃え、なにげなくコーヒーテーブルの上に置いておきました。絵筆を手に取るまで、二、三週間かかったでしょうか。そして、二カ月も経たないうちに、以前のように、次から次へと絵を描くようになりました。それに、毎週、二〇冊は本を読んでいましたね。誇張ではありませんよ！　あの子は『自分なりのやりかた』を通せることを喜んでいましたし、わたしは、とにかく、大切なわが子を取り戻すことができたことに胸を躍らせていました」。

習慣3　家族にとっての「学ぶ意義」を見極める

お子さんは、教育を受けるために、最低でも一三年間を投資します。それほどの歳月を費やす以上、自分たちの——家族の価値観や希望や夢、どんなことを知るのが大事だと思っているかということを、指針に据えない手はありません。それには、まず、親であるあなたご自身が、それを見極める習慣をつける必要があります。

こうして見極めた「学ぶ意義」は、ご家族が一緒に、学習中心のライフスタイルという道のりをゆく道しるべになります。多くの決断の指標になり、袋小路にはまりこんで費やしてしまう時間やお金やエネルギーの無駄を省く役にも立つでしょう。

キャリー・モーガンは、学習中心のライフスタイルを送る家庭にありがちな、あるジレンマに直面した経験を持っています。当時、二人の子どもをホームスクーリングしていた彼女は、自分がしていることに、まったく自信がありませんでした。そのため、別の親と話をすると、その家族がしていることがやたらに素晴しく思えて、同じようにするのに必要なものを手当たり次第に買いこむ始末でした。「たとえば、ある家族と話をして、古代ローマについて詳しく勉強しているところだ、と聞くでしょう。そうすると、それこそ、うちの子どもたちが知っておかなくちゃいけないことだって思えて、ほかのことはなんでもそっちのけになってしまうんです」と、キャリーは当事を思い出します。「そうしているうちに、お隣さんがなんの気なしに、上のお子さんはまだ字を読まないの？なんて訊いてくる。するともう、早速、かわいそうな息子に六時間もフォニックス［訳注：初心者に綴り字と発音の関係を教える語学の教授法］の勉強をさせるわけです。そうやって、風向きが変わるたびに、あっちこっちに流されていたけれど、ある日、決心したんです。目標をはっきり見定めないかぎり、達成することなんかできないのよって！」。

キャリーは数週間かけて「学識のある人物」とはどんな人間だろうと考えました。何ページ分も書き出し、まとめ、また書きだすことを繰り返し、ようやく、毎日目につく、冷蔵庫のドアに貼りだせる程度にまでまとめました。キャリーの思う学識のある人物の条件は、何よりもまず、自在に活用できる深く広範な知識という基盤と、生きているかぎり学びつづけられるほどの、学ぶことへの愛情を持っていることでした。他人とのコミュニケーションをうまくはかり、必要な情報をどうやって手に入れるかを知り、読み書きができ、少なくとも日常の用を足せる程度の、数学の知識をもっていること（もちろん、願わくは、万物のしくみと数学の結びつきを学ぼうと思うくらい、魅力を感じてほしいものですが）でした。

「こうして、リストを作ってみると、時間や資源や費用を、目標を達成するために一番必要なものに、注げるようになりました」とキャリーは言います。「こうすることで、ほかの家族がやっているすてきな物事を冷静に眺められるようになり、教育全体のなかの選択肢の一つとして、距離を置けるようになったのです。そのことで、どれほどのストレスから解放されたことか。本当に、肩の力が抜けましたよ！」。

この「学ぶ意義」を長々と、やたらと凝ったものにする必要はありません――実のところ、短く、分かりやすいもののほうが望ましいほどです。ただし、本心でなければなりません。お子さんの学校の目標とずれていると分かっていても、心配は要りません。柔軟に考えましょう。第2章以降でご紹介する、学習中心のライフスタイルを実践しはじめれば、かならず学習や自分自身について開眼するでしょうし、ときどき学ぶ意義に立ち返ってはそれを盛りこむ余地を残しておくべきだからです。

習慣4　教えることではなく、学ぶことに集中する

多くのホームスクーラーは、学習の効果を上げる秘訣は、子どもの学習の補佐に専念する習慣をつけることだと口を揃えます。というのは、子どもの教育をすることと、学習のプロセスを補佐することは、天と地ほどちがう行為だからです。

「子どもには『学ぶ』ための道具と機会が揃った、豊かな環境が必要ですが『教えられること』はさほどではありません」とリリアン・ジョーンズは言います。彼女はすでに大人になった息子、イーサンが七歳のときにホームスクーリングを始めました。「学ぶやりかたは人それぞれです。そして、当の本人以上に、自分の学習方法について、直感的に知っている人はいないのです」（このテーマについ

て、リリアンのお気に入りの記事の一連は、www.besthomeschooling.orgにてご参照ください）。

キャリー・モーガンは、自分にとっての学ぶ意義をまとめ、実践しはじめたのと同時に、この習慣も身につけようとしました。「リストに書き上げたことのほぼすべてが、誰かに教えられて身につくというよりも、物事の真価を正しく認識すること、そして学んだ内容を活かすことだと気がついたんです」と彼女は言います。「何かを学ぶという、発見という行為があってはじめて、子どもたちは自信をもって身につけたといえるのです。それは、さらに学びつづけ、自分にとって大切なスキルを研ぎ澄ます原動力になります」。

「たとえば」とキャリーは言葉を継ぎます。「ある日、息子は何もやることがない、と言い出しました。そのとき、ふと、わたしが図書館から借りてきていた火山についての本に目が止まりました。ぱらぱらとページをめくり、そして『内側から火を噴き出す山』に惹きつけられました。息子はすぐにパソコンに向かい、もっと詳しく調べはじめました。何カ月も経ってからも、まだ、もっと、もっとと調べつづけていましたね。もしも、わたしが息子の前に腰を据えて、教科書どおりの無味乾燥なやりかたで火山についての科学的な事実を『教えこもうと』したら、おそらく、あくびをもらし、次の、地震の項目に移ったとたんにすっかり忘れてしまったことでしょう」。

この、学ぶことに集中する習慣を身につけようとするとき、「教える」ことへの思い入れはがらがらと崩れ去ります。はじめは心が動くでしょうが、自宅のリビングルームを、子どもが戦々恐々とする厳格な教育の場にする必要がほとんどなきに等しいことはすぐに分かるはずです。親はたいてい、子どもの勉強の進度を支えていく能力に自信がないものですが、学ぶことに集中すれば、この不安の多くは解消されます。それは、特別な知識や訓練を必要としないからです。ホームスクーリングをしている親は、はたから見ると身を捨てて子どもに尽くしているように見えるものですが、よく観察すれば、家族が一丸となって、子どもが学ぶプロセスを支えているだけだということが分かるでしょう。ずいぶん、シンプルな話に聞こえる？　いい傾向です。だって、その通りなのですから。

習慣5　古い習慣を捨てる

特別に教育を勉強した経験がないとしても、おそらくあなたは学習について、何年にもわたって、たくさんのことを学んできたはずです。ところで、習慣がどのように身につくのだったかを思い出してください。ある物事を、長く、頻繁にやりつづけた結果、無意識にやるようになる――そうでしたね？　そう、わたしたち親の「学習」への考えかたは、ほとんどの場合、習慣に変質しているのです。

教育への取りくみかたを変えようと思うと、きっと、考えかたを変える必要があることに気づかれるでしょう。おそらく、新しい習慣を迎える場所を作るために、意識的に努力して、古い習慣を打ちやぶる必要があるかもしれません。古い考えかたに歯止めをかけるのにもっとも手っ取り早い方法は、その考えかたの根源である知識を脱ぎ捨てる――つまり、古い習慣を捨てる――ことでしょう。

たとえば、メールマガジンでホームスクールについて討議しあう、「ヴァージニア州いいとこ取りのホームスクール」（VaEclecticHomeschool）の発起人であり発行人でもあるシェイ・シーボーンはこう語ります。「それは、わたしの場合、二人の娘に『自分で調べてごらんなさい』と言うのをやめることでした。答えを知っているのに、わざと教えてやらないなんて、おかしな話ですものね。子どもたちに自分で調べるよう強制するのは、うらみがましさと、将来、調べもの嫌いになる結果を生みかねません」。そうなるのはきまって、シェイがうっかり「教師モード」に入ってしまうときだけだった。「わたしが知識を授けようと骨を折るよりも、子どもたちは、わたしがただ、一緒になって面白がったり、夢中になるほうを、ずっと喜びました。子どもたちがすんなりと経験したことを受け容れるのは、きまって、わたしが意識的に導こうとするときではなく、ありのままのわたしでいるときですね」。

もしも、百人のホームスクーラーに、自分たちが捨てなければならない古い習慣のなかで、一番重要なものはなんでしたかと訊ねれば、おそらく、百通りのちがう答えが返ってくるでしょう。サンドラ・ストラウスはカナダのオハイオで、夫と三人の子どもとともに、ホームスクーリングを行っています。彼女は元教師ですが、現在はパートタイムで、英語やカナダ特有の多文化に触れるために海外からカナダを訪れる学生を受け容れる、ホストファミリーを探す仕事をしています。「わたしの場合、以前は、子どもに好き勝手にやらせておいたら、価値のあることは何もしないと思っていましたが、その考えを捨てざるを得ませんでした」サンドラはこう語ります。「今では、子どもには自分の好きなことができるし、そうするべきだと分かっています。そう思うようになった今、わたしの役割は、子どもが人生に求めるものをつかんだり、実行する手伝いをすることになりました。結局、わたしが子どもたちのためにできる一番のことは、邪魔をしないことだったというわけなんです！　今、わたしがしているのは、子どもたちの意見を訊ね、質問に答え、求められたとき、そして、ときには求められていなくても、わたしなりの意見を述べるということだけです」。

古い殻を脱ぎ去るという習慣を育て、教育についての考えをひっくり返し、ためすすがめつ眺めてみましょう。そうすれば「学習」について、最高の学習に到達できるはずです。

習慣6　常に教育問題に興味を持ちつづける

ホームスクーリングをする親のほとんどは、教育問題に常に関心を持っています。よその家庭の母親が『リーダーズダイジェスト』誌を読むところを、ホームスクーリングをする母親の多くは、『エデュケーショナルウィーク』誌を手に取るという具合です。子どもの教育という重責が肩にかかっていることを自覚すれば、どんなメソッドや理論が、幾度もの科学的検証に耐えて支持されているのか、単純に、今月はどんな教育法がもてはやされているのかを、知っておかずにはいられないからです。

「ホームスクーラーの多くは、効果のない方法に時間やお金を無駄遣いするほどの余裕がないものです」と言うのは、テネシー州のホームスクーラーのための、ネットワークや総合的な情報センターであるテネシー州ホーム・エデュケーション・ドットコム（TnHomeEd.com）を創設したケイ・ブルックス。「だから、余念なくリサーチをするというわけ。もしかしたら、お子さんが基礎を正しく学べるチャンスはたった一つしかないかもしれません。なのに、その貴重な機会を、ほかのあれこれで台無しにしてしまうわけにはいかないでしょう？」。

ナッシュビルで四人の子どもを育てるケイは、一〇年前にホームスクーリングを始めた立場から、いくつか、具体的な提案があるといいます。「ホームスクーラーはだいたい、ホームスクーリングについての本を何冊も買うものです。でも、公立の学校に通わせる親で、公共教育についての本を買う人はめったにいないでしょう？　教育システムに批判的な本を買う親にいたっては、もっと少ないはずです。子どもにとっては、親であるあなたも、ちゃんと宿題をしているってことが大切なんですよ」。

✱先輩からのアドバイス✱

先生の殻を脱ぎ捨てて

ホームスクーリングを始めた当時、わたしは「先生」役のはずなのに、以前に教鞭をとっていたときのような、子どもを「教育する」ヴィジョンがありませんでした。さまざまな文献を読み、何人もの人と話をした経験から、学校教育のアプローチがわが家では効果を上げないだろうということは分かっていました。しかたなく、学習について、みずから抱くようになった信念の多くを、一つずつためしてみて、子どもたちの、そして家族の成長に役立ったものだけを残していきましたが、それは、やりがいのある仕事でした。

これは、終わりのないプロセスです。わたしは、自分が先に立って引っぱらないかぎり、子どもが学ぶことはできないという思いこみを捨てなければなりませんでした。「教師」であることを、「捨て」なければならない場面だったのです。わたしが「教育」しようとするたびに、子どもたちはほんのしばらくは我慢するものの、たちまち、へきえきしてしまうのでした。そんなとき、わたしは教職課程で出会った、心から尊敬する教授を思い出しました。教授はこう言っていたものです。「学習の本来あるべき姿は、『皿からハチミツを舐めとる』ようにするものだ」と。そしてわたしは、子どもがどう学ぶべきかをコントロールするのを、やめにしたのです。

サンドラ・ストラウス　カナダ　オンタリオ州　バーリントン

地元レベルで

教育問題に常に向きあうには、さまざまなレベルがあります。地元の学校システムについては、ほかの親と連携しておたがいの情報を交換することで、多くを知ることができるでしょう。子どもの先生に頼めば、カリキュラムのコピーをとってくれるはず。この書類には、通年の学習計画の概要と、課題をこなす順番が書かれています。これはそのクラスの議事録のようなもので、会議のときに議事録が果たす役割と同じように、その一年間のありかたと進行を設定するものだと考えてください。先生と電話で、あるいは直接会って、課題の進行のタイミングを探ってみましょう。クリスマスの前か、春休みの直後か。それとも、学年度末ぎりぎりか？

次には、ペンと数枚の紙を手に、カリキュラムを見直してみます。一枚には、自分だったらどうやって、課題を掘り下げ、子どもがちがうやりかたで学ぶ手伝いをするか、思いつくかぎり、書き出していきます。たとえば、子どもが南北戦争について勉強する予定があることを知ったとしましょう。もしも、あなたの両親が、ペンシルヴェニア州ゲティスバーグから目と鼻の先に住んでいたら、社会科見学の旅を計画することができます。書き出しましょう。たとえば、子どもが社会でインドについて勉強する予定なのが分かったら、もしかしたら、ガンディーのビデオを見ることで、勉強をより意義のあるものにできるかもしれない、とメモをとります。

二枚目の紙には、自分が調べなければならないことを書き出します。たとえば、子どもがその学年で、百分率と分数を勉強する予定だとすれば、勉強をより楽しくする手伝いをするために、親として、どんなソフトを自宅のパソコンに入れたらいいでしょう。理科に気候と気象についての研究が含まれていたら、近所に住む元気象学者が、その週、夕食を食べにきてはくれないか考えてみます。オモチャ屋で、気象に関係する科学キットを見かけたことはありませんか？　タイミングよく、クリスマスか、誕生日プレゼントの時期にあたってはいませんか？　もしかしたら、図書館で、課題そのものの、あるいは関係のあるテーマについて講演会を計画しているかもしれません。

お子さんと、カリキュラムを見直しましょう。カリキュラムが文書である場合には、多くが「教育関係者用語」で書かれていることが多いので、内容教科の意味を説明してやります。子どもが、どんな主題についてでも、思ったことを率直に口に出すよう促しましょう。どうしたら、勉強をより深めることができるか、子どもなりの考えを訊ねるのです。もしかしたら、お子さんはあなた以上に、ソフトウェアや映画や本や地域住民とその得意分野に精通するようになるかもしれません。

お子さんが気候の勉強をする予定を知ったとたんに、うめき声をもらすことも考えられます――その場合は、お天気キットに無駄なお金を注ぎこむ考えは捨てたほうが無難かもしれません。反面、簡単な機械の勉強をすることを知って、瞳を輝かせるかもしれません。だとしたら、オモチャ屋か――科学的な材料を扱う店や、オンラインストアをあたれば、おそらく、置き時計を自作するのに必要な材料がすべて揃ったキットが見つかるでしょう。

三枚目の紙には、子どもの提案を書き出し、さらに調査が必要な提案をチェックしておきます。子どもがそのトピックを面白いと思いさえしたら、子どもの調査を役立てるのは難しいことではないはずです。もしも、お子さんがどうやって調べたらいいのか分からない場合には、一緒に取りくむことが、学習への第一歩を踏み出させる現実的な方法ということになるでしょう。

州レベル

教育的な決定は、州レベルで下されるため、州議会の現状を常に把握し、どんな計画があるかという情報を得ておくことが大切です。どの州もウェブサイトを持っており、そこで新しい法案を公開しています。ちょっと電話をすれば、議題がいつ論議にかけられるかが分かるし、傍聴する計画も立てられます。

「ホームスクーラーは議題の急所を突いて、立法者に自分たちの希望を伝える名人で知られているんですよ」とは、ケイの談。「積極的に政治に参加しましょう」。選挙の年は、候補者に面談する多くのチャンスがあるし、学校の親のグループと一緒に非公式の会合を開くことも、簡単です。場所は、学校でも、地元の協会でも、あなたのお宅のリビングルームでも、ご自由に。

国レベル

ケイ・ブルックスは、学校問題について、全米教育協会や米国教員連盟やＰＴＡなどの組織が、頻繁に圧力を行使することを懸念しています。ある問題が、これら、あるいはこの種の団体の注目を惹くものである場合、その組織の立場とその立場をとる理由を理解しておくことが大切です。こうした非常に重要な情報をきちんと押さえておけば、その立場が子どもの興味にもっとも沿うものであるかどうかの判断をしやすくなります。

習慣7　まちがいを怖れず飛びこんでみる

一九二二年、あるそそっかしい医師が、おいしい、ふすま［訳注：小麦の外皮の部分。食物繊維や各種ミネラル、ビタミンが豊富］のおかゆを作っていたときのことです。うっかりおかゆをガス台にこぼしてしまったところ、たちまち、じゅーっと音をたて、かりかりしたフレークに変わりました。この医師は、好奇心に負けず劣らずの勇気の持ち主で、それをかじってみました。すると、おいしかったのです。この偶然のおかげで、今日のわたしたちは、ウィーティーズのシリアルにありつけるのです。実際、多くの偉大な発明はこれと同じように、不幸な成り立ち――俗に言う、まちがいから誕生しています。

いつのまにか「まちがい」は、本来こうむるべきではないそしりを受けるようになってしまいました（察するに、学校のいやな思い出を呼びさますせいではないかと思うのですが―ここでは本筋を離れるのはよしましょう）。けれども、まちがいは、人生につきものであるだけではなく、すばらしい学習のチャンスの源でもあるのです。かつてウィリアム・ジェイムズが言ったように「まちがいがなかったら、そもそも、何に取りくむべきか、分からないじゃないか？」ということです。

この原則はお子さんの場合にもあてはまるし、そのことについてはこのあと、より深く掘り下げますが、とりあえず、今、ここで問題にしているのは、お子さんと共に学ぶ方法を学ぶ過程における、親であるあなたのことです。どんどんやってみて、どんどんまちがう習慣を身につけましょう。メディアが作りあげる多くの虚像とはうらはらに、ホームスクーラーは、生身の親がつくる現実の家庭です。親も、ときにはかんしゃくを起こすし、一日中布団をかぶっていたいと願いもします。一緒に暮らす子どもたちだって、犬の散歩をさぼりたくなったり、野菜を食べるのがいやだと思う、生身の存在です。かならずしも他人の目には触れませんが、たくさんのまちがいを犯します。ただし、彼らのほとんどは、まちがいが、ほかでは得られないすばらしい学びをもたらすことがあるのを認識しています。

親がまちがえるうえで肝心なのは、子どもに対して、それを認める能力です。マリア・ロマーノはニュージャージー州に住む、四人の子どもを公立校に通わせる母親です。長子のソフィーは宿題をしなかったり、先生に口答えをして居残りをさせられたり、学校で問題を起こしてきた長い経歴を持っていました。ある日、学校から職場のマリアに電話がかかってきました。ソフィーがほかの女の子と取っくみあいのけんかを始め、停学処分になったから、迎えに来るように、というのです。

「ソフィーへの怒りで、目がくらむ思いでしたね」とマリアは思い返します。「迎えに行って、あの子が車に乗ってきたときも、けがはないかと声をかけることもしませんでした。それまでも何度となく、停学になりますよ、と釘を刺されてきたのに、ついに現実になってしまったのです」。

「わたしがしかけたんじゃないわ」。帰り道、ソフィーは小さな声で言いました。

「わたしは、嘘ばっかりって言いました。そして、その後、何度あの子がそう釈明しても、頭から信じようとしませんでした」。

ソフィーの停学処分から二日後、マリアは再び、今度は校長からの電話を、職場で受けました。

「けんかの相手の子が今さっき、お母さんに連れられてきました。友達にけしかけられて、ソフィーにけんかをふっかけたと告白しましたよ。すみませんでした、ミセス・ロマーノ。明日から、ソフィーを復学させてかまいません」。

マリアは家に電話をかけた。ソフィーにこのいいニュースを知らせるため、そして、もっと大事なことに、娘を信じなかったことを謝るために。「もともと、うちはしつけにはとても厳しいので、ソフィーに、お母さんがまちがっていた、と言うのは、今までしてきたなかでも、一番難しいことの一つでしたよ」。

マリアは仕事を終えて家に帰ると、ソフィーの部屋に行きました。すると、部屋には荷物を詰めたスーツケースが並んでいました。「いったい、これは何？」マリアは訊ねました。

「バス停に行くところだったのよ」ソフィーは答えました。「ママから電話がかかってきて、自分がまちがっていたと言われなかったら、もうとっくに出て行っていたわ」。

マリアのように、失敗を認めることは、人間をより大きくします。子どもとの絆がぐっと強まるか、マリアの場合と同じように、失わずにすむでしょう。誠実さは、誰もが認める美点なのですから。しかも「まちがえないこと」にしがみつくよりも、やってみるほうが大切なのだという、人生を通じて、非常に役立つ習慣を子どもが理解する姿を見られるというおまけがつきます。あなたは、言葉よりも強力な、生きたお手本として、「学ぶ」機会は、学校を卒業した後々までも——生涯存在すると教えることができるのです。しかも、もしかたら、ということもありえます。もしかしたら、習慣的にまちがいを怖れずやってみているうちに、あなたがたの一人が、次のシリアルブームで国中を席巻するかもしれないのです。

さて、こうして、これらの習慣になじみはじめたところで、どうしたらあなたにも、学習中心のライフスタイルを身につけられるかに、もう少し深く踏みこんでみましょう。

できるホームスクーラーの習慣

・可能なかぎり、自分の子どもの教育に対する責任を取り戻す。
・子どもの発見につきものの、生き生きとした学ぶ喜びを守る――あるいは、取り戻す。
・あなたの家庭ならではの教育の意義を、適当であれば子どもも交えて、定める。
・学ぶことに専念する。そうすれば、「教師」にならなければという切迫感は消えてなくなる。
・教育について新たに学び、それと同じくらい、既成概念を捨てる。
・地元・州・国家レベルの教育問題に精通する。
・まちがいを怖れず、やってみる。

第1部
ライフスタイルを見つめる

「わたしたちはなにかを出し惜しみしており、それが弱みとなっていた。そしてあるとき、それが、わたしたち自身なのだと分かった」

ロバート・フロスト“The Gift Outright”（仮題：『そのままの贈り物』）
[訳注：ジョン・F・ケネディが、「アメリカ人に喜びを与え、永遠に心に残る詩」と絶賛し、1961年の就任演説で朗読された詩]

第2章 「学習中心のライフスタイル」を身につける

わたしたちの国家は多様性を特徴としていて、「生きかた《ライフスタイル》」も人それぞれです。質素な生活をよしとする家庭があれば、そのお隣りに住む地方の名士は、ぜいたくな暮らしを楽しんでいるかもしれません。そして同じ界隈に、同性愛者も、信仰に生きる人も、フェミニズムを大切にする人も、住んでいるかもしれません。

では、「ライフスタイル」とはなんでしょう。人の生きかたを決定するものとは、なんなのでしょうか。単純な話、それは、人生の基調となる哲学――言ってみれば、人生の重要な決断の指針となる、道しるべのようなものです。「ライフスタイル」は、その人の核となる個人の信念、つまりあらゆる人生の選択のなかで、第一に優先されるものから生じます。

個々のライフスタイルは、どこに住むか、どうやってお金を使うか（あるいは使わないか）、どうしてある人とは友だちになりたいと思い、ある人とはそうなりたいと思わないのかなどの選択から、周囲にあきらかにされます。選挙でどんな候補者に投票するか、どんな慈善事業を支持するか、どんな話題を好んでとりあげるかなどが、それをはっきりと物語るのです。なかでも重要な指標は、余暇――何をするかを自由に決められる時間を、どう過ごすかということでしょう。つまり「ライフスタイル」とは、何を一番大切にするかという価値観から生ずるのです。

✱学習中心のライフスタイルを再構築する✱

公立学校への出席を義務づけるという概念の歴史は比較的浅く、登場してからせいぜい一五〇年ほどしか経っていません（当初、それを提案した人々が想定していたのは、国語の読み書きと計算が身につくまでのほんの数年間の教育でした）。それ以前は、現代のわたしたちが『人間社会で健全に自分らしく生きていくために必要な技能《ライフ・スキル》』と呼んでいるものは、日常的な活動や特定の技能習得を目指す徒弟制度を通じて、ごくあたりまえのこととして、大人から子どもへと伝えられていました。

やがて、進歩の風がこの大地に根ざした社会を席巻し、産業革命が登場すると、生活の一部としてあたりまえに学ぶありかたはだんだんとめずらしいものになっていきました。親は家を離れて職場に行かなければならず、子どもは家を離れて学校に行く。子どもの教育の「司令塔」は今や、家庭から学校へと変わったのです。

現代のホームスクーリング運動は、教育を家庭や地域に戻そうとするものです。現代のホームスクーリング家庭は、過去のライフスタイルを現代に適した形で再構築しています。その過程で、ほとんどのホームスクーリング家庭は、子どもの学習の進度への責任を、完全に引き受けてきました。そして、親が子どもの教育に責任を負うとき、驚くべきことが起こります。ある程度の期間（家庭によって、数カ月のことも、数年のこともあります）が過ぎると、はっきりそうと意識しないうちに、いつしか、いわゆる学習中心のライフスタイルが身につくのです。ただ、子どもの教育への責任を受け容れるだけで、学習を伴う機会を見つけること、生み出すことに意識を集中するようになります。昼も夜も、冬も夏も、仕事でも遊びでも、公私の別なく、家にいても、ほかのどこにいても。

思うに、これこそ、多くのホームスクーリング家庭が最終的に、お決まりの学校教育的な思考のくびきを離れる理由でしょう。ホームスクーラーは、子どもたちが、午前中のおばあちゃん宅への訪問、午後の散歩、晩、夕食の食卓での話し合いを通じて学ぶ姿をいやでも目にします。この生きた経験が、学習はいつでも、どこでも発生するという、十分な証拠となるのです（どんなことでも同じように、すぐに信じる人と、たくさんの証拠がないと信じられない人がいます。人によってかかる時間がちがうのはそのためです）。そのとき「家庭で学校をやる」ことから、自分たちにとって一番大切な信念や価値観に根ざした「カスタムメイドの」学習中心のライフスタイルへの移行が起こります。この学習中心のライフスタイルこそ、ホームスクーラーの驚くべき成功を支える基盤なのです。

✱誰でもできる、ホームスクーラーの暮らしかた✱

さあ、次のとっておきの秘密を聞く心構えはできているでしょうか。あなたがこの本を読んでいるのはおそらく、親が子どもに対して、あるいは子どものために、何をどうすれば、学校の成績が上がるのかを知りたいからでしょう。実際、子どもの成長のために必要なことの多くは、お子さんよりもご自身——親がどう変わり、学習の効果を支えるライフスタイルをどう作り出すかにかかっています。驚いた？　そう、ホームスクーラーの多くも、同じように驚くものです。

実は最近ゴルフに手を染めた初心者として、周囲の、ゴルフに関するものごとがなんにせよ目につくようになっているのですが、ゴルフのなんたるかについて、とくに至言だと感じたのは「ゴルフは広大なコースのみにてプレーするものにあらず。耳と耳のあいだの五と四分の一インチの領域で、するものだ」という一言でした。学習中心のライフスタイルが芽生えるのも同じく頭のなかで、そのあとすぐに、心がついてきます（この点については『フィールド・オブ・ドリームス』で主人公が聞いたささやきが、わたしの耳にも聞こえてきます。「やってみろ。そうすれば、みんながやって来る」と）。まずは、学習中心のライフスタイルを作り上げてみましょう。きっと、それは家族の生きかたになります。次にご紹介する三つの行動は、前章で説明した「信頼する習慣」に続いて、お子さんが能力を花開かせる応援をするというあなたの夢を支えるものです。

1　観察

庭師は、植物の成長に手を貸す、最善の方法をどう判断するのでしょう。できるかぎり最高の植物を育てることに関心がある以上、ありとあらゆるチャンスをのがさず、貪欲に、その植物について学ぼうとすることはたしかです。研究したり調べたり、同じ植物についての知識をもった、経験豊かな先輩庭師に話を聞いたりもするでしょう。そして、じっくりと、たっぷりと観察することでしょう。

庭師は、どの植物が何を好むかという手がかりに目を光らせます――この花は日光に当てることを好む。あちらの花には、もうちょっと湿度が必要、というように。それぞれの植物の性質を観察するのです――これは今、養分を根っこの成長に回しているようで、あちらは、茎を太くしている最中だ、というように。自分のするどんなことが、その活動を助長するかに注意を向けます。同じように、よくなかったことにも注目して、同じまちがいを繰り返さないようにします。

多くのホームスクーリングを行う親は、まさにこの観察という習慣によって、子どもが学習時間を最大限に活用できるように手を貸す方法を学ぶのです。パート２の、『子どもの個性を見つめる』では、多岐に渡る学習のスタイルや、お子さんの好みを見つけだすのに役立つ手がかりの詳細について、さらに掘り下げます。けれどもとりあえず、勉強や遊びにいそしんでいるときのお子さんを観察することから始めましょう。この興味深いエクササイズに取りくむにあたっては、いくつか注目すべきポイントがあります。

・お子さんに指示を与え、いくつか新しい課題をこなさせてみましょう。口で言うのと、やってみせるのと、どちらが効果的でしたか？
・自分一人でなにかに取りくむとき、お子さんが最初にやろうとするのは、以下のどれですか？　読んでみる、誰かに聞く、とにかく始めて、やりながら考える。または、これらをすべて組み合わせますか？
・子どもが宿題に取りくむ姿を観察しましょう。お子さんは静かな場所を選ぶでしょうか？　それとも、ラジオをつけますか？　あるいは、誰かが何かをやっている場所に移動するでしょうか。
・自由な時間に、お子さんは一人で静かな時間を過ごしたがりますか？　あるいは、人と一緒にいることを好みますか？
・お子さんは暇な時間に何をしますか？　構成遊び？　工作？　読書？　おしゃべり？　ランニング？　考えごと？
・得意なこと、苦手なことはなんでしょう。一生懸命打ちこんだときに、その努力をどのくらい形にできますか？

このほかにも、観察するべき状況はいくらでも思いつくでしょうし、ときには、まったく探してもいなかった情報が見つかることもあるでしょう。子どもの個性や好みに関する知識を活用することは、親が子どものためにできるほかのどんなことにもまして、学習効果を上げることにつながるのです。

2　ガイドする

自分自身への信頼、子どもへの信頼、そして、日々充実していく、わが子の好む学習のしかたについての知識という支えがあれば、この、ホームスクーリングの次なる秘訣は簡単に理解できます。つまり、わが子の学習に手を貸すのに、特別な訓練や教員免許は必要ありません！　必要なのは、ただ、自分を「学習のガイド」だと考えることだけです。

ニューヨークのアディロンダック山地の歴史は、アウトドアの冒険を求める都会人のガイドをして生計を立てる人々の豊富な逸話に彩られています。観光客は、自分たちが、広大な未開の山野で生き延びられないことが分かっており、そのために、迷子になったり、クマに襲われたり、凍死や飢死したりする危険に万が一にも遭わないために、ガイドを雇うのです。ただし、アウトドア体験に伴う作業は、すべて、観光客にゆだねられます。ガイドはただ、全員を危険から遠ざけておくために、行くべき方向を指し示すだけです。客が滝に向かってまっしぐらにカヌーを進めていれば、ガイドは危険を警告し、より安全な航路を提案します。気温が下がれば、客と一緒に焚き火を囲み、テントを張るのに一番よい地点や何を着れば寒さがしのげるかについて話し合います。

このようなガイドの仕事を、公立学校によって仕込まれた「先生像」——つまり、知識のすべてを授ける人——になぞらえる人はまずいないでしょう。彼らは客を守り、アドバイスをするために雇われており、自分自身の生きる糧を得るために、受け持った観光客が将来、再びこの地を訪れ、客になってくれたらという望みをかけて、できるかぎり手ごたえのある、楽しい経験になるよう心を砕くのです。

同様の観点から、多くのホームスクーラーは自分たちを、学習のガイドと考えています。作業そのものは、学習の当事者たる子どもたちが行います。親は、必要な資料――本であれ、学ぶ場であれ、ほかの人であれ――を提供し、観察し、相談に応じ、質問に答え、必要に応じて説明し、だいたいにおいて、子どもが安全で実りの多い道筋から外れないように見守ります。そして、子どもが将来、意欲的に、もっと多くを学ぶために戻ってきてくれたらという望みを託して、できるかぎり手ごたえのある、楽しい経験ができるように心を砕くのです。

3　励ます

がんばれ、がんばれ、ジョニー！　いいぞ、いいぞ、その調子！

わたしの知っている、ホームスクーラーの家庭では、ほとんど、両親が、わが子の応援団長です。子どもたちが、自分自身が、そして、学校での努力が「認められていない」と思うことの多い世の中ですが、成功するホームスクーラーはその学習経験において、たくさんの励ましを受けているものです（あなただって、上司にこれもまちがいこれも失敗と真っ赤に採点されたレポートを何度も差しもどされたら、努力が認められていないような気がしませんか?）。

子どもの学習経験を励ます方法は、よくできたとき（そして、同じくらい大切なのは、できるかぎりがんばったとき）に、背中をぽんぽんと叩いてやるだけにとどまりません。お子さんに聞こえるところで、お子さんの成果を他人《たにん》に話しましょう。自分自身が課題に挑戦し、そして成功した経験を、夕食の席で語りましょう。「学習」が親にとって大切なものであること、そして自分にとっても生きているかぎりそうであろうという秘めたメッセージが伝わるはずです。作文を読ませて、と言ってみましょう。算数の計算の見直しをしてやりましょう。子どもが勉強している課題について、かつて、自分が優れた映像番組から学んだことを話しましょう。課題について、自分自身の経験をもとに、楽しく語りあいましょう。将来の夢を話題にし、自分が求める未来を作り出すためには、何を知っている必要があるのか考えてみましょう。子どもと一対一で話す機会をできるかぎり見つけ出し、肯定的な印象を共有しましょう——子どもはほとんどの場合、愛する相手の期待に応えたいと願うものなのですから。

✱先輩からのアドバイス✱

強い家族

子どもを伝統的な学校に通わせる家族でも、ホームスクーラーの暮らしにある、たくさんの特権を味わうことは可能です。どうして、ですって？　なぜなら、子どもと暮らし、学ぶことは、ほとんどの親にとって、驚くほど「自然」なこと——ほとんど、本能的とすらいえることだからです。手近な、あらゆる手段や方法を用いて、親が子どもを導き、家族としてともに学ぶ。結局のところ、これこそわたしたちの祖先が実践していた暮らしかたではありませんか？

学習方面から家庭生活に働きかけることは、地域における、揺るぎなく尊敬されるべき機関という、家庭の自然で正当な役割としての力を強めます。そのために必要な資格など、ほとんどありません。やるべきことのほとんどは、ごくあたりまえの、親業にはつきもののセット内容。条件は、親が、それを信じることだけ。学ぶことが大好きで、子どもと時間を過ごすのが楽しくて、何よりも、子どもの瞳にあの「そうか！」という輝きが宿るとき、自分自身が晴れやかな気持ちになる――そんな親ならばきっと、家族の暮らしを中心にした学習のアプローチに最高に満足し、その成果を収めることができるでしょう。どんな内容をどう勉強しているかはそのときどきでちがいますが、それに関わらず、わたしは在宅の親として、この「学習中心のライフスタイル」のおかげで、自分の暮らしにとても満たされています。

このせわしない現代の世界において、家族中心の学習方法を始めるためには、手始めに、優先順位のシンプルな変化が必要かもしれません。家族の基本的なニーズと家族を第一にすることを覚えるのです。次に、家族の全員に、おたがいのこと、おたがいの興味について知り合うように促しましょう。ともに学び、掘り下げるのです。親として、あなたはきっと、足取りを緩め、子どもの話に耳を傾けることを学ぶでしょう。そして子どもたちは誰を頼るべきかをはっきりと知るでしょう。それが、両親なのだということを。

わたしからのアドバイス。それは、今日始めなさい、ということです。家族と話をしましょう。一緒に音楽を聴きましょう。ゲームをしましょう。探検しましょう。疑問をぶつけ合いましょう。心が求めていることを追求し、子どもとそれを分かち合いましょう。そうすることによって、子どもたちに、自分の心に従うすべを示すのです。子どもが自分たちの心が何を求めているのかを発見するのに手をかし、見守るうちに、あなたはきっと、子どもたちから多くを、子どもたちがあなたから学ぶよりも多くを学ぶことになるでしょう。

アン・ラーソン・フィッシャー　ワシントン州　カーソン

✱学習中心のライフスタイルを作りだす方法✱

さて、そろそろあなたも、ホームスクーラーの思考回路をたどり始めたころでしょう。そこで、次に、通常の学校教育を受けるお子さんのために、ホームスクーラーと同じような学習中心のライフスタイルを整える十の方法に注目してみましょう。

生活の局面を独立したものと考えず、全体を一つと考える。

こんな言葉を聞いたことがあるはずです。仕事と家庭の綱渡り」「家事と、子どもや夫（妻）と過ごす時間のやりくりに追われている」「大学と仕事、それに年老いていく両親の介護を必死でこなしている」。

子育て、そしてよりよい生活を送る方法、その両方か後者のみをテーマにした多くの書物は、この綱渡りをうまくやってのけるテクニックを紹介しています。けれども多くの場合、これこそが、悲劇への処方箋なのです。だって、どんな熟練の軽業師だって、綱から落ちることはあるのですから。落下によって失われるものが、人生の重要な一面だとしたら――一度の「うっかり」が悲惨な結果を招きかねません。

実は、人生におけるいくつもの責任を全部あわせて考え、境界線をできるかぎりぼかしてしまったほうが、はるかによいのです。学習中心のライフスタイルを送るうえで、このことがもっとも重要なのはお子さんの教育についてです。日々の暮らしと学習を隔てる偽りの境界線を引けば、お子さんが得るべき報酬をごまかし、全人格を豊かにする自然な結びつきを奪うことになるからです。

できるかぎり、お子さんにあなた自身の仕事を見せましょう。職場での出来事について、あなたが一緒に働くさまざまな人々について、あなた自身の新しい学習経験について、家庭で話をしましょう。できることなら、家庭に仕事を持ち帰り、子どもに、親が一日何をやっているのかを見せましょう。（子どものころ、わたしは弁護士の父親がブリーフケースに入れて帰ってくる証言録取書で「読む」技術に磨きをかけたものです）。お子さんを職場に連れて行き、親がいつも働いている環境を目で、耳で、鼻で堪能させましょう。

やるべきことは、まだあります。家庭生活を営むうえで必要なことの一切に思いを巡らせ、子どもに与えられがちな、ありきたりの「お使い」から一歩先に踏み出す方法を考え出しましょう。一緒に仕事をこなすことで、学習と生活を融合させるのです。たとえば、こんなことができるはずです。

- 食料品や日用品の在庫を調べ、買い物リストを作って、実際に店に出かける。
- 代金を支払い、小切手帳の収支を合わせる。
- 料理に挑戦する（学校にカップケーキを一ダース持っていなければならなかったり、バザーの即売会のためだったりしたら、とくに効果的）。
- 家のリフォーム、維持、改築をやってみる。
- ガーデニング、庭の美化や維持をしてみる。

・洗車や車のメンテナンスをしてみる。

どうせやらなければならない仕事なのです。あっちもこっちもと忙殺されるのではなく、すべてを一つのものとして考えることによって、お子さんと過ごす時間がずっと増えることでしょう。ただし、前もって覚悟していただきたいのは、お子さんが技能と知識を身につける過程においては、どの仕事も、普段よりもちょっと時間を食うだろうということです。けれども、それが楽しく、興味を惹きつけるものであれば、子どもの能力は急速に伸びますし、いずれ気がつけば、「仕事」とは関係なく、一緒に過ごす時間ができているはずです。

「感動」する力を持ちつづける（または、取り戻す）

学習中心のライフスタイルを送るためには、学習への意欲が必要です。そして親であるあなたには、その身近なお手本となる、すばらしいチャンスがあるのです。運のよい人は、この意欲の源である、「感動」という気持ちを持ちつづけることができますが、そうでない人も、ただ、取り戻せばよいだけのことです。

サマンサ・ブイヤーは郊外にあるイリノイ州立学校から、二人の中学年の息子を連れ帰ってきました。彼女の談によれば、当時、手を尽くし、言葉を尽くしてきたにもかかわらず、子どもたちがホームスクール関連の本や雑誌でたびたび語られていた「学習熱」に感染する兆しはありませんでした。「ちょうどそのころ、チャリティーの資金集めで、キルトを縫っていました。そして、気がついたのです。以前にやっていた、縫い物や物作りを、自分がどれほど懐かしく思っているかということに。そして、もう一度始めました。材料をどっさり仕入れて、少なくとも一ダースの計画に一気に取りくみました。そのなかには、息子たちの部屋の改装も含まれていて、一緒になっていろいろ決めているうちに、わたしの熱意がうつったようでした。なにしろわたしときたら、本や雑誌を夢中で読み漁って、新しいテクニックについて考えたことを、あれやこれやと口にしていましたから」。

振り返ってみると、息子たちが電車の模型や、サッカーや、天文学その他のテーマについての情報を求めて、母親の頻繁な図書館通いについてきたがるようになったのはこのころだったといいます。子どもたちは、学習熱にかかっている人とじかに接することによって、それに感染したわけです。

遊ぶ

子どもはごく自然に遊びます。幼ければ幼いほどそうですし、それには理由があります。子どもにとって、遊びは生活の実験場――安心して実験でき、ばらばらの断片を無数の方法でつなぎ合わせ、熟練するまで、繰り返し技能を磨く（これをまたの名で練習といいます）場です。遊びは好奇心と想像力が君臨する、無限の可能性を秘めた王国なのです。子どもにとって、自分自身を表現し、同時に、知るための手段でもあります。

「わたしは、遊びは時間の無駄――大事でもなんでもなく、子どもがやるべきことを終えたときに「おざなりに」やる程度のものだという考えを捨てざるを得ませんでした」と振り返るのは、元教師のサンドラ・ストラウスです。「今では、子どもが遊んでいるのをじっと観察していますよ。目の前で繰り広げられる光景に、驚嘆しています。

「二五歳になる息子も、下の子たちと遊びます。よく、ばかばかしいと思われてしまいがちなことを、一緒になってやっています。くつろいで、何かを作ったり、まねをしあったり、ふざけたり――成長しています。遊びは子どもの「本分」ですね。将来、きっとわたしは誇りをもって、こう言うでしょう」彼女はこう結びました。「うちの子どもたちは、精一杯子ども時代を生きました、って」。

この、遊びという生活の実験場をより広げてみましょう！　学習中心のライフスタイルに、目に見えて効果があらわれるはずです。遊びにお子さんを参加させるのをお忘れなく。家族会議を開いて、どんな遊びならばみんなが楽しめるか話しあってみましょう。ボードゲームやスポーツにかぎる必要はありません。全員が楽しめるものを探しましょう。歌でも、踊りでも、運動でも、絵でも、彫刻でも、ハイキングでも、泳ぎでも、爪揚げでも、角砂糖でイヌイットが住むようなドーム状の小屋を作るのでも、ミステリーの謎解きでも、キルトでも、マジックをするのでも、独演コメディーを演ずるのでも、写真を撮るのでも。

ゲームをすることもさることながら、ここでより大切なのは、あなたがゲームをするための時間を割いているということです。くつろいで、子どもと同じ目線で学ぶという考えになじみましょう。テレビを消し、電話のスイッチを切って、リラックスして、請求書のことも忘れ、遊びに没頭するのです。

一緒に遊ぶのは、学習中心のライフスタイルに楽しく乗り出す、一番の近道です。そして――驚くなかれ、ご自分のストレス解消にも役立つのです。

受動的なレジャーから、能動的なレジャーへ

ミハイ・チクセントミハイ教授は、その道の研究者の一人として、三〇年来、次の疑問に答えるべく、精進しています。人生を有益で、生きがいのあるものにするのは、なんでしょう？　多数の著作を持つ教授は、彼曰く「フロー」というものについての本のなかで、研究の成果を明らかにしています。*"Finding Flow : The Psychology of Engagement with Everyday Life"*〔仮題：『フローの発見　日常生活の心理学』〕という作品のなかで、教授は「フロー」とは「多くの人が語ってきた、ある行動に対してまったく苦痛を感じない気持ち、人生において傑出した最高の瞬間に感じるもの」の暗喩であると語っています。

子どもへの教育というものがすべからく、有用で生きがいのある人生を作り出すことを重んじているのだとすれば、親としては、教授の発見を、それが子どもの学業の成否にどう役立つかという視点でじっくり考えてみたいとお思いになるはずです。しかし、それについては、9章で詳しく追求するとして、ここでは、チクセントミハイ教授の「フロー」についての発見を、余暇の過ごしかたに関するかぎりでとりあげることにします。

こんな筋立てを思い浮かべてください。アメリカ全土の、何百万軒という家庭で繰り返されていることです。

家族がそれぞれ、仕事や学校から疲れて帰ってきて、ありあわせにせよなんにせよ夕食を作り、食べたあと、ちょっとした——だいたいにおいてテレビ視聴というかたちの——「とりとめもない」

活動で脳や神経系統を休ませる……。こうした行為はしばしば「くつろぎ」と呼ばれます。

けれども、チクセントミハイ教授はこう言います。「テレビを観たり、からだを休めるなどといった、受動的なレジャー活動の最中に「フロー」（または人生における最高の瞬間）を体験したと報告する人はいないに等しい」。

テレビ漬けになることの弊害は、この四角い箱が大挙して家庭に押し寄せてきて以来議論の的となってきましたが、なかでもチクセントミハイ教授は、過剰なテレビ視聴（あるいはその他の受動的な娯楽）と人生の質の低さとをじかに結びつけています。これが本当だとしたら、何よりも痛ましいのは「フロー」を生み出すような能動的な娯楽がチクセントミハイ教授の談を借りれば、「通常、人の自由時間の過ごしかたのなかで、四番手、五番手でしかない。多くの人は、テレビを観るなどといった受動的な娯楽に時間を取られすぎている」ことです。

教授の説明によれば、人は本来、可能なかぎり、精神の集中と努力を伴うフローの瞬間を作り出すべきなのです（車を運転しているときにもっとも「フロー」を体験するという人がいるのはこのためです）。どうしたらこれを実現できるでしょう。

「人は、趣味に取りくんでいるとき、運動をしているとき、楽器を奏でているとき、映画やレストランへの外出時に、一日のほかの時間にくらべて、フロー状態にあることが多い」と教授は言います。

つまり、学習中心のライフスタイルは「テレビを抹殺」し、やりがいと意欲をかきたてられるような——たとえば、あなたが家族との「遊び」に選ぶ活動——に身を投じているときに、一番、出現しやすいのです。

常日頃から、学習に関する既成概念に疑問を投げかける

遊びや積極的な娯楽が学習中心のライフスタイルの物理的な側面だとすれば、学習に関する既成概念に疑問を投げかけることは、精神的な活動であるといえるでしょう。すでに、「教育とはなんぞや」という自分なりの定義づけに取りくんでいらっしゃる方ならばおそらく、学校が、学校に出席することが、あなたの生活にどれほど大きな影響を与えているかに気づき始めていることでしょう。「なにしろ学校は、一日を、一週間を、一年を、一生までもを、決定してしまうのですから」と指摘するのは、二人の子どもをホームスクーリングで育てながら、ヴァージニア州のホーム・エデュケーション協会でボランティアを務めるエリザベス・マクロー。「うちの子どもが通う学校は次から次へと『指令』を突きつけてくるんです。まるで、自分たちの家庭生活の手綱を奪われてしまったような気がしてきますよ」。

では、よき親としては、どうしたらいいのでしょう？　「ときには、『ノー』と言うことです」と、エリザベスは提案します。「そうすることによって、自分に、どの程度のかかわりかたならば快適かを決める権限があることを確認できます。子どものために正しいことをしていると思うのであれば、他人への罪悪感に足を取られるべきではありません」。

罪悪感といえば、もしもお子さんが学校の勉強や友だちづきあいに困難を感じているとしたら、それは既成概念に疑問を投げかけるのにうってつけの足がかりになるでしょう。問題は本当に、学習障害なのでしょうか。教育障害なのではなく？　注意力の欠如なのでしょうか。カリキュラムの退屈

さではなく？　本当に、多動なのでしょうか。ただ、幼い子どもが、幼い子どもらしくふるまっているのではなく？　内向的すぎる、というのは本当でしょうか。ただ、物静かで内省的なタイプだというだけではなく？

学習中心のライフスタイルには、よく考えることが必須です。それも、学習という行為や目的についてだけではなく、主体、場所、とき、理由、過程、そして、子どもが投じた時間に見合う最大の利益を受け取れるようにしてやるために、親としてなにができるかを考えるのです。

「怖がってはいけません」エリザベスはこうアドバイスします。「いいえ、たとえ怖くても、とにかく、やってみるんです。別に、子どもを学校から引き離せというのではありません。ただ、これまでずっと、あたりまえだと思ってきた制度や既成概念に疑問を投げかけてみるんです。ちょっと主流に逆らってみて、それによって生まれる自由を楽しむのです」。

学んでみる

とにかく手っ取り早く、学習中心のライフスタイルを身につける秘訣を知りたい——？　それなら、何かを学ぶことです！

そう、あなたご自身が、実験台になるのです。ずっと興味は持っていたものの、勉強したり挑戦したりする時間が取れなかった何かを選びましょう（ここで肝心な要素は「興味」です）。ここで言うのは、八年間かけて医師になろうというのではなく、生涯学習の講座の手を借りたり、あなたが選んだテーマに習熟した友人や隣人や親戚と一緒に時々午後を過ごすことによって自習できるような対象を選びましょう、ということです。

先に申し上げたように、わたしは、ゴルフというゲームの初心者です。最近、わたしは自分自身のアドバイスを実践する機会を得て、この老いぼれが、新しい芸当をどんなふうに学ぶのか、観察しました。ゴルフクラブを手に入れると早速、息子に、基本を実演してくれるよう頼みました。わが家のリビングルームでではなく、教科書を介してでもなく、本物の道具を実際に操れるゴルフ練習場で。はじめは手も足も出ず、その後もあらゆるまちがいをしでかしたのち、それを正すさまざまな方法を試してみるために、練習場に通いつめました。図書館から借りてきた何冊かのゴルフの本にあたり、六回ほど特訓して少なくとも多少の専門用語に通じるようにすると同時に、とにかくできるだけ遠くにできるだけまっすぐボールを飛ばすという目標を掲げて、俗にゴルフコースと呼ばれる広大な土地を訪ねました。

また、都合をつけて、ゴルフクリニックにせっせと出席しました。そこで受けたマンツーマンのレッスンは、スイングを飛躍的に上達させてくれたものです。日曜の午後が雨のときは、男女を問わず、テレビでプロのトーナメントを観戦しました。どこの空港でも、ゴルフ雑誌を手に取り、時間の許すかぎり、ゴルフ関連のウェブサイトを検索しました。知っているかぎりのゴルフ愛好家を質問攻めにしました。そのうちの多くは、ほかのどこにもまして充実したアドバイスが受けられるコースに、親切に同行してくださったものです。アドバイスもさることながら、これらはすばらしい楽しみでした。

もしかしたら、学生時代をとうに過ぎた大人になってからコンピューターの手ほどきを受けた方なら、同じような経験をされているかもしれません。どんなふうに、コンピューターを覚えましたか？　学んで、使えるようになったはずです。ちょっとキーを押してみて、質問をして、本を拾い読みして、なにがいけないのか察しをつけ、もう一度、練習してみる。一口でいえば、学習したのです。

多くのホームスクーラーが発見してきたもう一つの大切な秘訣は、子どもというものは、大人とまったく同じやりかたで、すばやく学び、楽しむ能力をもっているということです。あなたご自身にとって、どんなことが、楽しく、能率のよい学習を生み出したか、それに目を向ければ、今度は、お子さんと一緒に、同じような経験ができるよう、工夫できるでしょう。

かけるべき期待と、かけてはいけない期待を区別する

二〇〇二年九月の『リーダーズ・ダイジェスト』の「優秀な親の秘密」という記事で、ナンシー・カリシュはイリノイ州立大学による最近の研究に注目しました。それは「父親あるいは父親代わりの人物が、子どもに今学んでいることについて訊ねるというシンプルな行為で関与と関心を示すと、訊ねられた子どもの学校の成績が上がった」というものでした。ずっと以前から知られているように、子どもは、自分たちの生活のなかで重要な位置を占める大人の期待に応えるものなのです。

子どもに、ベストを尽くすよう期待するのはすばらしいことです。ところが、子どもが一度も興味や才能を示したことがない科目で、ずっとAを取りつづけることを期待するのはあまり感心できません。お嬢さんに、彼女自身の夢を追求するのを期待するのは大いに結構。ところが、あなたご自身の夢を追求するよう期待するのはすばらしいとはいえません。

すばらしい期待とは、子どもをかけがえのない一人の人物として尊重し、子どもの手が届くと信じられるような到達目標を設定するものです。実際、チクセントミハイ教授の「フロー経験」に求められる三つの主な条件のうちの一つに、「ちょうどこなせる程度の難関」、つまり、退屈してしまうほど簡単でもなく、怖気づくほど難しくもない活動を「精一杯の技能を振り絞って克服すること」とあるほどです。この期待の微妙なさじ加減をたくみに操るには、わが子の強さと弱さを知ることを含めた、配慮が要求されます。

配慮と知識は、お子さんの個性を尊重しながら、同時に、無理なく励みにできる程度の期待を課しつづける役に立ちます。ホームスクーリング家庭の親は、学習中心のライフスタイルが、こうしたことに必要な敬意を生み出すことを発見してきました。お子さんの真の人格をはっきりと見通すことによって、子どもを兄弟姉妹やよその子どもと比較することの無益さ——そのうえ、わが子を損なう危険性——が分かるからです。すばらしい期待は、一人ひとりの子どもの進歩にのみ注目します。一方、感心しない期待は、このもっとも大切な焦点から、注意をそらしてしまうのです。

周囲の環境を、学ぶための実験室だと思う

家がその主にとっての「城」だとはよく言われることですが、同じように、家族にとっての実験室にもなりえるはずです。わたしたちはめったに、家庭をそういう存在として考えることがありませんが、家族の中枢である家庭は、子どもにとって、成功と自立に向かうのに最適な足がかりなのです。家庭という実験室で、子どもたちは生活の重要な一面であるちょっとした用事を手がけ、やり遂げる

ことができます。洗濯、ボタンつけや裾上げ、小切手用や貯蓄用の口座の収支の計算、投資先の監視、請求書の支払い、家の掃除、食事の支度と後片づけ、車のオイルやタイヤの交換、赤ちゃんやお年寄りのお世話、まき割り、アイロンかけ、水栓の水漏れの修理、休暇の計画、庭仕事、芝刈り、日用品の購入リストの作成と(予算に応じた)買い物などなど。人生について真に学ぶためには、(心理学についての多少の知識があるに越したことはありませんし、彼らが成長していく上でコンピューターという関門が、ますますあたりまえに突破しなければならないものになっていくことを思えば、技術サポートの対応を任せて、その準備をさせておくのも手です。

そうです――これらはいずれも、国語の授業や、母国の歴史や、算数の授業に直接役に立つわけではありません。これらの技能に習熟することは、お子さんがよりしっかりした自覚と責任感と、おそらくは、それらをこなす両親への敬意をほんの少しばかり余分に抱いて、自立への旅をするのに役立つのです。そしてこのことは間接的に、学業面での成功にも結びつきます。自覚・責任感・敬意。それらは、人生の一面に浸透すれば、おのずからほかの側面にも滲み出します。学業といえども、例外ではありません。

ここで大切なのは、あなたの学習実験室には今のままで、十分な教材が備わっているということです。わざわざ、特別な「教材」を買いに出向く必要はありません。ここに挙げた技能は、子どもがそれを習得するために必要なものが、家かその周囲で手に入るものばかりです。生活について学ぶには、生活用品をもってすればよいのです。あなたの教材は、いつもの生活用品です。実験室で生活するようになれば、いやがおうにも、学習中心のライフスタイルに近づくことになるでしょう。

学校の授業の幅と奥行きを広げる

子どもの能力を伸ばしたい親ならば、学校で今、何を学んでいるかということを常に知りたいと思うはずです。知ることによって、わが家流学習実験室が編み出す、家庭を中心とする活動で、授業の幅と奥行きを拡げることができるのですから。

二〇〇二年九月の『リーダーズ・ダイジェスト』誌に掲載されたナンシー・カリシュによるホームスクーリングの記事によると、元教育省長官のウィリアム・J・ベネットは、週日、息子のジョゼフの八年生の数学の勉強に付き添っていたそうです。「難しいところを全部見直して、新しいことを一緒に学んだ」とベネットは言います。「おかげで毎日、確実に、三、四〇分は息子と話をする時間が持てたよ。それがなければ、たぶん、持てなかった時間がね。ある意味では、息子の勉強を見るのは、一日でも一番きつい時間だったかもしれない。しかし、それは、最高の時間でもあった。二人で取りくんでいたからだね」。

ホームスクーリング家庭の多くが気づいてきたように、家庭は活動の発信地ではありますが、だからといって、ほかの場所で新たな活動が起こりえないわけではありません。子どもがあるテーマに興味を見出したら、学校の授業が別の問題に移ったとしても、興味の対象を学びつづけるのに必要な情報に導いてやりましょう。博物館を訪れ、そのテーマについて図書館にあるかぎりの本を調べ、インターネットで一緒に検索し、子どもが望むのであれば、関連する美術作品や工作を作りつづけるのを見守りましょう。世の中全部を、子どもの教室と考えるようにするのです（この考えかたについては、

10章でより詳しく考察します）。きっと、問題を掘り下げるチャンスがどれほどたくさんあるかに驚かれるでしょう。

柔軟性を持つ

今日は静かに夜を過ごすつもりでした――ところが、今夜は流星雨が見られるという話が耳に入ります。今週末は、母親の家を訪ねるつもりでした――ところが、友人に、週末には交響楽団のコンサートが町に来ると聞かされました。ひとっ走り、スーパーに買い物にいくつもりが――子どもが、前庭の脇の木の繭から、蝶が羽化しかけているのを見つけます。

ここに、学習中心のライフスタイルを楽しむ秘訣があります。可能なかぎり、心を開き、柔軟性を持つようにするのです。教育の機会はしばしば、もっとも不都合な瞬間に訪れるものです。できるだけ多くのチャンスを活かすつもりであれば、予定を取りやめたり、先延ばしにして、せっかくの機会を享受する能力が必要です。もちろん、いつも予定を延期したり、くつがえることができるとはかぎりませんが、静かな晩はまた来ますし、母親を訪ねるのは次週に回せるでしょう。スーパーでの買い物だって、蝶が飛び立ったあとでも間に合うのは請け合いです。もちろん、夕食が多少遅れる可能性はありますが、それまでに誰かが飢死するということはありえません。

しかもこのように自然発生した学習の機会は、子どもにとってもっとも貴重でもっとも心に残ることが多いのです。それは、何年もの歳月、家族を一つにまとめる記憶を、十年後の感謝祭の夕食の席で思い起こす思い出を作り出すチャンスなのです。からだの柔軟性が多くの健康上の利益をもたらすのと同じように、学習の柔軟性は子どもの教育を豊かにし、成功に導くのに、すばらしい知的な利益をもたらすのです。ただし、からだと頭の柔軟性には、一つ、大きな差があります——少なくとも、わたしの本ではそういうことになっているのです。それは、この種の「運動」のほうが、ずっと楽しいということです。

学習中心のライフスタイルを作り出す一〇のステップ

生活の局面を独立したものと考えず、全体を一つと考える。
「感動」する力を持ちつづける（または、取り戻す）。
遊ぶ。
受動的なレジャーから、能動的なレジャーへ。
常日頃から、学習に関する既成概念に疑問を投げかける。
学んでみる。
かけるべき期待と、かけてはいけない期待を区別する。
周囲の環境を、学ぶための実験室だと考える。
学校の授業の幅と奥行きを広げる。
柔軟性を持つ。

第3章　愛情の力を信じる

愛はすべてを凌駕します。甘い考え？　たしかにそのとおりですが、「親であるあなただけが、あなたの子どもに対して持つ愛情の力は、掛け値なしに、すべてを凌駕するのです」。

この章を読んでいる段階では、あなたはこんなふうに思っているかもしれません。「だけど、子どもの学習ガイドになんて、わたしはとてもなれない！　だってあまりにも……なのだもの」と。（点線部には、ご自分のお好きな理由をどうぞ。無能・多忙・気短・貧しい。単純に、不安、でもかまいません）。

ここにもまた、じっくり噛み締めるべき秘密があります。「子どもの学習ガイドとして生きる」という考えを耳にし、それを実行に移した人の多くも、はじめは、この点線部に自分を否定する言葉を書きこんだのです。

それでも、一部の人は、迷いを振りきって信念に身を投じ、自分たちの愛の力を信じることを学びました。大事なのは、練習だ、と彼らは言います。練習すれば、子どもの教育問題に手を貸す方法は工夫できる、と。彼らは親としての愛情を媒介として、知性・時間・我慢強さ・豊かさ、あるいは能力を発揮するために必要な勇気を、つかんだのです。まずはとにかく、彼らのやりかたに注目してみましょう。

✽「専門家」任せをやめる✽

現代社会の専門家頼りという風潮は、多くの専門家たちをお金持ちにするのに一役買っていますが、一般人であるわたしたちは、どんな代償を支払っているのでしょうか。えてして、専門家に頼ることは、本来自分が負うべき行動への責任を他人に譲り渡すことにつながります。そうして責任を手放すたびに、ゆっくり、しかし着実に、そしてしばしば無意識のうちに、わたしたちの自信は、いくばくか、むしばまれるのです。責任を負うための「筋肉」は鍛えられなければ、からだの筋肉と同じように、退化します。わたしたちの責任面での脆弱でお粗末なことといったら、手当たりしだいの助けを必要とする情けなさで、専門家への依存度は増すいっぽうです。

ヴァージニア州ミドルバーグの家庭教育家、エリザベス・マクローは、多くの親は子どもが生まれるずっと前に、権限を専門家に譲り渡し、子どもが学校の門戸を叩くころにはそれが習い性になっているのではないかと感じています。その顚末を、彼女はこう回想しています。「まるで、教育の専門家たちに支配されているような気分でした。自分にまったく自信が持てず、そのせいで、子育てもぎこちなく、恐るおそる。しまいには、真心をこめることもできず、効果もあげられなくなっていました。しかも、どうしてうちの子はこんなにたくさんの問題を抱えているのだろうと思いを巡らせながらも、気がつけば、新しい専門家を頼って解決してもらおうとする自分がいます。きりのない悪循環でした。油断すれば、専門家があなたの人生を動かす、ということにもなりかねないのです」。

エリザベスも、すべてを知りつくしている親などいないと分かっています。ただ、自分ほどわが子のことをよく知っている人はいないという自覚をもっているだけです。「いるとしたって、少なくとも『専門家』ではないことはたしかでしょう」。彼女はこう説明します。「子どもは親に耳を傾けてもらうことを、愛情をこめて応援してもらうことを、親の強さと英知を、求めているものです。どこかの専門家の、ではなくね」。

エリザベスは専門家を主役の座から下ろし、脇に回すことによって、自分の力を見出しました。そして「本能の声」に耳を傾け、育児書の作者ではなく、単純に、実際に子育て真っ最中のほかの親たちと話をするほうを選びました。「たとえば、専門家が『問題』のレッテルを貼ることでも、実際には、発育の、正常範囲内にあるのではないかと考えてみることが必要です」とエリザベスは警告しています。

この警告は、気鋭の医師たちが二〇〇〇年の一年をとっても、リタリンやアデラールをはじめ、注意欠陥障害（ＡＤＨＤ）の治療に用いられる興奮薬の処方箋を二千万枚近く書いたことへの疑問ともいえるかもしれません（二〇〇一年七月十七日刊ＵＳＡトゥデイ紙『リタリンの使用を法律によって制限することを模索するコネティカット州』より）。それらの処方箋は、一九九六年より三五パーセントも高い頻度で薬局に舞いこみ、合衆国麻薬取締局によれば「一部の学校では全生徒の六パーセントもがリタリンその他の精神科の薬を服用している」のです。ほんの一世代前まで、この障害が存在すらしなかったことを思うと、おかしな話ではないでしょうか？

また、エリザベスの言葉は、昨今、専門家たちがやたらと子どもに貼るレッテルのことを指しているようにも読めます。注意欠陥障害（ＡＤＤ）、学習障害（ＬＤ）、本能性低血圧症（ＥＨ）、化学性平衡失調、天才、秀才、優等生、問題行動、などなど。これらは専門家たちによる「親への罠」になっているのです。

「わたしがこうしたレッテルに惹かれたのは、以前は理解することができず、もどかしさに苦しんだものが、今では目にもあきらかで、統御も可能なのだという気がしたからでした」とエリザベスは言います。「あとは、治療を求めればいいだけの話。ある意味、自分は現実から目を逸《そ》らしていられます。レッテルは場合によっては、便利で、安心感を与えてくれるのです。けれども、それで本質的に、何が変わるわけでもありません」。

専門家頼りをやめ、自分で責任を負う筋肉を動かすと、かならず、愛の力が強まり、自信が深まるのを実感できます。そしてそれはより深く確かな、自分への信頼へと変わるでしょう。

「子どもの健康、学習、行動面での危険信号を無視するべきではありませんし、適度な助けを求めることも必要です」。エリザベスはこう結論を出しています。「けれども、一時の流行には流されないように、ということです」。

自分自身に、子どもを観察し、必要としているものをくみとり、そのために必要な手段を求めるチャンスを与えてみましょう。お子さんを誰よりもよく知り、誰よりも愛する者として、あなたには、専門家にはできないことができるのです――つまり、日々、お子さんを受け容れ、導き、サポートする、ということが。

✱親（母親として、父親として）の直観を信頼する✱

鳥は空を飛び、魚は水中を泳ぎ、蝶や蛾の幼虫は、繭《まゆ》を作ります。いずれも、普段わたしたちが考えるような方法で「教えられた」わけではありません。それはすべて、「本能」のなせるわざ――わたしの辞書の定義によれば「学習によらない、複雑で、通常、順応性をもつ生来の行動」です。

わたしたちは、本能が自分たち以外の種にとって、大いにためになることをするということをすんなりと受け容れています。それなのになぜ、こと、人間の話になると、軽くあしらうのでしょうか。地球上でわたしたち人間だけが、この貴重な天性を与えられていないなどということはないはずなのに。

そう。わたしたちだって、鳥や、魚や、蝶や蛾の幼虫と同じように、この力を与えられているのです。ちがいは、人間には本能のみならず、大量の「思考」が可能だということだけです。わたししたちには、「感覚」にもとづく行動を「理性」で選別することができます。その行動が現状を打破するものであれば、とくに、理性が重視されるでしょう。残念なことに、わたしたち親は知力の養成を偏重する学校教育を長年受けてきた結果、生まれながらの知能を損なってしまっているのです。

けれども、親としての本能をくみ、本来当然の注意を払うようにすれば、わたしたちはこれに対抗することができます。ナショナル・ホームエデュケーション・ネットワークのナッシュビル州担当者、ケイ・ブルックスの言葉はうまいところを突いています。「もしも、なんとなくうまくいっていないような気がしたら――いいえ、たとえうまくいっていると思っていても――そこから始めることをお勧めします」。

だから、練習しましょう。今度、お子さんの教育に関して何かを「感じ」たら、その感覚をすぐに「思考」で追い払わないようにするのです。自分の家庭環境には、選択肢などないと決めこまないでください。これまでのお子さんに貼られた教育上のレッテルを含め、先入観を捨てましょう。自分の感覚を正当なものだと考えましょう。なぜなら、それが、子どもに注目するべきことがあるのかどうかを判断する唯一の方法なのですから。親としての本能を信頼することは、子どもの教育上のニーズをより敏感にくみ、子どもを導く能力を向上させ、子どもの成功を助けるのに役立つのです。

✽眠っている能力を活用する✽

あなたが、自分が得意なことをすべて書き出したリストを最後に作ったのはいつでしょう。小学校を出てからずっとしていないとしたら、それとも一度も、まったくしたことがないとしたら、早速、紙とペンを取り出してください。学術に関するものだけではなく、すべての技能を含めましょう。その際、細かく書き出すこと。「数学が得意」と書くのではなく「小切手の収支を合わせること・家計のやりくり・確定申告の準備が得意」と書くのです。料理を持ち寄る夕食会に持っていくたびに、あなたのポテトサラダがきれいに完売するとしたら、リストに「とっておきのポテトサラダを作ること」と書きこみましょう。

多少の時間をかけて考えてみると、リストはあなたが思っていたよりずっと長くなるはずです（このリストの面白い伏線は、それらのやりかたをどこで学んだかを思い返し、注目できることです。多くの人は意外にも、得意なことのほとんどとまではいかなくても、多くは、学校外での学習の結果だということに気づくでしょう。実はこの教訓を学んだことが、わたしが、子どもが学校に通うことを法的に要求される歳月の「投資利益率」について考えるきっかけになりました）。

また、おそらくあなたは、一番得意なことが、一番好きな活動、そして、もっとも充実感をもたらしてくれる活動と一致していることに気がつくでしょう。

次に、あなたの得意な技術のいずれかを、学習中心のライフスタイルを送りながらお子さんと共有する方法について考えてみましょう。たとえば、十八番のポテトサラダを例に挙げてみましょう。次に作るときは、自分ひとりで作るのではなく、子どもを手伝いに誘ってみましょう。性格的に、頭ごなしに「手伝い」をさせられるのに抵抗があると思ったら、さりげない工夫をしましょう。「ポテトサラダを作らなくちゃいけないんだけど、間に合いそうにないの。冷蔵庫からセロリを出して、三本ほど刻んでくれたら、うんと助かるんだけどな」というように。

お子さんに、あなたがこのレシピを覚えたいきさつを話して聞かせましょう。どんなにたくさんの人が気に入って、よそのサラダとはどうしてこんなにちがうのかしらと思わず口にしたことを話しましょう（「口に出して考える」ことについては12章で詳しくとりあげます）。セロリを刻み終わったら、「それで何カップ分かしら」と（口に出して）考えます。自分でもこのくらいねと見当をつけ、お子さんにも、どのくらいだと思うか訊いてみましょう。たぶん、お子さんはどちらの見当がより正確だったかを見届けたいために、自分ではかってみる、と言い出すはずです。そうしたら、こんなふうに問いかけます。「それで足りるかしら。もっと切ったほうがいいと思う？　ピーマンはどうかな。これでいい？　多すぎる？　それとも、足りない？」。

こんな短いやりとりで、子どもを調理に引きこむのです。自分がやってみたことは、興味につながります。ここで肝心なのは「興味」なのです。興味を持った子どもは進んで情報を受け取ります。情報として与えられるのが、また、いいのです。数え切れないくらいのホームスクーリング家庭の子どもたちは、プリントを使うことなく、ポテトサラダを――クッキーやケーキやピザを――作ることで、苦もなく、分数をマスターしています。新しい犬小屋のために木材を切ったりカーテン生地をはかったりするのを手伝うことで、長さのはかりかたを身につけます。あなたが好きで、しかも（あるいは）もっとも充実感を得られる得意分野で子どもを手伝うことから始めれば、それ以外の、比較的不慣れな道のりに踏み出す自信が自然と、ついてくるでしょう。

また、忘れてはならないのは、子どもの能力をうまく利用するということです。子どもは自分の知っていることを披露するのが大好きです。親ならば誰でも、レゴブロックでロボットを作るやりかたを知らずにすますことなどできないものでしょう？　それをもっと活かさない手はありません。実際、多くのホームスクーラーが、立場をかえて、子どもを先生にし、親が生徒になることが、学習中心のライフスタイルにすばらしい効果を上げるということを発見しているのです。

そうして、家庭という枠内で和気あいあいと得意技を教えあいながらも、それに満足することなく、あらゆる知り合い――友人、ご近所、親戚、地域の人々――に潜む才能に思いを巡らせましょう。世界はまるごと、子どもが自立し、自信をもち、大人として成功するために学ぶ究極の教室なのだということを忘れずに。この、無限につながる知識の鎖を楽しむことについては、10章で詳しくとりあげます。

✽子どもの、親に対する信頼と敬意を育む✽

この本を読まれるほどお子さんの人生での成功に関心のある親として、おそらくあなたはすでに、お子さんの自分に対する敬意と信頼が家庭生活の要《かなめ》であることに気づいていらっしゃるでしょう。けれども、あなたの愛情の力を活用するためには、同じように欠かせないものがあります。それは、あなたも愛情と敬意を返し、たがいに持ちつづけるようにすることです。

わたしたちには、一般に、子どもに尊敬や敬意を払うという文化的な下地がないため、親にとってはなかなか踏み出しにくいことかもしれません。これについては、もしかしたら陳腐に響くかもしれませんが、黄金律［注：多くの宗教・道徳・哲学で見出される「他人にしてもらいたいような行為をせよ」という倫理的言明］がよい足がかりになってくれます。他人（この場合はあなたの子ども）に対し、自分がしてもらいたいようにせよ。ホームスクール関連の代表的な著者であるジョン・ホルトはこれとは別の面白いアプローチを提示しています。子どもを、外国からの来客のように扱うようにというので

✽先輩からのアドバイス✽

すべては内面にある

今にもわが子をつぶそうとしている車を、たった一人で持ち上げた母親の話。食べ物も飲み物もまったくもたないまま、病気のわが子を抱え、手当てをしてもらうために何日間も歩き続けた難民の話。子どもの命が瀬戸際に立たされたときに超人的な力を発揮した親の逸話には、誰でも驚嘆した経験があるはずです。

愛から生ずるこの力は、わたしたち一人ひとりの内面に存在します。それを発掘するのに、災難に遭う必要はありません。必要なのは、子どもが人生の幸福と学業の成功に到達するのを手助けする最高の方法は、親が責任をもって先に立ち、道を切り開くことだと信じることなのです。そう、非常事態に立たされた親が、わが子を安全に導くためにしたのと同じように。彼らは愛情の力で行動を起こし、そのとき、偉業を成し遂げるために必要な技能のすべてが、まさにその瞬間、彼らのものになったのです。学習中心のライフスタイルを実践する親は、自分の親としての愛情を子どもの学業の達成に注ぐとき、同じように力が発揮できることを知っています。

リンダ・ドブソン

す。外国から来た客は、あなたの国（この場合は大人の世界）の作法の一切合切を熱心に学ぼうとしていますが、それを理解するためには、まず、観察し、参加する時間が必要です。わたしたちは、外国から来た客の無知に、腹を立てたり、ばかにしたり、しびれを切らすことはまちがってもしませんが、相手が子どもとなると、しばしば、否定的な反応をしてしまうものです。以上の二つの足がかりは、どちらも、信頼と敬意の交換、役立つ通則といえるでしょう。

「ホームスクーリングを始めたばかりのときのわたしときたら、まるで、最悪の悪夢にでてくる練兵係の軍曹みたいでした」と思い起こすのは、カリフォルニア南部で三人の子どもがホームスクーリングを始めて三年になる、キャリー・ソマーズです。「午前八時きっかりに教科書に取りくまないかぎり、ひどい顚末になると不安で、しゃかりきになっていました。二カ月ほど過ぎ、誰もがすっかりみじめな気分になっていたとき、朝、真ん中の子が泣いているのに気がつきました。どうしたのかと訊ねると、娘はしゃくりあげました。『ママは、わたしがどう思っているかなんて、どうでもいいんだわ。ママにとって大事なのは、何でも、きちんとすることだけなんだもの』って」。

キャリーは今、この、自分にとっての天啓と、それが親子関係にもたらした変化に感謝しています。「子どもたちの感情を認め、尊重するよりも、算数を終わらせるほうが大切だと思っていた自分が信じられません。子どもたちのニーズと欲求に配慮するようにしたところ、家庭全体の雰囲気がよくなったのです」。キャリーはうれしそうにこう報告します。「おまけもありましたよ。八時きっかりに教科書を手に取らなくても、世界が終わるわけじゃないと発見したのですから」。

序列重視や「立場に見合った」関係ではなく、対等な関係を作り出すことは、家庭に、二つの重要な利点をもたらします。第一に、愛情と尊敬が常にはね返ってくるということ。枯渇することなく、注げば注いだだけ、返ってくるのです。結局のところ、これこそ、人が真に持続的な関係を築く、唯一の方法です。第二に、双方向の関係は、子が親から学ぶのと同じくらいたくさん、親も子から学ぶべきことがあるという事実に、頭と心を開いてくれます。親は子どもを書物というすばらしい世界に導くことができるかもしれませんが、子どもは親を無垢というすばらしい世界にいざなってくれます。親は子に、整然とした数学体系を実感させてやることができるかもしれませんが、子は親に、人間の発育体系を目の当たりにさせてくれます。親は子に、社会的行動の基礎を見せてやることができるかもしれませんが、子は親により健康的で幸せな生きかたの基本を見せてくれるのです。

この旅を選べば、家族みんなで、信頼と尊敬の両面通行道路に乗り、この先何年間も、楽しい学習生活を送ることができるのです。

✱自分に、必要なすべてが備わっていることを知る✱

世間には、ホームスクーリングを選ぶ家庭はどこか「特別」だという誤解が蔓延しています。*"For Common Things : Irony, Trust, and Commitment in America Today"*〔仮題：『あたりまえのことのために——現代アメリカのアイロニーと信頼とコミットメント』の著者であり、ヴァージニア西部でホームスクーリングを受け、その後ハーヴァードとイェールに進学した青年、ジェデッドアイア・パーディはこう説明します。「人は、特別な秘訣があるんだろうとか、親がよほど驚異的なんだろうとか、子どもがよほど驚異的なんだろうと思うようですが、どれも、的を射ているとはいえませんね」。

そう、的外れです。思うに、ホームスクーリングの原因と結果は逆に考えられることが多いのです。たしかに、ホームスクーリングという決断に満足しているように見える親はいますし、彼らには、満足感を裏打ちするたくさんの事実があるようです。子どもは幸せそうで知的で、年齢に比して少しばかり大人びているようにも感じられます。

では、この親たちは最初からこんなふうだったのでしょうか？　なかにはそういう人もいるかもしれませんが、全員がそうでなかったことは請け合いです。むしろ、不安と、準備不足と、無能ぶりをさらすのではないかという怖れを感じながら学習ガイドという生きかたに踏み出した可能性のほうが高いでしょう……そして、何が起きたかといえば……？

ジェドの言う誤解は、ホームスクーリングを必然的に生み出した原因ではなく、それが家族にもたらした結果に注目することから生じるのです。これらの一見「超人的な」親子も、しばらくのあいだは、責任という筋肉を動かし、愛情の力を信じるのに――本能を受け容れ、発見し、それぞれの能力を尊重し、分かち合い、たがいを信頼し、尊敬するのに、四苦八苦してきたのです。それが、彼らを一見驚異的にしているにすぎません。

その秘密は？　特別な秘訣など、何もありません。これらの人々はわたしたちそのもの。ごく普通の大人であり、子どもなのです。ただ、これらの親が、自分たちの内面に、成功するために必要なすべてが存在することに気がついたというだけのことです。彼らは、愛情――親であるあなただけが、子どもと呼ぶ人物に対して持ちうる愛情の力を信じることを選びました。そして――この「秘密」は、学習中心のライフスタイルで大いなる効果を発揮するのです。伝統的な学校教育も、含めて。

愛情の力を信じる

「専門家」任せをやめる。
親（母親として、父親として）の直観を信頼する。
眠っている能力を活用し、他人の能力にも目を向ける。
子どもの、親に対する信頼と敬意を育む。
自分に、必要なすべてが備わっていることを知る。

第4章　時間を作る

共稼ぎ家庭や広い住宅があたりまえになり、個人の充足や、さまざまな時間外活動が重視されるようになった文化においては、誰しも、時間不足から逃れられません。そして、この時間不足による負担がもっとも重くのしかかるのは、家族としてともに過ごす、貴重な瞬間です。

おそらくあなたは、子どもの学習ガイドとしての自分の腕前を危ぶむのと同時に、すべてをこなすのに必要な時間をどうやりくりしたらいいのかと頭を絞っていらっしゃるでしょう。人生は多くの面において不平等なものですが、一日が二十四時間なのは、誰しも同じ。大切なのは、その時間をどうやって埋めるかです。そして、もしもお子さんの人生における成功が家族の最優先事項だとしたら、当然、そのためにできるかぎり多くの時間を割きたいはずです。

＊とはいっても……＊

学校で一日を過ごしてきた子どもたちは、ほとんどが学校に飽きています。お子さんの起きている時間のすべてを、ご自身の学校生活の記憶から掘り起こした授業時間めいたものに仕立て上げるのは慎みましょう。一緒に楽しむために時間を使うようにしてみるのです。もっとも効果的な学習は、偶然、楽しい活動のおまけとして生まれるものなのですから。

＊時間はあなたの秘密の武器＊

ローマは一日にしてならず。学習中心のライフスタイルだって、あっという間に作り出せると思うのが無理というものです。ぜったいに覚えておかなければならないのは、あなたの時間が、お子さんのもっとも大切な教育の源泉だということです。超高給取りの運動選手ならば、みな、口を揃えて、本当になにかにぬきんでるためには、意識を集中することが必要だと言うはずです。学習中心のライフスタイルに、より多くの時間を注ぎ、より多くの意識を払うほど、あなたの家庭はそれに近づきます。家族がともに過ごす時間という、欠くことのできない教育の源泉の代わりになる魔法の薬や教材やソフトウェアなど、ありはしないのです。

そこで、皿洗いから、車にスタッドレスタイヤを履かせることまで、日々の活動にお子さんを引きいれることによって、学習中心のライフスタイルのために使える時間をぐっと増やせることがお分かりになるでしょう。けれども、お子さんは学校で長い時間を過ごしますから、家庭での学習に使える時間を増やすには、さまざまな工夫が必要です。さいわいなことに色々な方法がありますから、ご自分の家庭に最適だと思われる提案を選んだり、それぞれの家族に独自の生活環境に合わせて、自分なりの計画を立てたりすることができるでしょう。

本物の食事

あなたの家族にとって「本物の」食事とは、色とりどりの飾りのついた七面鳥のことでしょうか。それとも、テイクアウトの中華料理？　あるいは、ホットドッグと豆料理？　そう、どんな料理でも、本物の食事になりえます。だって、食事を本物にするのは、料理ではないのですから。それは、一緒に食べる相手。そしてたがいに対する気持ちなのです。

けれども、家に帰ることよりも、時間外の付き合いや課外活動のほうがより大切になってしまった現代では、家族がともに食事を取ることは時代遅れになってしまったようです。わたしたち大人の多くは、子どもの頃に「特別な」活動を放課後に始め、夕食に間に合うように切り上げられた記憶を持っています。スポーツの練習ですら、たっぷりと余裕のあるうちに終わったものでした。

けれども、現代では事情が変わってしまいました。フォレスト・ヒルズ・ヘルス・オンラインから届いたばかりのオンライン・ニュースレターに、こんな投稿が載っていました。

わたしは、先日、五十の坂を越えました。こういう意識調査に答えるのも、そういう年になっ

✽先輩からのアドバイス✽

ガムボール・マシーン

真新しい、ガムボール・マシーンが冷蔵庫の上にぽつんとのっています。家族の半分はもう家を出て、それぞれの行き先に向かっている時間。三歳の子どもは、じっとマシーンを見つめています。「ガムちょうだい」。「さあ、どうぞ」。母親はカウンターの、ガムボールが入った箱に手を伸ばしました。「二つ取っていいわよ」。けれども三歳の子どもは地団太を踏んで、叫びました。「いやだあ。あのガムでなくちゃ」。言いながら、ガムボール・マシーンを指さします。

母親は箱の蓋をとると、ガムボールをマシーンに移しかえました。透明のドームにきらきらと色があふれます。子どもはもう、小銭を入れておくビンからとってきた一ペニー硬貨を握りしめています。そして、がまんづよく待っています。

一ペニーが入っていき、ぽん、とガムボールが出てきました。

「一個もらった。これ、緑色でしょう、ママ?」。子どもは部屋のドアノブに手をかけて言います。

母親は微笑みます。「そう、一個よ。緑色だったわね」。母親は後ろ手にドアを閉めました。

リンダ・ドブソン〝*The Art of Education : Reclaiming Your Family, Community and Self*〟〔仮題：『教育という技　家族と、地域と、自分自身を取り戻すために』（ホルト・アソシエイツ　一九九七年に再版）〕

たしるしなのかもしれませんね。思えば、大人になるまで、「外出禁止」の罰を受ける一番の早道は、夕食に間に合うように帰宅しないことでした。

先日、一六歳になる三つ子の一人が、学校で映画を見て帰ってきました。その映画には、一九五〇年代の、ともに夕食のテーブルを囲む家族の姿が映されていました。

その夜、息子はわたしに言いました。「ねえ、お父さん。うちはまるで、五〇年代の家族だね！」。息子に他意はなく、ただ、わたしたちがかならず家族で一緒に夕食を取ることを、そう表現したのでした。翌日、クラスでのディスカッションのあと、息子から聞いたところでは、生徒の九〇パーセント以上が、どうやら、めったに家族で夕食を取ることがないのだそうです。彼らにとって夕食は、ほとんどが、急いでかきこむもの、あるいは、テレビの前で食べるものなのです。

今日の学校では、教育課程を補う活動が急速に拡充され、しかも多くの親が、それらに参加すれば子どもの学力に磨きがかかると信じています。おかげで、子どもは学校が終わってからベッドに入るまで、テストの点数を上げ、教育的見地から生活の重要な側面を向上させることを請けあう、スポーツやリーダーシップや勉強や音楽の才能の練磨に追われどおしということにもなりかねません。

もしもお子さんがこういう状況に陥っていたら、今こそ、投資に対して、どんな結果がもたらされるかをじっくりと考えてみるべきです――金銭的なそれだけではなく、あなたとお子さんがそうした活動に投入し、結果として、家族から奪われている、時間のことを。移動にかかる時間、それに、その活動にキャンディーバーの包装や販売が含まれるのであれば、それにかかる時間も、忘れずに計算に入れましょう。

次に、少なくともそのうちの一部を、一緒に、家で過ごすとしたら、どうやってその時間を使うかを考えます。この時間をどう活用したら、子どもの健康や幸せや成長に一役買えるか、考えてみてください。散歩に出たり、ランニングをするのはどうでしょう。年をとった親戚や友人を訪ねるのは？　必修の研究課題の手伝いに、もっと時間を割きますか？　劇や、面白そうな講演を聴きに行くのもよいですし、学校の課目と関係のあるビデオを観て、内容を話し合うのもよいでしょう。あるいは、もっと一緒に本物の食事をするのはいかがですか？

そう、夕食の時間を「教育」の時間だとは考えにくいものです。とくに、研究課題を設けたり、子どもがパスしたり落第した最新のテストを話題にしたりするのでない場合は。けれどもこれは、あなたやあなたの配偶者の「大人の」会話に子どもを入れてやる時間、今やっていることを話しあったり、創造的・批判的な思考を鍛えるためあいもないゲームを楽しむ時間、将来の家族でのイベントに思いを馳せたり計画を立てたり、友人の来週末の引越しを手伝う算段を立てたりする時間なのです。本物の食卓には、本物の人生が供せられるのです。

わが子の学習ガイドになる親は、このように投資した時間の成果が、多くのいわゆる「教育的」活動の成果に勝ることに気づくものです。本物の食事という投資は、直接、あるいは今すぐに、子どもの数学のテストの点数を上げるわけではありませんが、それは、信頼と尊敬を交換する機会をもたらしてくれます。日中の子どもの耳には届かない世界の情勢や出来事への橋渡しをします。それは、子どもが、強い責任感や自尊心を築くために必要な素材を――たった一度のテストの点数ではなく、いずれ、学校生活におけるあらゆる履歴を磨くものを、提供するのです。これらの投資は濡れ手に粟的なプランではありません。目に見える結果を出すまでに時間はかかりますが、その成果は生涯にわたって続くのです。

夕食の時間を活かす

お子さんの能力に合わせて、食事時間にこんな、ためになる話や遊びをとりいれてみてはいかがでしょうか。

食べものの雑学：この（ジャガイモ、チーズ、塩、サラダ、バター、パン、手羽中肉）は、どこから来たんだと思う？　木になる？　根っこの部分？　動物？　だとしたら、なんの動物？　植物？　それ以外のもの？

数のあてっこ：（ミニソーセージ・豆・オリーブなど）は、お皿にいくつ入っているでしょう？（そう、言った数がどれほど実際に近いかをたしかめるためには、数えなければならないのがミソなのです）。

「わたしは誰でしょう」クイズ：家族の一人が部屋を出て、そのあいだにほかのメンバーで有名人を一人選びます。たとえば、お子さんが学校で勉強している時代の、歴史上の人物を選んでもいいし、単純に、席についた全員がよく知っている人を選んでもかまいません（エイブ・リンカーン、ミッキーマウス、タイガー・ウッズ、ローラ・ブッシュ、メリー・ポピンズなど。発想を豊かにして！）

外に出た一人が戻ってきますが、その人には「それ」が誰だか分かりません。そこで夕食をとりながら、ほかの家族からの「誘導」質問を受け、察しをつけるのです。「劇場に行くことで、一番好きなことはなんですか？　いつも、お釣りを注意深く数えるそうですが、それはなぜですか？」（正解：エイブ・リンカーン）。「ガールフレンドがあんなに大きなリボンを頭につけていて、うんざりしませんか？　あんなにおかしな笑いかたを、どこで身につけたんですか？　あの手袋はどこで買ったんですか？」（正解：ミッキーマウス）。

回答者は、適当な答えをこしらえていき「分かった」ら、質問に正しく答え、自分が「その人」を分かっていることを明らかにします。たとえば「それは、エイブ・リンカーンですか？」と答えるかわりに、こんなふうに言うのです。「なにしろ、両親から常々、正直であるようにと教えられたものですから。だから、お釣りを受けとるとかならず、きちんと数えて、多すぎたら返すことにしているんですよ」という具合に。

バスケットにはなにがある？：週日、家族が一つのバスケットにさまざまなものを入れていきます。新聞記事でもいいし、フォーチュンクッキーのおみくじでもいいし、学校のプリント、ジョーク、なぞなぞ、パズルなど、なんでもかまいません。夕食のとき、誰かがそのなかから一つ何かを取り出し、みんなでそれについて話します。同じことを「今日の名言」を使ってやってもいいでしょう。

調子はいかが？：家族の一人が部屋を出て、そのあいだにほかのメンバーで、誰もが持っている何かを選びます。たとえば、胃、髪の毛、銀行口座、仕事、母親、肌、車、先生、洋服、寝室、ペットなど。部屋を出ていた人が戻ってきて、ほかの家族に一人ずつ、「調子はいかが？」と訊いていきます。

訊かれた人は一人ずつ、なるべく答えが分からないように工夫しながら、答えます。たとえば答えが「肌」の場合、こんなふうな答えが考えられます。「焼けている」「点々がついている」「たるんじゃった」「ぴんとした」「常に新しくなっている」「ちょっとくたびれ気味」「機能している」などなど。答えが「銀行口座」の場合はこんなふうに答えてもいいでしょう。「助けが必要」「存在しない」「現状維持」「放ったらかし」「とんとん拍子にふくらんでいる」「じっくり観察中」。

マナーを大切に：子どもたちがテーブルマナーの基本を覚えたら「マナーを大切に」ゲームをするのもいいでしょう。

まず、全員の席に、つまようじを十本ずつおきます。事前に、全員に、今日の夕食では、みんなが、どれほどテーブルマナーを心得ているかを見せてもらうと伝えます。誰かが、ほかの人のマナー違反に気がついたら、つまようじを一本請求できます。請求された人は渡さなければなりません——ほがらかに。食事が終わったとき、一番たくさんつまようじをもっている人が勝ちです。

ゲームの進行係に注意。全体の雰囲気をうまくととのえましょう。そうしないと、けんかに発展してしまいかねません。最初から、これは楽しく学ぶためのゲームなこと、けんかをしたりすねたりするのは厳禁なこと、マナー違反が見つかったときは、自発的につまようじを渡すことを厳重に申し渡しておきましょう。やった、やらないでもめたときは、つまようじが二本没収されるというルールを決めるのも手です。さらに、こうして「まちがい」を指摘するのは、マナーの勉強の一環としてだけだと説明しましょう。なにしろ、現実の社会で他人のマナー違反を指摘するのは礼儀にかなっていないどころか、きわめて反社会的な行為なのですから。

このゲームで指摘される基本的なテーブルマナーの一例。このほかに考え出すのも、もちろんかまいません。

・テーブルに肘をつかない。

・ナプキンを膝に広げる。
・口はナプキンで拭く。
・口を閉じて咀嚼《そしゃく》する。
・何かを取ってもらうときは「取ってください」と頼み、受けとったら「ありがとう」と言う。
・口がいっぱいのときは話さない。
・フォークやスプーンを使うようにし、指で食べない（パンをはじめ、あきらかに指で食べるべきものは除く）。
・夕食のあいだげっぷをしたり、音をたててすすったり咀嚼したり、そのほか、みっともない音を立てない。
・イスを後ろに傾けない。
・咀嚼しているあいだはスプーンやフォークを皿の上に下げ、食事が終わったら、きちんと皿に置く。
・食事が終わって食卓を離れるときは、ほかの人に断ってからにする。

ジェーミー・ミラー著〝*10-Minute Life Lessons for Kids: 52 Fun and Simple Games and Activities to Teach Your Children Honesty, Trust, Love and Other Important Values*〟（仮題：『一〇分で学べる、大事なこと　誠実さ、信頼、愛情など、大切な価値観を子どもに伝えるための、五二の楽しくシンプルなゲームや活動』

車でのおしゃべり

これは、オクラホマ州タルサに住む一児の母、マーシー・ワースがサポートグループでのミーティングで披露した話です。「車のセールスマンが電話をしてきて、言ったんです。お宅の希望に合った価格の車がちょうど下取りに出されたんですがって。そして、申し訳なさそうに、こう言い添えました。『ただし、この車には、ラジオも、カセットデッキも、ついていないんですよ』。

わたしは大急ぎでお店に足を運び、車に試乗してみました。状態もいいし、燃費も上々。ただ――二度、いいえ、三度もチェックしたのですが、ラジオはありませんでした。一時間後、わたしは車を運転して、店を去りました。きっと、息子にとってすばらしい『学習カー』になるわと言うと、セールスマンはなんのことやらという顔をしていましたよ」。

日常生活には、短いにせよ長いにせよ、車中で過ごす時間がつきもの。ならば、この時間を、教育の宝庫にすればよいのです。最初のステップは――もしも車にラジオがついていたら、子どもを乗せたときに、切ること。最初はいやがるかもしれませんが、ほどなく、静かで落ちついた空間に慣れるはずです。

そうしたら、夕食の席でするのと同じようなゲームをすることもできます（二〇〇二年に出版されたダイアン・フリン・キース作の"Carschooling"〔仮題『カースクーリング』〕にはたくさんのアイディアが紹介されています）。図書館に行って、テープに吹きこまれた本のリストを探し、一緒にストーリーを楽しんだりそれについて話し合うのもよいでしょう（この方法は本を読みたがらない人の意識や気分を変える方法として知られています）。地図を見て、目的地までどのくらいの距離があるのかを推測するのもよいし、歌を歌うのだっていいでしょう（ええ、わたしは本気でお勧めしています）。それに、話だってできます――この世のどんなことについてでも。学校の話題でも構いませんが、それにかぎる必要はまったくありません。

夜型と朝型

時間を確保するための方法として、遅く寝るか、早く起きる。これには、多少の説明が必要でしょう。多くの親――とくに仕事をもつ親は、予定に応じて、朝の最初か夜の最後で「一日」を延ばせることに気づいています。

この方法は、父親あるいは母親が、仕事のスケジュール上、通常、子どもが起きて活動している時間帯に家にいられない家庭にも有効です。

大人と同じように、子どもにも、朝型と夜型がいます。子どものこの傾向を観察し、子どもが一番効率よく活動できる時間を見極めましょう。朝型の子を夜遅くまで起こしておいて不機嫌にさせるのも、夜型の子どもを早朝に起こしてゾンビさながらにふらつかせるのも不本意というもの。子どもの体質に合わせることで、いそがしい一日が始まる前か、終わったあとの、お子さんの一番調子のよいときに、一緒に時間を過ごせるかもしれません。もしかしたら、宿題やテストや締めきり間近の読書感想文などの難局について、じっくり語り合うのにうってつけの時間になるかもしれません。

ただし、子どもには年代を問わず、たっぷりの睡眠が必要です。睡眠を削って時間を作るのはつつしみましょう。早起きしたら、そのぶん、就寝時間で調節すること。お子さんが夜型の場合、一日の終わりを先延ばししようと思っても、学校の時間割を守りながら朝遅くまで寝かせておいてやるのは、早起きさせるのにくらべてはるかに難しいでしょう。その場合は、この時間作りの工夫は週末に取っておくとよいかもしれません。

週末を最大限に活用する

さあ、待ちに待った週末――この二日間で、一月分ほどの用事をこなさなければなりません。とはいえ、たまには、一日くらい、骨休めをするのも悪くありません。なにしろ、疲れがたまっているのですから……。

意外に思われるかもしれませんが、学習中心のライフスタイルを送る人は、えてして、週日と週末の区別をしないものです。彼らにとってはどの一日も、何か新しいことを学ぶ、すばらしい日なのですから。では、家を営む責任と、子どもの将来性を伸ばすこととをどう両立させているのでしょうか。

そう、つまりこれも、全体を一つとして考えるという考えかたです。子どもを、家庭が機能するための活動に巻きこみましょう。家族が協力して用事を成し遂げることは、多くの貴重な「副作用」を与えてくれるものです。第一に、お子さんは家庭が健やかに機能するために、いくらかの責任を分かち合い、担うチャンスを得ることができます。実際、責任を負うという経験は子どもの責任感をいっそう高める役に立ちます。第二に、家族のために、家族としてともに労働することは、絆を強め、たがいの信頼と敬意を築きます。第三に、話をする時間がむしろ増えます。第四に、人手が多ければ、それだけ仕事の負担が減るというのは事実。早く仕事を終わらせれば、誰にとってもためになる、楽しい活動に割く時間が増えることになるのです。

もしもこの本を読んでいるあなたが、仕事の都合上、家族と接する時間がほとんど週末しかないとしたら、まとめてたっぷり時間を取るという手もあります。土日（祝祭日も休める職場環境であれば、ときには月曜も）に、最後まで、きちんとやり通すには長い時間がかかる活動のプランを立てましょう。お子さんの勉強の進度をきちんと把握している親であれば、科学の実習やレポートがいつ課せられるかも分かるはずです。週末のまとまった時間を利用することで、お子さんが「いやでもやらなければならないこと」を、可能なかぎりやりがいがあり刺激的にするように、選択し、計画を練る手伝いができるのです。

読者であるあなたは、学校時代のレポートのことを覚えていますか？　わたしは覚えていますとも。小学校から始まって、高校まで、しつこく、毎年追いかけてきたものです。州を一つ選んで、それについて書きなさい。国を一つ選んで、それについて書きなさい。作家を一人選んで、それについて書きなさい。戦争を一つ選んで、それについて書きなさい。政党を一つ選んで、それについて書きなさい。レシピを一つ選んで、それについて書きなさい。その題材について、レポートの、議論の、発表の、全体像をまとめるための、準備をしなさい。

子どもの世界観だけをたよりに題材を選ぶのは、熟慮の果ての決断というよりも、むしろ、地図にダーツを投げるようなものです。そこで、あなたは、子どもがふさわしい選択をする手伝いをし、その過程で、学習の価値をより高めることができます。たとえば、「州を一つ選んでそれについて書きましょう」という課題について考えてみましょう。

・子どもに、いつか行ってみたら楽しいだろうなと思う州はあるか訊いてみましょう。あると答えた場合には、その理由も。

・自分が実際に訪ねたり住んだりしたことのある州について、食べもの、人々、風土、交通、名物について、気に入った点、気に入らなかった点を話してきかせましょう。
・地域的な気候について話しましょう。お子さんは、南西部の暑く乾燥した気候と、北東部の寒く湿度の高い気候と、どちらを味わってみたいですか？
・家族の歴史に触れましょう。曾曾祖母はテネシーの小さな小屋で産声を上げたでしょうか。曽祖父がかのメイフラワー号からマサチューセッツに降り立ったという逸話は本当ですか？　お母さんの育ったところは？　ジョーおじさんはネバダ州での暮らしの何が気に入っているのでしょう。
・地図を眺めましょう。山脈があるのはどの州？　海と接しているのは？　大きい？　小さい？　最初の、東部一三州に入っていた？　それとも、西部開拓によって生まれたのでしょうか？
・子どもの興味に思いを馳せましょう。たぶん、お子さんの知らないこと（あるいは知っているけれど忘れていること）が見つかるはずです。バスケットボール殿堂がマサチューセッツ州のスプリングフィールドにある、とか、お子さんのお気に入りのキャンディー、ジェリーベリーの製造工場がカリフォルニア州のフェアフィールドにある、とか、ブリタニー・スピアーズの生地がルイジアナ州のケントウッドだとか（こう申し上げただけでも、ルイジアナ州についてのレポートが大挙して押し寄せてくるのが目に見えるようではありませんか？）。

かくして、あなたが注意を払い、忠告と情報を与えたおかげで、お子さんはあてずっぽうに選ぶのではなく、自分が興味を持ち、連帯感を抱ける州を選べます。調べものも、真に意義のあるものになります。サクラメントがジェリーベリー社の工場からわずか四〇マイルのところにある大きな都市なのだと発見すれば、その後、この市がカリフォルニア州の首都だと思い出しやすくなるでしょう。

このように、週末の、一かたまりにとれる長い時間を利用して、大きな決断や計画に手を貸してやるのです。スタート地点で手間をおしまず、意義深い学習に導いてやることによって、結局は、その後のはかりしれない時間を省くことになるのです。

学習中心のライフスタイルにふさわしい休日とは

長期休暇は、家族がまとまった時間をともに過ごせる究極のときです。次の休暇はぜひ、特別な野外研究調査旅行にしてはいかがでしょう?

わたしの知っているある家族は、休暇に、全員で音楽キャンプに参加しました。別の家族は南北戦争関連の遺跡を一つ残らず踏破するという目標に、着実に近づいています。また別の家族は子どもたちを集めて、毎年恒例の、何か新しいことを学ぶ旅に出ることにしています。今年は、スキューバダイビングなのだとか。

休暇は家族に、学習中心のライフスタイルを実践するまたとない機会を与えてくれます。家を離れるということはつまり、家事の一切を置いていけるということ。願わくは、すべての電話も、残業依頼も、宿題も。夢中で、学ぶことに集中できるのです。

学習中心の休暇を面白く過ごすのに、大枚をはたく必要はありません。まず、空港に向かう道すがら、あるいは目的地までの車中のおしゃべりも、立派な学習です。湖畔のキャンプ場のような安上がりな場所も、森を探検したり、泳いだり、シュノーケルで潜水をしたり、ボートに乗る拠点になります。地元の人との会話は、釣りにうってつけの穴場やそこに咲いている美しい花の名前などの情報をもたらしてくれます。隣のキャンプサイトの紳士は、きっと喜んで、数年前、ニューヨークの北部地方でキャンプをしていたときにクマと出くわしたエピソードを話してくれるでしょう。夕闇に包まれて囲むキャンプファイアーは、その日の出来事を振り返り、明日の計画を練る、懇親の場になるでしょう。

お気づきいただきたいのは、わたしが学校の課目についてはまったく触れていないこと――それでも、こうして過ごす一日は、学習体験の延長である、ということです。生物学、植物学、地理、機械（もしもボートがモーター付だったら）、団体行動や社交の技能、体育――この休日には、これらのすべてが盛りこまれています。はじめは、休暇を楽しむのにいそがしい子どもが何かを学ぶことなどできるはずがないと思われるかもしれません。ここで学ぶことは、教科書の特定のページに特定の課題が提示され、誰もが同じ問題に集中する、というような分かりやすいものではありませんから。学ぶ秘訣は、学習中心の休暇を楽しみながら、あらゆる機会に注意を払うことです。そうすれば、型にはめる必要はまったくなく、さまざまな学びの場が、継ぎ目のない一つのものとして、自然と、目前に現れることでしょう。

この原則はどこでどんな休暇を過ごそうとも、あてはまります。この目標を念頭におけば、次の目的地選びが、楽しく、興味深いものになることはうけあいです。

学校をサボる

ええ、分かっていますとも。昔ながらのサボりをご提案するだけでも、わたしはひどい悪党です。

遊びのヒント

映画のタイトルの扮装をする：夕食の席に、映画（または本か歌）のタイトルどおりのかっこうをして来ると決めます（親戚や友人を招待すると、よりいっそう楽しめます）。たとえば、背中に一本の矢を貼りつけて、緑色のパンツをはいていたら『グリーンマイル』だという具合です。

手がかりを探せ：映画なり本なり歌なりを選んで、家のあちらこちらに配した手がかりから、プレイヤーにタイトルを当ててもらいます。分かったら、番号をふった紙に答えを書いてもらいましょう。子どもに手がかりの用意をさせ、めいっぱい、頭の鍛錬をさせましょう！

例：

一セント銅貨を6枚＝『シックスセンス』

ホワイトハウスの絵＝『カサブランカ』（訳注：スペイン語で白い家＝whitehouseの意）

インディアンの羽根が刺さったハート型の写真立て＝『ブレイブハート』

食べかけのリンゴのとなりにコンパスを置く＝『エデンの東』

「D」だけ抜かして、アルファベットを羅列する＝『ガンディー』（理由は、ゴーンディー（GoneD）……発音次第の、ちょっと強引なヒントかも……？）

ハル・ベリーの写真＝『ブラックビューティー（黒馬物語）』

名前当てゲーム：このゲームは、六人以上の人が車座になると一番うまくいきます。二人一組になり、渡された五枚（人数によってはもっと）の紙切れに人の名前を書きます。書く名前の条件は、グループ内の誰もが知っていること。生死は問いませんし、現実の人物でも、架空の人物でも、歴史上の人物でもかまいません。時事問題、映画スター、歌手、スポーツ選手など、プレイヤーの年齢にふさわしい人を選びましょう。集められた紙切れは、ボウルかバスケットに入れます。

最初のペアからゲームを始めます。一人が一枚ずつ紙を開いて、パートナーにできるだけ早く、人物描写をします。「合衆国大統領」「九月十一日の首謀者」「フォレストガンプを演じた男性」などなど。各チーム、三十秒（年齢の低い子どもには多め）の持ち時間に、できるだけたくさんの名前を当てます。名前が当たったら、その紙は取り除かれます。

ルール：もしもヒントを出す人が紙に書かれた人物を知らない場合は、名前そのものをなんとか表現します。たとえば「タイガー・ウッズ」の場合にはこんなふうに言ってもいいでしょう。「ライオンじゃない動物。名字は森林「フォレスト」に似たものと同じです」。パスしたり、紙を返すことはできません。なんとか、最善を尽くして表現するのです。

回答者が名前を当てられないうちに時間が切れてしまったら、その名前はもう一度ボウルに戻され、ほかの人が取り出すのを待つことになります。

趣向次第で点数を記録し、次のペアにボウルを回しましょう。

二周目に入ったら、ヒント係と回答者が交替し、それを繰り返します。ボウルに入れた名前の紙がなくなるまで続けましょう。

けれども、学習のチャンスというものはえてして、学校の予定とバラバラの足並みで、ひょっこり顔を見せるものなのです。

これはあきらかに、時間を生み出す手段のなかでも、もっとも注意深くなる必要があるところです。なにしろ、学校での履歴がどんどん重視されるようになっている現代では、学校をサボるのは昔のように簡単ではなくなってしまいました。多くの学校が出欠日数に関して、融通の利かない規定を採りいれており、そのために、欠席日数が一定の限度を超えると、深刻な結果が生じてしまいます。たとえば、テキサスのある学校では、一〇回の欠席で、その授業の単位は認められなくなってしまいますし、ニューヨークでは複数の学校で、児童保護局や保護観察局への報告が公的に認められています。

お子さんの通う学校の出欠席に関する規定を調べてみましょう（インターネットで見ることも可能かもしれません。わたしがグーグルで「学校の出欠席制度」で検索してみたところでは、一一八万件がヒットしました）。

そして、慎重に折り合いをつけるのです。年度内にお子さんが病気になったり、家族に緊急事態が起こったりして学校を休まなければならない可能性があることをお忘れなく。

けれど、もしも、今が学年末で、欠席児童審査官がお宅の玄関先に姿を現すまでにあと三日の猶予があるとしたら……お開きになるのが真夜中の、あの天文学クラブの望遠鏡の実演に出かけてみたり、行くのに車で数時間かかるものの、子どもが気に入ることうけあいの劇を観に行ってみることだって、できるはず……。

怖れることなく、他人に時間を割いてもらう

投資家が資力を拡張したいと思うとき、彼らが頼るのは「他人のお金」です。では、学習時間によりいっそうの活力を与えたいと思ったら？　ぜひ、「他人の時間」をあてにするべきではないでしょうか？

この時間という領域においては、可能であるならば、祖父母ほどありがたい存在はいません。多くの子どもにとって、おじいちゃん、おばあちゃんと過ごす時間はとても特別なものです。ぜひ、祖父母を、この、あなたの新しい生活の味方に引きこんで、全面的な協力を取りつけましょう。ほとんどの祖父母は喜んで、この任についてくれるはずです。

「うちの子は三人とももう大きくなりましたが、強く心に残っている学習経験には、多くの場合、わたしの両親がかかわっていました」とは、テキサス州ヒューストンのシルヴィア・ムッソーの談。「子どもが小さいとき、母は、あの子たちに付き合って辛抱強くクッキーを焼き、おいしく分数を教えてくれました。付近の博物館にはことごとく足を運んで、子どもたちの人生に、新しい情報をもたらしてくれました。うちを訪ねてくるとき、父はきまって図書館に寄り、かばんにいっぱい、子どもたちが興味を持ちそうな本を借りてきてくれたものです。あの子たちは、ソファーに身を寄せ合って、リーディングマラソン大会を開いていましたよ」

シルヴィアの子どもたちが、そして両親が、年齢を重ねるにつれて、子どもたちは祖父母の庭や家の管理を手伝うようになりました。「子どもが訪ねていくと、母はかならず、古いアルバムを取り

出して、亡くなったり、遠くに行ってしまった親戚について話をしてくれました。そして父は、庭に連れ出して、庭の害虫駆除をしながら、花や野菜の栽培について、尽きない知識を伝授してくれたんです」。

両親以外にも、おじ、おば、いとこ、隣人、ありとあらゆる友人の助力を求めましょう。わけても、お子さんが興味を持っている分野の知識や経験をもっている人々は特別です。あなたのしていることとその理由を理解すれば、こうした人々のほとんどは、奮い立って、チームの一員になってくれるはずです。たまたまうまくいかないことがあったとしても、自分のせいだなどとくよくよせずに、前進しましょう。だいたいにおいて、人は自分が知っていることを他人に分け与えるのが大好きなものです。相手が大きく目をみはって熱心に話を聴く幼い子どもである場合にはとくに。定期的に、興味深い人物を夕食に招待しましょう。席についた誰もがどれほど学べるかに、きっと、仰天するはずです。

スケジュールを洗い直す

二、三週間のあいだ、あなたの時間の行き先を観察してみましょう。もしもあなたが、紙と鉛筆を持ち歩き、こつこつと記録ができるタイプだとしたらもっけのさいわい。これをやってみると、普通、ほかの、もっとよい使い道に回せる時間が多少なりとも浮かび上がるものです。さらに、自分の余暇の過ごしかたに思いを凝らし、お子さんが学業と人生の両面で成功するのに手を貸すという目標にとってどの程度の重要性をもっているか量ってみましょう。わたしたち現代人の多くは、活動の幅を広げすぎて、「慈善は家庭に始まる」ことをすっかり忘れてしまうのです。お子さんの子ども時代はたったの一度。ほんの短いあいだなのです。たぶん、あなたが打ちこんでいる活動のいくらかは、お子さんがそれほどあなたの時間と関心を必要としなくなるときまで待てるのではないでしょうか。

ホームスクーラーであるメリッサ・コンラッドは、四人の子どもをさまざまな活動に連れていくために、膨大な時間をかけて地元ノースカロライナ州エリザベスシティーの界隈を周遊していることに疑問を感じ始めました。計算してみると、その年の車の走行距離は、ゆうに七万五千キロも伸びそうな勢いで、何かを変えなければならないことが分かりました。

「その晩、わたしたち家族は全員のスケジュールと各曜日分の地域の地図、それに鉛筆と紙を持って席につき、毎日の行動範囲を地図に記していきました。そしてこの情報をもとに、地理的な場所と時間を基準に活動をグループ分けし、理想的なスケジュールを組みなおしました。そして、変更がきそうなすべての活動の日時を変更するために電話をかけ、できるかぎり理想的なスケジュールに近づけました。その上で、新しいスケジュールの地図を作ったわけですが、それは、それ自体、すばらしい教育的な経験でした」。メリッサはこう報告してくれました。「一週間あたりの走行距離をほぼ半分に減らせることを発見したうえに、下の二人の子どもしか連れていない時間帯に、グローサリーストアーの近くにいられるようにもなったのです。おかげで、上の二人にしてあげたように、『お買いものの算数』やそのほかの学習経験をさせるのに必要な時間を割き、目配りをしてやれるようになりました。この作戦によって節約できた時間は、本当に、驚くばかりでした」。

もしも、ご自身のスケジュールに、一日あたり数分、一週間あたり数時間という時間が見つけられないとしたら、図書館で時間の管理について書かれた本を漁ってみることをお勧めします。人気のある作品には、ジュリー・モーゲンスターンの*"Time Management from the Inside Out: The Foolproof System for Taking Control of Your Schedule and Your Life"*〔邦題：『ワーキング・ウーマンのための超整理法』〕、リタ・エメットの*"The Procrastinator's Handbook: Mastering the Art of Doing It Now"*〔邦題：『いまやろうと思ってたのに……かならず直るそのグズな習慣』〕などがあります。

この二冊の本の著者が口を揃えるように、大切なのはあなたの家庭に軍隊の新兵訓練所さながらの規律を持ちこむことではなく、時間管理の原則をあなた独自の生活に適用することです。

✱新しく見つけ出した時間を大切にする✱

さて、こうしてお子さんの教育に注ぎこむ時間を確保する方法に見当をつけたところで、忘れてはならないのは、この新しい時間を可能なかぎり質の高いものにすることです。肝心なのは、先にも述べたように、お子さんが感じている「学ぶ喜び」を絶やすことなく守ること、あるいは年長の子どもがかつて感じていたその気持ちをふたたび燃えあがらせることです。

学校生活を振り返ると、先生たちが、次から次へと生徒に宿題や課題を与えながら、あとは放ったらかしで、各々の才覚で「新しい概念や与えられた情報を習得した」証拠に、それをこなさなければならなかったことを、わたしは思い出します。わたしはこのやりかたを「先生言う人、生徒やる人」方式だと思っています。わたしたちの多くは今でもこれを学習の「あるべき」工程だと考えています。この考えかたがすみずみまで浸透しているために、親もしばしば、家庭で、わが子に対してでも、これと同じ対処をしてしまいます。すばらしい教育的なオモチャや図工や実験の本やビデオを与えっぱなしで、あとは勝手に楽しむなり、試すなりしろ、というあんばいです。

これでは、うまくいきっこない、と、学習時間がもっとも充実するのは、親と子が積極的にかかわりあって過ごす場合だと気づいているホームスクーラーたちは声を揃えます。「子どもに、受動的な学習ではなく、能動的な学習をさせましょう」。ベッキー・モルンカンプは『ベター・ホームズ・アンド・ガーデンズ』誌の二〇〇二年八月の『ホームスクーリング家庭に学ぶ』と題する記事に、こう書いています。「つまり、テレビを消して、質の高い、親子が積極的にかかわりあう時間を過ごすのです。ただ、そこにいる、というのではなくて」。

ベッキーがインタビューしたホームスクーリング家庭の父親ポール・メッチはそのことを、こんな言葉でまとめています。「時間は、親が子どもに与えられる最高の贈り物です。それは子どもに『あなたはわたしにとって、時間を割くだけの価値がある。あなたはかけがえのない存在で、あなたの幸せはわたしにとって重要だ』と伝えるのです」。

＊では、あなたは？＊

時間の賢い使いかたについては――一つのことをのぞいて、これですべてです。その一つとは、つまり、親であるあなたが、あなたご自身の目標を成し遂げたり、夢を追求したりするために必要な時間を見つけることです。親も、自分のニーズをないがしろにするべきではありません。ただし、現実的であること、そして何もかもを一度に手に入れることはできないことを、承知することは必要です。「多くのホームスクーリング家庭では、人生の目標を順送りにしています」と説明するのはアン・ラーソン・フィッシャー。彼女はワシントンを拠点に一九七九年からホームスクーリングを行ってきて、二人のお嬢さんはもうすっかり大人になっています。「今は、家庭生活とホームスクーリングに重点を置き、それ以外の個人的な目標はその前かあとに達成する、という具合です。その過程で、たくさん、妥協しながらね。『順送り』の人生設計のほうが、ずっと満足に暮らせるという人は多いものです。たとえば、大学、キャリア、それから子ども。あるいは逆に、子ども、大学、それからキャリアというように。家庭によって、うまくいく順番や組み合わせは実にさまざまでしょう」。

あなたのご家族という、二つとないニーズと環境に最適の順番を決められるのは、あなただけです。一つ、たしかなことがあります。あなたが自分の時間設計に満足していないかぎり、お子さんが成功するのに必要な喜びや関心を与えてやることはできません。家庭としての人生設計のこの部分をじっくり考え、家族のニーズに生ずるであろう、予見できない、けれども避けがたい変化に対応できるだけの柔軟性を持たせましょう。

子どもを伸ばす八つの時間の作りかた

家族で本物の食事を取る。

車中で、ラジオを消し、話をしたり、楽しくてためになるゲームをしたりする。
就寝時間を遅くするか、起床時間を早くする。
週末の一緒に過ごせる時間を最大限活用する。
休暇を、学習中心のライフスタイルの山場にする。
法的に可能なかぎり、子どもが学校をサボるのに手を貸す。
他人に頼んで時間を割いてもらい、あなたの計画に一役買ってもらう。
スケジュールを洗い直し、整理し直す。

第5章　常識にとらわれない

現代の親は、ほんの十年前にはまったく聞いたこともなかったような、たくさんの教育改革の可能性に直面しています。教育費充当目的の金券《バウチャー》〔訳注：バウチャー・プランという教育制度（教育費を学校に配分せず、子ども一人当たりの一定額を親に交付することで、親や子どもの学校選択権を保障する）で用いられる金券、小切手。私立校への支払にも使うことができる。バウチャーは引換券のこと〕がふるまわれるなどと、誰が考えたことでしょう。多くの州がこぞって、一部の生徒に効果を奏するかもしれない新規なアプローチを試みようとする人材に、教育の特許状を与えるだろうとは？　あるいは、学校が家庭学習をする生徒のための、コンピューターによる授業の提供にきそって名乗りをあげようとするなどとは？

　ここで、子どもが教育を受けるありかたの変化を測定する、一から一〇までのメモリがついたはかりを想像してみてください。まず、ほとんどの人が慣れ親しんでいる公立や私立の学校を目盛の一と決めましょう。さて、ここからが、多くのホームスクーラーが発見した、重大な秘密です。ホームスクーラーのはかりにおいては、バウチャー・プランも、チャータースクール［訳注：公的な教育の省庁や役所から委任状（チャーター）を受けて開設される。選択制の独立した公立学校、結果に責任を持つ以外は公立学校運営の諸規則から自由になれる］も、オンラインで届けられる学校のカリキュラムも、だいたい、一・〇〇〇一程度にすぎません。つまり、既存の学校制度とのちがいはほんのわずかだということです。

　この本の読者やわたしのように、外部からシステムを眺める親には、内側からしか見ない家族とはまったくちがう視界が得られるはずです。既存のシステムの外部で生き、学ぶ家族は、程度の差こそあれ、さまざまな方面で、大きな変化を経験しています。こうした家族は、計画を立て、いろいろな本を使い、標準化されたテストを避けてきています。ことなる年代の人々とつきあい、読みかたを覚えるのは八歳と決めつけることもなく、掛け算を覚えるのにカードゲームを使うことを許します。こうした観点からすると、バウチャー・プランも、チャータースクールも、オンラインでの学校の履修課程も、伝統的な学校制度という範疇におさまっているのです。

　ホームスクーラーが知っている〝秘訣〟を効果的に活用するためには、固定観念をあとにして、その範疇から飛び出してみるとよいかもしれません。教育のとらえかたは、根本的に、まったく変わりえるのだと思ってみることです。そのうえで、常識の枠外で見つかるものを楽しむ計画を立てましょう。

以下に紹介する、常識の枠外で考える出発点のリストには、正直に申し上げて、多分にわたしの主観が含まれています。別のホームスクーラーがリストを作れば、またちがったものができあがるでしょう。ともあれ、わたしとしては、読者がこれらを楽しみ、それ以上に追求する足がかりになることを願っています。

✽ほかの誰もがやるからといって、同調する必要はない✽

多くの人は、大勢《たいせい》にさからうこと、波風を立てること、反発すること、旗振り役になることに二の足を踏みます。口では、子どもの教育のあれやこれやがまちがっている、と言いながら、それについてまったく手を打たないことを選ぶ親たちを、わたしは数え切れないほど見てきました。親には、口を閉ざす理由がたくさんあるのです。

たとえば、こんなふうに思うかもしれません。ほかの誰も文句を言わないということは、わたしがただ、なみはずれて敏感なだけかもしれない。もしかしたら、あら探しをしてしまっているのだろうか。ひょっとして、強迫的なのかもしれない。問題の原因である教師や、配偶者や、子どもや、親友を知っていて、その人に面倒をかけたくないという場合もあるでしょう。騒ぎを起こせば、子どもを友人から引き離す結果になるかもしれないと不安を抱くかもしれませんし、自分の言動が、教室で子どもに跳ね返るのではという怖れもあるでしょう。ここで自分が災厄を持ちこんだら、ＰＴＡの会合は、二度と、元通りにならないだろうと案じるかもしれません。

けれども、子どもの教育問題に関しては、なみはずれて敏感になっても、あら探しをしても、それどころか強迫的になったって、かまわないのです。学業の成功を望むのであれば、子どもを、優先順位リストのトップに据えつづけなければなりません。「自分の家族のために、選択することが大切です」と、ケイ・ブルックスは念を押します。「体制の言いなりになるようではいけないのです」。

また、その他大勢に同調する原因が、子どもが学校でやっていることの詳細に通じていないためである場合も多いのです。「ホームスクーラーは、今、子どもたちが教わっていることを、詳しく知っているものですよ」とケイは言います。

知はまさしく、力なのです。ぜひ、常識の枠から一歩外に踏み出し、子どもの勉強に親しんでください。「教科書を余分に取り寄せ、読んでみて、それらに対する評価をネット上で調べてみるといいですよ。今、どこをどう勉強しているのか、教師や子どもに訊きましょう。宿題やレポートが課されていないようなら、その理由を尋ねます。けんかごしになるわけではありませんが、教師に、親が関心を払っていることを、知らせましょう」。

子どもは、親が自分の勉強に興味を持っていることを、敏感に察知します。そしてそれによって、学校での成績を上げたいという子どもの意欲が増すことが、リサーチによって分かっています。大勢に逆らうのは、はじめは、勇気のいることですが、ひとたびやりとげれば、子どものために最善を尽くしたという満足感が得られるだけではなく、次はもっと簡単に踏ん切りがつくようになります。それも、子どもの教育問題だけではなく、それ以外の人生の側面においてもです。

✱子どもはそのままで、完成した一個の人格である✱

わたしたちの文化では、子どもを、不完全なものとして扱います。けれども常識の枠外から眺めると、それがむしろ、大人の思いあがった姿勢のあらわれであることが見えてきます。大人は、あれとこれ、それに、これもたっぷり――大人が――与えてやらないかぎり、子どもは、友人や職場の同僚や大人の知り合いとはちがって、まともに相手をするのに値しないかのようにふるまいます。

「子どもを一個人として考えてみてください」と言うのは、リリアン・ジョーンズ。ホームスクールで育った息子はすでに大学を卒業して仕事に就いていますが、今もカリフォルニア州セヴァストポリで学習中心のライフスタイルを送っています。「子どもは、一個人になるトレーニングを積んでいる半端な存在などではありません。すでに、一人の個人なのです」。この視点のちがいが子どもの生活にどれほど大きな変化を起こしうることか！

第一に、わたしたちは、どういうふうに「育てたい」かではなく、どういうふうに「育つのを手伝いたい」かですらなく、子どものありのままの姿を見ることができるようになります。子どもを好き勝手に捏《こ》ね、完成させる「創造主」のようにふるまいだしたとき、親は身動きが取れなくなるものです。子どもを完全な存在として認めれば、ありのままの彼らを尊重できるようになります。尊重されて生活する子どもが、尊重することを学ぶのは、周知の事実です。親は、受容と愛情というメッセージで子どもの潜在意識を育み、それは、どんな否定的なメッセージを受けたときも、それを打ち消す力になります。こうして、子どもたちは発言や行動に対する自発的な責任感を育み、無事に自立へと導いてくれる成熟した思考や行動を身につけます。

また、チクセントミハイ教授は、第2章でとりあげた「フロー」を説明するうえで、こう述べています。「科学の発見はわたしたち一人ひとりに、希望をもたせてくれるかもしれない。第一にそれらは、一人ひとりの人間がどれほど独自の存在であるかという意識をますます高めてくれた。この独自性には、遺伝コードがどのように配列されているかや、身体的、精神的特徴を作りあげる誕生後の影響因子ばかりではなく、この特別な生命体が命を吹きこまれるときや場所における特殊性も含まれる。なぜなら、人間は、身体的・社会的・文化的なかかわりのなかにあってはじめて一個の人間たることができるのであり、たまたま生まれついたときや場所は、ほかの誰ともちがう、たった一つの個性を定めるからである」。あなたのお子さんは完全な存在であるばかりではなく、圧倒的に、独自の存在なのです。お子さんとの関係のすみずみにまでこの視点を行きわたらせ、結果を見守りましょう。

お子さんの生活に存在するほかの大人と、この斬新な考えかたを共有するのはよい考えです。お子さんの教師（ここでも、けんかごしになるのではなく）にも伝えましょう。親の面談の時間を利用してもよいですし、話をする予定を取りつけるのも、手紙を書くのも、Eメールを送るのも、電話をかけるのもよいでしょう（ただし、最善なのは、教師と顔を合わせて話ができる最初の二案です）。子どもの人生における、影響力を持つ大人のチームに加わってほしいこと、つまり、勉強面での成功を最優先にしながら、お子さんに対して、通りいっぺんではない見かたや扱いかたをしてほしいと説明しましょう（教師がこれを実行すれば、おのずからほかのお子さんにも同じことをするようになり、全員のためになります）。第3章でご紹介した、相手を外国からの来客だと思う作戦を応用するのもまたよし、です。

教師ばかりではなく、ほかの大人にも働きかけましょう。祖父母やサッカーのコーチ、お子さんが芝刈りのアルバイトをさせてもらっている隣人。ホームスクーリングで育てられた子どもは成熟していると一般に言われますが、これは、特別な教科書や、短期集中授業によるものではありません。わたしたち親が、彼らに対して同胞である大人たちに対するのと同じような敬意をもって日々生活することから、育まれるのです。

おたがいに敬意を払うことは、子どもとの完璧とはいえない関係に変化をもたらします。子どもをすでに完成した一個人として受け容れるとき、それとは別の何者かにするために、なだめたりすかしたり、手を貸したり、励ましたりするのに費やしてきた時間とエネルギーを、すでにある人格を伸ばし、支えるというより肯定的な手段に活用できることに、きっとお気づきになるはずです。

✱生活を小分けにしない！✱

親が伝統的な学校で見うけられる教育にこうまで信頼を置く理由の一つは、人生は課目ごとに、よいものと悪いものとに、白と黒とに分けられるという見かたを踏襲していることです。けれども、このような考えかたにしがみついたままでいると、いずれ、いらだちと戸惑いに包まれるでしょう。

だって、こうした区分は、学校でしか通用しないのですから。

「大学への進学は、わたしも含めて、ほとんどの友人にとって衝撃でした」と回想するのは、ホームスクーリングで子どもを育てるレスター・マッカーシー。「うまく言えないのですが、教育が『大きく』なって、それまで、点と点の結びかたや思考の広がりにかけられていたかせが、いきなり取り払われたような感じでした。たとえるとしたら、生まれたての赤ちゃんが、母親の胎内から取り出され、産着を脱がされたときに、たぶん感じる気持ちくらいしか思いつきません。隔離されていた『個室』から出て、はじめて『全体』のなかに存在を感じた赤ちゃんは、肉体的に、驚愕でいっぱいのはずです。知的な『個室』なしに、すべてを全体として経験するのは、はじめ、精神的な驚愕でした」。

レスターと妻のキャシーは、二人の息子がロードアイランドの故郷を離れ、大学に進学するときにそうならないようにという願いから、ホームスクーリングを選択しました。「世のなかは、壁で仕切られた個室ではないのだと知りながら育って欲しかったのです。点と点を結びつけるのに、早すぎるということはありませんからね。それこそ、本当の学習なのですから」。

ここに、ホームスクーラーが学んできた、もっとも興味深く、もっとも貴重な教訓があります。常識の枠外で考えるとき、実は、そもそも、枠などありはしないと分かるのです！　それはあたかも、『オズの魔法使い』のなかで、トートー〔訳注：『オズの魔法使い』の主人公ドロシーの飼い犬〕がカーテンを引き「強大なるオズ」が、一行の心からの願いを聞き届けることなどできない、ただの人間であると暴露したときにドロシーや仲間たちが経験した、目覚めの瞬間のようなものです。

この物語のなかでは、すばらしい変化が起こります。ドロシーと仲間は、彼らが望む変化を起こすのに必要な力は、自分たちのなかにあると気がつくのです。彼らに必要なのは、信じることだけ。信じれば、目標は達成できるのです。

　では、家族が自分たちに力があることを信じ、自分の力を再発見して、人生の幻の枠を手放し、人生そのものである「全体」から自由闊達に学んでいくためには、どうしたらいいのでしょう。「親が身をもって学ぶ姿は、ばらばらの世界を統合し、そこに自分の居場所を見つける助けになります」とエリザベス・マクローは説きます。「手始めに、自分が不得意だけれど、ずっとやってみたかったことをすべて書き出してみましょう。ちなみに、小さい子どもは、これが自然にできます。まだ、得意ではないことが、挑戦しない理由になると学習していませんから。彼らはまだ、失敗が悪いことだと思っていません。ぜひ、お子さんも、この練習を一緒にやってみるとよいのですが、それが無理なら、せめて、自分のリストを見せてやりましょう」。

　しかし、そうやすやすと常識から脱却することはできません。書き出すだけでは不足だ、とエリザベスは言います。「リストから一つ選んで、やってみましょう。なんでもかまいません。ガーデニングのように穏やかで心癒されるものでも、空手のように活発なものでも。最初から、たぶん数回は、挫折すると見越しておきましょう。結果ではなく、プロセスこそが学習なのだという姿勢を育むのです（旅とは、つまり、そこに行くことが半分、いや、すべてなのだ、と言うでしょう?）。新しいことにチャレンジすると思うと、二の足を踏んでしまう? それこそ、すばらしい!」

「枠は、存在しないと考え、行動していくうちに、ゆっくりと消えていきます。子どものお手本になりましょう。子どもが実世界を観察したり、体験したりする時間をできるだけ作り、何かに興味をもったら、それについてさまざまな方面から読めるようにしてやりましょう。そうすれば、お子さんはいつか、ドロシーと同じように気がつくはずです。『わが家に勝る場所はない』と」。

✱子どもは教えなくても学ぶ✱

「子どもは――人は、生まれつき学ぶ力を持っています」。教育実習生として勉強しながら、教員免許の取得を放棄したリリアン・ジョーンズはこう語ります。「本当は驚くまでもないこのことが意外に思えるのは、多くの人が、教えられることによってのみ学ぶという教育方法を経験しているためです」。

ほかの多くの親と同じように、リリアンもはじめは、常識という枠を外さなければ、より広い視野を開くことはできませんでした。彼女も、ほかの数え切れないほど多くの家族と同じように、家庭に学校を再現しようという試行錯誤を繰り返した挙げ句にようやく「教育は、たいていの場合、学習に必須の要素ではない」ことを実証できたのです。

このことを口で言うのは簡単ですが、たぶん、お子さんはあなたを信じないでしょう。学校教育での経験が、それとは反対の証拠を提供しているからです。

それよりずっといい方法は、暮らしのなかで、行動で示していくことです。お子さんが、誰かが何かを教えてくれるまで待っている必要はないのだと、興味のあることはたやすく学べるかもしれないと理解すれば、教育は胸躍る、有益で、貴重なものへと変わるでしょう。この経験を分かち合うことは、家族の絆を強めます。

新しいコンピュータープログラムの考案や、トレーニングや、家具の組立を一緒にやってみましょう。自分たちが「実践を通じて学んでいる」ことを指摘しましょう。思考のプロセスを口に出しましょう。さまざまな情報源にあたり、以前に自分が独学した別のことの話をし、質問をし、質問に答え、自力で解決を見出す満足感を身をもって示しましょう。勝利を祝い、敗北から学ぶのです。

✱学習の方法は、猫の毛皮の種類ほどもある✱

人間が持つたくさんの、さまざまな学習の方法について、詳しくは順次ご紹介していきますが、ここではまず「常識の枠外で考える」喜びをとりあげようと思います。常識の枠外では、他人とちがうことが、ただ受け容れられるのではなく、評価されます。こうした評価は家庭に始まります。家庭では、親は、子どもをたくさんのことなる学習方法に触れさせることができます。やがて、そのうちの一つないし複数のやりかたが「かちり」と符合して、教育という箱が開き、お子さんは甘美な達成感を味わうことができるのです。

「親は、子どもの健康を守るために、さまざまな食べ物を与えますよね」***"Fundamentals of Homeschooling: Notes on Successful Family Living"***〔仮題：ホームスクーリングの基本：うまくいく家庭生活のための備忘録〕の著者であるアン・ラーソン・フィッシャーはこう説明します。「群を抜いて優秀なホームスクーラーの親は、同じように、子どもがさまざまな方法で知識に出会う手伝いをしています。学習に通じるたくさんの門を、できるかぎり広く開けておくことは、本当に、子どもの学習能力を高めるものなのです」。

アンは、二人の娘に対し「三つのルール」を使うことによって、必ず幅広い学習アプローチが得られるようにしていました。「特定の課目を掘り下げるのに、少なくとも三つの、まったくちがうやりかたで取り組ませるのです。誰かが、歴史や数学などの課目で行きづまることもありましたが、そういうときは、わたしが介入して、なんとかうまくいく方法を見つけだしました」。

こうして枠を取り払い、あらゆる可能性を前にすると、おそらく、同じ子どもでも、科目によってちがうアプローチを必要とする場合もあることがお分かりになるでしょう。アンはこう語ります。「たとえばわたしの場合、たいていは、読み、聴き、頭のなかで分析する方法で、一番効率よく学ぶことができます。講義を聴くのも大好き。ところが、数学の説明だけは、受けつけないんです！　新しい数学的な概念を自分のものにするためには、模型や図形がないとまるでお手上げ。説明や講義を聴こうとしようものなら、たちまち眠ってしまいます。さっさと図解してみなさい、というところですね」。

✽先輩からのアドバイス✽

経験

生まれと育ちは、分かちがたく絡まりあっている。子どもの成長をつぶさに見守った経験を持つ人にとって分かりきっているこのことは、科学者のお墨付きも得ています。

ここでいう「育ち」とは、環境がその人の全人格にもたらすものを言います。そしてこの「環境」には、家庭や家族の影響はもちろん、子どもが経験するすべてのことが含まれます。お子さんが、野球場や教会やおばあちゃんの家で過ごした時間に感じたことも、テレビで見る番組や映画やゲームも、本や仲間や年長者や夕食の席での会話から受けるメッセージも。隣人や親戚や牧師や教師や、もっとも良き同胞《はらから》やもっとも悪しき敵の影響もこの経験のうちです。

見たもの、触ったもの、嗅いだもの、聞いたもの、そのすべてが経験です。言葉、しぐさ、感情のすべて。学校の校庭で、バスのなかで、教室で、ロッカールームで、友人の家で、暗がりで起こることのすべて。目の前で起こるすべての誕生、すべての死。それらのすべては経験となり、成長における環境因子（育ち）となります。そしてこの「育ち」はすでに内面に備わっている「天性」と分かちがたく絡み合うのです。

そして、子どもの内面に生まれつき備わっている「天性」と結びつくべき「育ち」を選ぶのは、彼らと共に歩み導く、わたしたち親なのです。だとすれば、子どもに与える育ちの質を、優先順位のトップに据えるのは当然すぎるほど当然のことです。親はときに、子どもの将来の全人格を育てるものよりも、子どもの肉体を育てるものにずっと注意を払うようです。継続的に滋養のない食物《ジャンクフード》を食べることは、子どもの健康を危険にさらしますが、同じように、滋養のない経験を積み重ねることは、子どもの将来の姿を危険にさらすのです。

なにをもって滋養のない経験とするかは親によってちがうでしょうし、たとえその定義は同じでも、どんな経験がそのリストに連なるかは、人によってまちまちのはずです。わが子の経験について考え、観察し、食餌療法の必要性があるかを判断するのは、個々の親にかかっています。そのことを理解したら、親として変化を起こすべきだと決断したら、それを力に変えて、子どもが吸収する経験を変えることができるはずです。

リンダ・ドブソン

✽学習は、机の前だけでするものにあらず✽

「子どもたちに、学ぶ心構えをさせなければ」。このうたい文句は、教育者を筆頭として、最近では有権者の気を惹く呼び物として教育問題に飛びつく政治家からも、頻繁に聞かされるものです。

しかし、なかには、子どもの学習について、できることはなにもないと気がついている親もいます。敗北主義者的に聞こえる？　いいえ、実はその反対です。子どもはごく自然に、学習します。それも常に、誰からも教わることなく。こうした親と話をしてみれば、いつのまにか自然に文字を覚えてしまった六歳の子どもや、教科書をまったく見たことがないのに大学レベルの数学を学ぶレベルに達している一二歳の子どもの逸話を耳にすることでしょう。

たとえば、人格形成期を、ミシガン北西部で少年実業家として送ったジェーコブ・パウエルの例を見てみましょう。彼は新聞配達を皮切りに、グリーティングカードの直送ビジネスに移り、十代で、家庭を本拠地にした通信販売事業を手がけました。必要なことはそのつど学んでいきました。ジェーコブの母親、リンはこう語ります。「きちんとした数学のカリキュラム通りにではありませんが、ジェーコブがずっと、数字のことを学んできたのはたしかです。大学に行く決心を固めると、あの子は、地元の大学の本屋で、二冊、数学の本を買ってきました。数カ月間それを勉強して、ＳＡＴ（大学進学適正テスト）を受け、希望通りの大学に入れる点数を取ってきましたよ。チャンスを与えさえすれば、子どもはまったく驚くほどのことをしてみせるものです」。

リリアン・ジョーンズの息子は、七歳のとき、病気でしばらく学校を休んだことがありました。「何日間も、科学の教育番組が流れているテレビの前で、じっとつまらなそうにしていました。ところが、回復して、帰宅した父親を玄関で出迎えると、原子力の驚異についてあれこれと話しているじゃありませんか！　わたしの目には、見ているようにも、聴いているようにも、まるで見えなかったのに」。

常識の枠に閉じこもっていると、子どもに、学校の厳密な規則に従う「準備」をさせなくてはならないと考えてしまいます。でも、いったんこの枠から離れれば――子どもは常に学んでいるのだという前提に立てば――彼らが何を学ぶかが大切なのだということが見えてきます。子どものすばらしい学習能力に気がつくことによって、親は、子どものために最善を尽くせるようになるのです。

子どもが常に学習しているのだという概念を受け容れましょう。そのとき、子ども、配偶者、隣

常識の枠外で考えるための足がかり

ほかの誰もがやるからといって、同調する必要はない。
子どもはそのままで、完成した一個の人格である。
生活を小分けにしない！
子どもは教えなくても学ぶ。
学習の方法は、猫の毛皮の種類ほどもある。
学習は、机の前だけでするものにあらず。

人、配達人、子どもの先生、ネット上の知り合いに対して、あるいはそれらの人々について、あなたはより高い意識をもって発言するようになるはずです。自分がしていることとやりかたの両方に、以前よりも注意を払うようになるからです。自分が読んでいるもの、テレビで見ているもの、ラジオで聴いていること、耳に入る雑談について、より深く考えるようになるでしょう。お子さんの時間を、誰が、どこで、どのように、そしてどうして、埋めているのかということに、これまでよりも、配慮するようになります。

子どもが学ぶのは、きちんと机の前に座っているときだけだという概念を捨てましょう。そうすれば、子どもが後天的に身につけるものが、読み、書き、計算だけではなく、姿勢、価値観、行動でもあることがおのずから分かるはずです。もしもお子さんが、ひっきりなしに悪態をつく人と一緒にいることが多ければ、子どもがどこで四文字言葉〔訳注：四文字からなる卑猥な単語の総称 fuck, shit など〕を覚えるかは明白です。ただし、ほとんどの学習は、四文字言葉ほど目につかないかたちで行われるものです。

お子さんがあなたから離れ、あなたの肯定的な展望や影響を受けずに過ごす時間が長いのであれば、とくに、知らずしらず伝えてしまう否定的な影響に注意が必要です。意識的に肯定的な思考、言葉、行動をもって子どもに接するようにしましょう。

それはいずれ、頼りがいがあり、好奇心が強く、鋭い判断力を持ち、協調性をもち、思いやりのある子どもの姿となって現れるでしょう。これらは、学業面での成功のみならず、人間として成功するのに必要な姿勢であり、価値観であり、行動なのです。

✱お金で優秀な成績を買うことはできない　それは、お金で幸福が買えないのと同じこと✱

公的教育の値段は年々上がりつづけています。これは、常識の枠内にいる人々が、お金で教育の体裁を整えられると信じているからです。常識の枠外に飛び出せば、先輩たちと同じように、教育における成功が、必要以上のお金を支払わなくても得られることが分かります。学習中心のライフスタイルを送るのに、家を抵当に入れる必要はないのです。

極上の教材に投資できない、あるいはしたくないとしても、心配は無用です。そもそも、その必要はないのですから。実際、ホームスクーラーに訊けば、ほとんどは、工具やお金やカレンダーや庭や虫や――わたしの孫娘の場合はゴルフクラブ――のような「本物」のほうが価値があると口を揃えることでしょう（これについては「わざわざ買わなくても家の周囲にある教材」で、もっと詳しくご紹介しています）。あなたが、もの創りが得意だったら、お子さんと一緒に、基本的な教材の多くを手作りすることもできます。お金の節約になるばかりではなく、創るという行為を共有することで、仕上がった作品に子どもが誇りを持てるようになります。このことで、お子さんがそれらを使いこむ確率は上がるはずです。

ご家庭の学習中心のライフスタイルが軌道に乗ると、いわゆる「教材」も、かつてなく価値ある使いかたができるようになりますが、多くの家庭では、誕生日や祝祭日などの機会に、友人や親戚に利用価値の高い「エデュテインメント〔訳注：ゲームなどの娯楽要素を盛りこみ、楽しみながら学習を進める方法。そのための教材やソフトウェア。エデュケーションとエンタテインメントの造語」のアイテムを贈ってもらうことで、費用を抑えます。「ばかげて聞こえるでしょうが、うちの三人の子どもは、本心から、消防車のオモチャよりも地球儀をもらうほうが喜びましたね」。こう語るのは、ウェストヴァージニア州の田園地帯に住み、子どもを公立の学校に通わせるシンシア・レイノルズ。「うちは、子どもが小さいときにこの方針をとりはじめたのですが、友人のなかにはこのアイディアがとても気に入って、年のいった子どもを、時間をかけて、そういう方向に誘導した人もいます。結果はすばらしいものでしたよ」。

ですから、子どもの学校での成功を手伝えるのは、ほんの一握りの特別な人だ、などという考えは捨ててしまいましょう。成功するために必要なのは、お金よりもむしろ、時間、関心、愛情深く寄り添い共に歩くことなのです。それらは、どんなにお金を積んでも買うことができない教材です。ただし、学習中心のライフスタイルにお金を投じれば、それは、ばっちり、お子さんの教育のためになります。お金をかけるだけのかいはありますし、直接、お子さんの教育の、実り多き成果に結びつくでしょう。

わざわざ買わなくても家の周囲にある教材

教材	使用目的
アルミホイル	なんでも
アナログ時計　デジタル時計	時計の読みかたを覚える
お菓子づくりの道具	算数の基礎　家庭経済の技能
風船やコルク	工作や化学の自由研究
豆	数え方　植物を育てる　中身の観察　絵
本	さまざまな課題についての情報収集
ボタン	種類別に分ける　モザイク画を描く
計算機	算数　数学
カレンダー	基本的な時間の概念
コンピュータープログラム	エデュテインメント
密着用印画紙	安価なラミネーション素材
クレヨン	カラフルな絵画
サイコロ	基本的な算数の技能：自作のゲーム
食品彩色剤	色について学習する
おもちゃのルーレット	確率について学習する
グラフ用紙とＭ＆Ｍなどの小さくてカラフルなお菓子	種類分け、グラフの作成
索引カード	自作のカード、フラッシュカード、ゲームなど

インターネット接続	情報にアクセスする
図書館のカード	本の世界への扉を開けるカギ
レゴブロック、牛乳さしのふた、ボタン、乾燥豆、M&Mなど	算数
計量カップ、計量スプーン	分数、掛け算、割り算などの学習
巻尺	計測
カードメモ、紙、スタンプ、封筒	郵便局ごっこ　書くこと
紙	書くこと、絵画、工作
鉛筆	書くこと
パズル	脳の体操
本物の硬貨と札	お金の理解　算数
録音した音楽	音楽、様式についての学習、楽器、外国の音楽
定規	計測
ソルト・ドー（小麦粉に水や塩を加えて練った小麦粘土）	一〇〇一通りの使い道
チョーク	美術、新鮮な空気のなかでの学習
ヨーグルトやリコッタチーズなどの小さなプラスチックの容器	種の発芽、糸電話、小物の整理、形の学習、美術、工作
ストロー	美術、工作
テープ	複数のものをくっつける巻尺　計測

第2部
子どもの個性を見つめる

わが国家は、新しい子ども時代の概念に向かって流されていくようだ。それによれば、子どもは独力で世の中に旅立ち、独力で渡っていくことができる。ここには、予断を許さない断絶が存在する……大人の国であるアメリカとアメリカの子どもたちとのあいだの断絶がすみずみまで広がって、わたしたちは今やたがいの接点を失おうとしている。

リチャード・ライリー　米国教育長官　1994 年

第6章　子どもを子ども時代に帰す

わたしが時代遅れの人間になりつつあることは自覚しています……でも、聞いてください。わたしは、幼稚園などほとんど誰も聞いたことがなく、「保育所」という言葉もなかった時代を知っています。そのころは、ほとんどの家庭が子どもが五回目か六回目の誕生日を迎えるまで（意識せずして）「幼年期」ホームスクールを実行していたのです。当時は近所の子どもたちはみんな、集まっては自転車に乗り、おたがいの家を行き来し、雨の日は部屋で静かな時間を楽しんでいました。学校に通い始めてからですら、夏はパジャマ姿で一緒にホタルを追いかけたり、公園で即席のボール遊びを発明したり、各戸の裏庭にある木陰のピクニックテーブルでクッキーとジュースを楽しんだりしていたものです。

せちがらい現代に生きる子どもはそうはいきません。安全上の理由から、親の多くは子どもを一人で送り出そうなどとは夢にも思いませんし、保育所はごく普通どころか必要な存在になっており、秩序だったスポーツが急ごしらえの遊びを追い落としています。勉強重視の幼稚園が出てくると、長年にわたって「準備」を求めてきた声に後押しされるかたちで、かつてぜいたく品だった幼稚園は、学校に上がるための必須条件にかわりました。このように、正規の学校教育以外の活動がいくらでも利用できる今、子どもが想像力を働かせることができる機会は、日ごとに減っています。

多くのホームスクーラーは、とくに小学生の子どもの「学業」への一見呑気な身構えかたを、愛する人々や友人から批判された経験を持っています。メディアの批評家たちは、学校教育的な集中学習の厳しさを知らない子どもたちは、将来、高等教育や職場で身を処すことができないという怖れに拍車をかけます。しかし、こうして批判を浴びながらも、彼らはホームスクールが優秀な学力について教えてくれたもう一つの信念を堅持し、抵抗しています。その教訓とは、子どもは、愛情深い大人が、子ども時代に帰してやることによって、のびやかに成長する、というものです。

✽子どもの学力はこうして伸びる✽

大事なのは、健康や幸福のために必要なのと同じバランス。これに尽きます。「飛行機で、重心が片側に寄ってしまったら、滑らかに離陸することは不可能です」。わたしは *"The Art of Education"*［仮題：『教育という技』］でこう書きました。「同じように、大人が子どもの知性を偏重すれば、子どもは滑らかに飛び立つことはできません。自立への飛行を不必要に難しく、危険なものにしてしまいます。飛行機の平衡を取り戻すには、重心を移すことです。そして、大人が子どもが持つすべての面に同等の関心を向けること、子どもの手と心を頭と同じように尊ぶことによってはじめて、子どもは均整のとれた大人になることができるのです。そのあとはただ、飛び立つのを見守るだけです！」。

多くの親が、子どもの学力を伸ばす道のりを高速道路と同じに考える必要はないと信じています。子どもを高速道路に乗せて子どもも時代を駆け抜けさせてしまうとき、親は、彼らがただ地を蹴って進む知の牽引車《トレーラー》ではないことを忘れてしまいます。そのときわたしたちは、意識的無意識的に、子どもが頭に対するのと同じだけ必要としている感情や精神に対するサポートを、ないがしろにしてもよいのだ、というメッセージを送っています。感情や精神が伴わなければ、いくら「頭」で成功したところで何の意味もないというのに。

メリッサ・コンラッドは厳しい経験を経てこの教訓を学びました。彼女の一番年上の「英才児」が四年生のとき、一度ならず二度も飛び級をしたのです。「最初のときは、息子のストレスのレベルが跳ね上がったのを目の当たりにして、なんとか手を尽くしてなだめました。でも、二度目は、何をやっても無駄でした。今思えば、勉強面ではともかく、社会性や感情面での発達は、とうていクラスメートにはおよばなかったのです。本当に、にっちもさっちもいかない状況でした。問題を放置するわけにはいきませんし、かといって、学年を一つか二つ戻すというわけにもいかないのですから。あの

✱先輩からのアドバイス✱

学習に役立つ資質

あなたに導かれて、お子さんは自然に、苦もなく、人生のもっとも重要な教訓を日々学び、心と頭に蓄えています。

けれども、お子さん本人も、学習経験に、大いに与しているのです。好奇心、想像力、創造力、精神の平穏、ユーモア、芸術的な才能、自律的な動機づけ、直観力などの資質をもって。これらは、凡人が、文化を代表する芸術家たちに賞賛を寄せる（いえ、それどころか羨む）原因たる資質です。

育っていく過程で、お子さんはこれらの資質を人生のあらゆる領域で、生活のあらゆる瞬間に活かして、どこにいても、何をしていても、それを誰と一緒にしていても、一つひとつの活動を学習に高めることができます。現実の世界が、お子さんの先生になるのです。もっともっと多くの人類の家族が、これらのプラスの資質を生活に取りこんだら、いったいどれほどすばらしいコミュニティが生まれることでしょうか。

豊かに、実り多い大人になるためには、すべての子どもは生まれもった個性に磨きをかけるための時間が必要です。親として、お子さんの教育の責任を担えば、あなたはこれらの資質に確実に光が当たるように心を配ることができます。おそらくあなたがお考えになっているより、簡単なはずです。実際、お子さんは自然にそうするのですから――遊びを通じて。お子さんの、遊ぼうとする自然な衝動は、偶然のものだと思いますか？「しかるべき、必然」のものだとはお思いにならないでしょうか？

リンダ・ドブソン

The Art of Education : Reclaiming Your Family, Community, and Self〔仮題：『教育という技　家族と、地域と、自分自身を取り戻すために』（ホルト・アソシエイツ　一九九七年）〕より

子がバランスを保てる時間と場所と経験を与えるためには、どうしてもホームスクーリングを始める必要があったのです。こう私が言っても、納得していただけるでしょうか?」。

優秀な学力への道のりは、高速道路よりも田舎道にはるかによく似ています。そこには、子どもの生来の好奇心や次々と新しい経験を求める気持ちに適した、おもしろいくねくね道や回り道がたくさんあります。この道をとれば、子どもの教育に必要なすべて——頭と心と手という側面が、全人性を育むのに必要な関心を受けられるようにできるのです。

✱子ども時代の魔法✱

お気づきでしょうか。少女向けの洋服売り場に並んでいるのは、まるで、娼婦の、土曜の夜の衣装の縮小版です。音楽ビデオは想像の余地もないほど赤裸々にセックスを描写し、この国で一番人気があるゲームソフトの一つでは、プレイヤーは復讐に燃える麻薬密売人になって、野球バットとウージー軽機関銃を武器に、血痕を手がかりにして犠牲者を追跡します。ティーンエイジャーになったばかりの子どもたちがオーラルセックスに興じ、しかも、これは本当のセックスじゃないから、とうそぶく始末です。急ぎなさい、早く大人になりなさいというメッセージは文化の隅々にまでしみ渡っています。

不穏な結果は、ほとんど日ごとに表面化しています。そういった最新ニュースを知りたければ、ジミー・キルパトリックが運営する教育関係の新聞記事などを紹介するウェブサイトを訪ねてみるとよいでしょう。そのサイトでは新聞記事の一つに、アンドリュー・ジュリアンが『ハートフォード新報』に書いた二〇〇二年一二月一五日の記事「子どもは傷ついている」があります。

わたしたちは、足を止めて、このジュリアンの報告に耳を傾けるべきです。「憂鬱と不安にとらわれて、国中の若者たちが精神科病棟やセラピストのオフィスに吸いこまれていく」。彼はさらにこう続けています。「ストレスに疲れ果てたアメリカの若者世代は、二重苦に陥っている。かつてない高い水準の成功に達しなければならないという強烈なプレッシャーを受けるいっぽうで、家庭内でのサポートとくつろぎは弱まるばかりなのだから」。彼のシリーズ記事の続報は、タイトルを見れば、おのずから内容が分かります。「過熱する親の圧力」「残虐な文化」「夕食の席になにが起こったのか」。

多くの冷や水をかけられるような思いがする事実に加え、ジュリアンは、二〇〇〇年の小児科学会誌は、精神的な問題をもつ四歳から一五歳の子どもの数が一九七九年から一九九六年のあいだに三倍近くにも達していると報告しています。なんと、四歳の幼児までもが！

子どもたちが、子ども時代の魔法を守りつづける手助けをする一番の方法は、大人時代への死に物狂いのレースに参加すれば、何を失うことになるのかを忘れないようにすることです。もっとも輝かしい勝利者になろうとひた走ることによって、皮肉にも、彼らは有能な学び手になるための特質を発達させずじまいになってしまうのです。

プリマ・パブリッシングが出版したシリーズでは、三人の著者がホームスクーリングを行う親を調査し、親の目から見て、子どもがホームスクーリングによって得る最高の学習面での長所はなにかの解明を試みています。本のタイトルは ***"Homeschooling: The Early Years*** (*three to eight-year-olds*)***"*** ［仮題：

『幼児から小学校低学年のホームスクール』〕、*"Homeschooling: The Middle Years*（*eight to twelve-year-olds"*〔仮題：『小学校中学年から高学年のホームスクール』〕、*"Homeschooling: The Teen Years*（*thirteen-to-eighteen-year-olds"*〔仮題：『ティーンエイジャーのホームスクール』〕）。親たちは以下のように答えていました。

幼児期から小学校低学年までに身につく長所

- 好奇心
- 想像力
- 熱意
- 純真さ　驚いたり感動したりする気もち
- 純粋な愛と喜び

小学校の中学年から高学年までに身につく長所

- 好奇心
- 自立心と有能さ
- 忍耐力
- 正義とフェアプレー精神
- 思いやりと親切心

一三歳から一八歳までに身につく長所

- 興味の探求心
- 主導権を握り、他人と連携する能力
- 自主的な方向決定力
- 価値観の発達
- 自立性

これらの学習面における長所は、座りこんで、子どもに「教えこむ」必要はありません。むしろ、一人ひとりの子どもに、自分なりのやりかたとペースで「子ども時代の物事を卒業していく」のを許すことによって、発達させ、大切に育むべきなのです。子どもをせきたててしまうような文化的な影響から守れば、友だちよりも長くぬいぐるみの動物にしがみついていたり、同い年の友だちがとうに見向きもしなくなったレゴブロックで遊んだりする姿が見られるかもしれません。わたしの場合、息子が晩にソファーでわたしにくっつくのを、いくつになったらやめるのだろうとよく思っていたものでした。結局、息子は九歳のある夜を境にぱったりとしなくなりました。子どもに自分なりのタイミングで、子ども時代の物事から卒業させてやるのが、賢明な親というものです。そして先に挙げた長所は、子ども時代が長く続けば続くほど、しっかり身につくようです。

親は、根気よくなることで、子どもの心をときめかせ、やる気を起こし、創造力をかきたてる特質を守る手伝いをすることができます。そこで、「子ども」を子ども時代に帰してやるための考えかたをご紹介しましょう。

✱子どもはすばらしい✱

「ホームスクーリングで得た教訓のなかでも、もっとも大切な一つは、子どもはすばらしく、彼らとやっていくのは、それまで思わされていたより簡単だということでした」。八歳と一二歳の子どもにホームスクーリングを行いながらパートタイムで働く母親、エリザベス・マクローはこう報告しています。彼女は、子育ては大変で時間がかかると認めたうえで、こう言い添えます。「そして、楽しく、やりがいのあることでもあります」。ついていない日はどんな家族にもつきもの。エリザベスはいつまでも心に残り、大切にとっておきたくなるような、よいときだけに目を向けることを選んでいます。

幼い子どもをありのまま受け止め、支えてやるための鍵は、あわただしい日課の域を脱して、できるかぎり長時間、子どもとかかわるようにすることです。同僚と深く知り合えるのは、割り当てられた仕事をこなし、締め切りを守ることに必死になっている仕事の真っ最中ではなく、休憩時間や仕事の前後ではありませんか？　同じように、一人の人間としての子どもを深く知るためには、リラックスした環境が必要なのです。さいわいなことに、ほとんどの子どもは、安心で安全な環境にいると感じれば、思っていることを熱心に聞かせてくれるものです。あなたと触れ合うときに、子どもが心を開いてくれるようにするためには「子どもが頭痛の種だという、大衆文化の決まり文句に耳を貸さないようにすることが大切」だとエリザベスはアドバイスしています。「今は、あなたのお子さんにとって一生でたった一度の子ども時代なのです。そして、あなたが子どもと過ごすことができる時代も、たった一度しかありません」。

また、エリザベスはこう言い添えています。「お子さんが本当に頭痛の種だとしたら、どうしてそうなのかをじっくり考えてみる必要があります。辛抱強く子どもと接していますか？　子どもが言うことを聞かないのですか？　疲れ、ストレスを感じてはいませんか？　ああしろ、こうしろと言いすぎていませんか？　あなたが子どもに寄せる期待は矛盾していませんか？　もし、いずれかがあてはまり、原因が理解できれば、なにかしらの手が打てるはずです」。

「子ども」を子ども時代に帰してやるための考えかた

・子どもはすばらしい。
・子どもの天性は簡単にだめになる。
・子どもには自分の好きなようにする「活動」と、「なにもしないこと」が必要。
・「子どもの時間」というものが存在する。
・プライバシーを尊重する。
・子どもが子どもでいる権利を積極的に守らなければならない。

✱子どもの天性は簡単にだめになる✱

興味や熱意、忍耐力や自己決定力など、ホームスクーリングをする親が子どもに見出す特質は、わたしが本書で強調しているたぐいの尊重を受けて育つ子どもが内に秘めている天性です。この天性が表面化する、空間的、時間的余裕を与えることが不可欠です。「教育する（educate）」という単語のラテン語の語源をたどれば、学習についての考えを永久に変えてしまうような、すばらしい意味に突きあたります。わたしたちは一般に、知識を「詰めこむ」こと、すなわち教育を受けることと考えていますが、かつては、そうではありませんでした。educereの原意は「引き出すこと」なのです。

学習のガイドとなる親は、教育に対するこの「逆方向の」アプローチが子どもに望む通りの成果をもたらすことに気づいています。わたしたちがこの、学習の本質を見失ってしまった経緯についての議論は、すでに多くの著書で行われていますし、それは本書の目的ではありません。本書で言いたいのは、この「引き出す」アプローチを理解し、活用すれば、その知識を家庭生活のあらゆる側面に適用できるということです。

好奇心や想像力や公正さの判断力や思いやりなどといった、子どもたちのもっともすばらしい天性を測るはかりは存在しません。人間の行為・教育・社会理論について多くの作品を記し、声をあげてきた作家アルフィー・コーンは、一九九三年に出版された***“Punished by Rewards: The Trouble with Gold Stars, Incentive Plans, A's, Praise, and Other Bribes”***（邦題『報酬主義をこえて』）のなかで、こう述

✱先輩からのアドバイス✱

遊び

わたしがここで提案するのは、子どもを遊ばせてやろう、ということです。社会が病み、ストレスに冒され、プレッシャーや不安が広がっていくなかで、自由な暮らし――わたしたちが子どものころ、一人か二人かもっとたくさんの友だちと、誰からも介入されずにその場の思いつきに興じていたような、自発的で無計画な活動は、影をひそめてしまっています。現代の多くの人が、時代の要求に対処できない理由の一つは、成長過程で、自発的な遊びを十分にしていないことだとわたしは思います。行きすぎた規律や秩序が、創造的で自信に満ちた人格ではなく、おとなしい人格を作り上げてしまったのです。ハーヴァード大学とオックスフォード大学の卒業生である友人も、長期的にわたる研究によって、遊びは、幸福で生産的な人生に、絶対に欠かせない要素の一つだという結論に達しています。

現代の大きな悲劇の一つに、ほとんどの公立学校で、四年生以上の時間割から学級活動をなくしてしまったことがあります（わたしのお気に入りの授業でした）。これによって、子どもは同学年、異学年の子どもと自由に交流する機会がかぎられてしまっています。学校に振り分けられ、あらゆる活動を「割り当てられ」、同い年で、同程度の能力を持ち、同じような生まれ育ちの子どもと一日中教室内に閉じこめられます。人工的で、強制的で、不自然なことです。

証拠を見せてみろ、ですって？　あらゆる動物の成長をつぶさに見つめてごらんなさい。自分たちで、好き勝手に遊んでいるでしょう。遊びは、のちの実り多い人生のために、絶対に必要なトレーニングなのです。その代わりを果たせるものなど、存在しないのです。

ネッド・ヴェアー

べています。「より厳しい基準を設け、テストを増やし、妥協を許さないランク付けをするなどの報酬が役に立つどころか害になることを、証拠が強く示唆している」。残念ながら、この作品が書かれた八年後の二〇〇一年にこれらのすべて、いいえ、それを上回る圧力を織りこんだ落ちこぼれゼロ法（No Child Left Behind Act）が法制化されました。

しかも文化的な圧力はこれだけにとどまりません。しばしば、家庭までがその延長となっています。二〇〇二年十二月の『加熱する親の圧力』という記事で、ハートフォード新報の記者、アンドリュー・ジュリアンはこう述べています。

子どもに最善を望むのは、今に始まったことではないが、今どきの一部の親は行きすぎている。子どもたちが怒濤のような要求と期待から逃れる休息の場をどうしようもないほど必要としているのに、あまりにも多くの父母が、それどころか圧力になっていると、複数の専門家が述べている。たとえ、どれほど子どもによかれと思う親心であろうとも、一部の親は結果的に、自分自身の成功を、子どもの、学校、スポーツ、社会的な場面での成果で測ってしまっている。

また、そうではなくても、富と地位の追求に夢中で、その特権の産物を雨あられと子どもに注ぎながら、時間と関心というシンプルな贈り物を与えられない親もいる。

しかも多くの親は、完ぺきな二一世紀版「豊かな子ども時代」を作りあげるのに熱を上げるあまり、子どもの人生を管理するというところにまで達している。

これらの要素をすべて合わせて現れる子ども像は、まちがった甘やかされかたをした、はてしもなく上がっていく水準の完璧さに強迫的に応えようとする子ども、結局は、失意と挫折感と悲嘆に行きつく子どもである。

「現代社会のありようは、親の子育てを極端に難しくしている」、と言うのは、イェール大学医学部児童研究センターの准教授、ジーン・アドノポス。「興奮と快楽と充足を追い求める文化に駆り立てられて、人々は何かを求め、走りつづけている。しかし、彼らはえてして、自分たちが何を追いかけているのか知らず――それゆえに、子どもたちもその追求に引きこんでしまうのだ」。

子どもの暮らしがこうした現状にさらされているなかで、好奇心や純粋さや感動や思いやりや親切心や自発的な方向決定力や自立心は、どう花開けばいいというのでしょう。お子さんが持っているこれらの資質を、全力を尽くして、見分け、育み、守りましょう。お子さんがより幸せに、そしてまちがいなく、より成功することはまちがいありません。

✽子どもには活動と、暇が必要である✽

そう、たしかに、ホームスクーラーのなかにも、家庭内の小さな教室で、子どもたちにこの文化的な圧力をかける親もいます。けれども、多くは、将来的な目的意識を持たないたくさんの活動、つまり、純粋な喜びのためだけに何かをやることも、成功につながると学んでいます。ほとんどの子どもにとって、ドリルや学期末のレポートをこなすことは、純粋な喜びを生みません！

また、あてもなく、勝手気ままな「自由」時間として、かつて存在した「暇」をたっぷり与えてみてはいかがでしょうか。「ホームスクーリングを始めたとき、わたしは息子の一日の計画をいちぶの隙もなく立てました」と言うのはオクラホマ州のマーシー・ワース。「どの活動も、どの本も、教育効果がありそうに思えて、息子に、何一つ逃してほしくなかったのです。友人のナンシーがゆっくりと、けれどもしっかりと、肩の力を抜いて息子に『ありのままの自分』でいるチャンスを与えるやりかたを見せてくれたのは、本当にさいわいでした」。比較的自由な午後を与えられるようになった最初の数カ月のうちに「息子はSF小説を書く才能に目覚め、警察や司法制度についてのあらゆる知識を貪欲に求めるようになりました。今、息子が大学で司法を学んでいることは、まず、偶然ではないでしょう」。

学習中心のライフスタイルを築きあげようとしている人なら、子どもにたまに退屈を経験させるのが効験あらたかなことに気づいているはずです。子どもが最高の創造性を発揮するのは、誰からも、いつ、何を、どうするかを指図されていないときだと気づいているからです。しかも、そういうときの子どもは、たいてい、お気に入りの活動や課題に向かうため、興味のありかを知る手がかりというおまけがつくのです。

本来、活発でエネルギッシュな生き物である子どもは、予定のない時間をいくらでも遊びで埋めてしまいます。子どもにとって遊びほど大切な仕事はないと確信している学習ガイドは、最大限の努力を払って、自由時間を確保します。遊びは、子どもが最終的に成功するために、絶対に必要なものです。アン・ラーソン・フィッシャーは、遊びを会話や共に過ごすことや成長と並びたつホームスクーリングの習慣であると考え、*"Fundamentals of Homeschooling"*［仮題：『ホームスクーリングの基礎』］の最初の六章を遊びに費やしています。

アンはこう説明しています。遊びは子どもに、時間を超越する感覚、力、コントロール、創造的に自分を表現する場を与えます。さらに、遊びは生きるための技能を模倣し練習する機会や、新しい知識を実地に移してみる時間を与えます。「遊びの大切さは、『学習のきわめて重要な要素である』という表現だけでは、とても言い尽くせないほどです」。次にアンはこう語ります。「場合によって遊びは学習そのものなのです！　幼年期の遊びが学習であるならば、少年期、青年期における学習は遊びになりえます。つまり、学習とは遊びそのものなのです！」。

これがなかなか理解しがたい概念であることは分かります。なにしろ、これまでに教えられたほとんどすべてのこと、そしてご自分の教育歴で経験してきたことに反しているのですから。けれども「休憩時間」を取ることは、わたしたち親が学校で経験したこともない「怒濤のような要求と期待」が教育現場にあふれる今日においてはなおのこと、理にかなっています。お子さんの精神的、情動的健康は、肉体的な健康と同じくらい大切です。しかもそれは、学校でよい成績を上げるのみならず、そもそも、がんばろうとする意欲のために必要なものなのです。

✽「子ども時間」というもの✽

子どもたちをただ見つめているだけでも、どんな才能や性癖を持ち、何が好きで何が嫌いかなど、ずいぶんたくさんのことが分かるものです。また、大人と同じように「覚醒している」時間は、子どもによってそれぞれだということも分かるでしょう。学校の予定を守らなければならないのはともかく、親としては、子どもが「冴《さ》えている」時間を探りあて、生まれつきの傾向に「合わせる」ためにできるかぎりのことをしてやりたいと思うはずです。冴えている時間が分かったら、子どもが集中し、身を入れられる可能性の高い時間帯に、活動の計画を入れましょう。宿題やテストの見直しは、朝型の子どもは学校に行く前、夜型の子どもはベッドに入る直前にしたほうが、よりスムーズに進むかもしれません。

また、最近のリサーチは、「子ども時間」のリズムが、大人である親とは相当ちがうことを示唆しています。一般的に、子どもは大人よりも多くの睡眠を必要としますが、科学者はさらに、主にティーンエイジャーの「誤った睡眠のタイミング」について懸念しています。もしもティーンエイジャーのお子さんが「どうせ眠れないから、ベッドに入ったってむだだ」と言ったら、あるいは朝起きられなかったら、それには、生物学的理由があるかもしれないのです。

ティーンエイジャーは「生物学的に、それ以前の子どもよりも、寝るのも起きるのも遅くなるようプログラムされています」と述べるのは、Ｅ・Ｐ・ブラッドリー病院に勤務しながらブラウン大学の医学部で心理学を教えるメアリー・カースカドン。これと、少なくとも一日に八時間の睡眠が必要なことを併せて考えると、ティーンエイジャーのお子さんがベッドに、そう、たとえば真夜中ごろに入り、目覚まし時計が六時に鳴った場合、「生物学的な真夜中」に起き出すことになります（こう考えると、高校の一時限目の数学の授業で、生徒が全員ゾンビみたいな顔つきなのにも説明がつきます）。証拠が示唆するところによれば、目は開いていても、体は八時ごろにならないと起きないのです。カースカドンは現在、せめて、ティーンエイジャーが最初のチャイムがなるときに覚醒していられるように、高校の始業時間を遅らせる運動を行っています。

✱プライバシーを尊重する✱

ドラッグやアルコール、セックスやポルノ、武器や「悪影響を与える」同年代の仲間がすぐそばに存在するこの世の中においては、子どものプライバシーを尊重するのは、親にとって、最大級の難業です。けれども、子どもと話し、遊び、学ぶことに時間を割けば、それだけ、楽にその務めを果たせるようになるでしょう。理由は単純。たくさん話し、遊び、学ぶほど、おたがいをよく知るようになり、おたがいを知れば知るほど、信頼が深まるからです。この点、わが子との関係は、それ以外のすべての人間関係とまったく同じです。

誰にも干渉されない安心感は、精神と情動の健康に不可欠です。一日の厳しい仕事のあと、あなたは、「自分の城」という平和な聖域で、本を読んだりテレビを観たり音楽を聴いたり趣味にいそしんで「休息」するのが楽しみではないでしょうか。プライバシーとは他人の要求にさらされることなく、ありのままの自分でいられる「場所」なのです。たとえお子さんが一人になる時間を求めもせず、その必要性がぴんとこないタイプでも、本当の自分でいられる「城」は必要です。

お子さんが日常的に受けるプレッシャーは、当然ともいうべきですが、親であるみなさんとはちがいます（彼らは家のローンや健康管理にかかる費用の上昇に頭を悩ませてはいないでしょう）。とはいえ、彼らも大人と同じように、常々、肉体的、精神的、情動的な余力を振り絞っています。子どもも、他人の期待にこたえようとしたり、締め切りを守ったり、他人に同調したり、先生はいったい何を望んでいるのかと探ったり、一日のかなりの時間を「緊張して」過ごすにちがいないのです。だとすれば、子どもにも、安全で安心だと分かっている場所――家庭で、のんびりと、本当の自分を解放する機会が必要でしょう。本当の自分でいられる機会をたっぷり与えられてはじめて、子どもは自分自身を知り、好きになることができます。この、学習の主体が誰かを知ることは、優秀な学業を修めるために絶対に必要な条件です！

シルヴィア・ムッソーは、ティーンエイジャーが自室で爆弾を作っていたニュースが流れるご時世にあって、子どものプライバシーを尊重するのがいかに難しいかを、よく理解しています。「まず大切なのは、健康であるために必要なプライバシーと、隠しごとをするためのプライバシーは別物だと理解することです。わが家では、前者のプライバシーだけに焦点を当てました。このことは、後者を排除するのにも役立ちました。予防策としては、テレビや電話を自由に使うのはよいけれど、自分の部屋ではダメとしたこと、それに、コンピューターを居間の真ん中に置いたことがありました」。

いくらこうした対策を講じても、ドラッグその他の有害なものが子どもの生活に忍び寄るのを完全に遮断できるわけではないことは、シルヴィアも分かっています。「でも、おたがいに本当によくしゃべりますし、子どものことは熟知していましたから、ふるまいに変化があれば、絶対に気がついたはずです。夫もわたしも、子どもの友だちや通常のスケジュールを把握していました。それに、プライベートな時間を過ごす肯定的な理由がたくさんあるのを知ってもいました」。

自分だけの空間があれば、一層、プライバシーを確保することができます。幼い子どもにとってそれは、想像力と創造力を働かせ、誰に邪魔をされたり、ばかにされたりすることなく、ごっこ遊びをする場所になるでしょう。それより年上の子どもにとっては、大事なものを取っておいたり、創造的なエネルギーを発揮したりする場、そして、弟妹の手の届かない聖域にもなるでしょう。一言でいえば、読んだり、書いたり、考えたり、夢見たり、計画を練る場所になるのです。

最後に、子どものプライバシーを重んじるのは、子どもを信頼し、尊重していると公言することです。信頼し、尊重されながら生きることによって、子どもが他人に対する信頼と尊重を育むのだということは、いくら強調しても足りないほどです。ただ会話し、遊び、学ぶことでこんな見返りが得られるなんて、悪くないとは思いませんか？

✱子どもが「子どもでいる」権利を積極的に守る✱

子どものためという名目で、親であるあなたにはありとあらゆる方面からプレッシャーがかけられます。学校から「うまくやるように」、友達から「足並みを揃えるように」、親戚から「一番になるように」。親というものは、同僚からうちの子どもは音楽やスポーツが得意でね、という話をたった二度ほど聞いただけで、やけ酒に走りかねないものなのです。それというのも、わが子にはソナタを聞き分ける耳もなく、サッカーボールに親しんでみてもつまづいて転ぶのが精一杯。こんなありさまでは、もう、取り返しがつかないと思いこんで。

心配するのはよしましょう。この次、同僚が立派な自慢話をごちそうしてくれたら、にっこり笑って、礼儀正しく言うのです。「すばらしいですね。うちの子もいずれはそうなるといいなと思ってはいるのですが。今のところは、この先、二度と持てない子ども時代の特典を、あますことなく堪能できるようにするのが楽しくて、そこまでは手が回らないんですよ！」。こんなふうに答えれば、自分自身の不安を払拭できるばかりか、ほかの親のあいだに「もしかしたら――ひょっとしたら、子どもがもっと、走ったり、跳ねたり、くすくす笑ったり、夢見たりする時間があれば、世界はもっといいところになるのかもしれない」という考えを広げる役に立つのです。

現在一六歳になる双子の娘の母親、ローリー・ティシュノアは「人知のおよぶかぎり、あらゆる教育方法を試してみた」と言います。彼女の場合、もっとも重かったのは、母親からのプレッシャーでした。「うちの家系は、見事なエリート揃いなんです。だから、うちの娘たちがティーンエイジャーになっても、バービー人形で遊んだり、木登りをしたり、ぬいぐるみをとても大切にしていることに、母はやたらと気を揉みました。夫とわたしが娘たちには、本人が必要だと思うかぎり、子どものままでいる権利があると擁護したときは、険悪になったものですよ」。ローリーはこう言います。「でも、わたしには、あの子たちが幸せで、情緒的に安定していて、自分なりのペースで成長していることが分かっていました。それこそ、一番大切なことですからね」。

文化的な高速道路に乗るべきだという重いプレッシャーがかけられるこの現代にあって、子どもの、子どもでいる権利を積極的に守るのは、親の責任です。世の中で一番簡単な仕事ではありませんが、不可能でもありません。成功への鍵は、子どもをせかし、駆り立て、プレッシャーをかける立場にある、すべての人の態度を改めることにあります。そう、先生や教育委員会はもちろんですが、友人や親戚や隣人、それに人をからかうのが大好きな兄弟までが、そのなかには含まれます。お子さんが、学習中心のライフスタイルを通じて、どんな機会を得、どんな恩恵に授かれるかを穏やかに語ることで、考えを改めてもらいましょう。たいていの人は、ひとたびあなたの目標を理解すれば、喜んで手を貸してくれますから、どんなふうにして欲しいかを、具体的に伝えてみましょう。もちろん、その内容は、子ども、家庭、状況に応じてさまざまですが、以下に、どんな大人でもできる手伝いの手がかりをご紹介しましょう。

・子どもの興味についてとりあげた新聞や雑誌の記事、テレビ番組やビデオを探し、周囲に紹介する。
・子どもを連れて、博物館や動物園や遺跡めぐりに気軽に出かける。
・市の公園を散歩したり、田園の木立を散策する。
・ガラスの製造工場からカボチャ畑まで、あらゆるところへの訪問を手配し、子どもを同伴させる。
・ゲームの日や工作の日を決めて、子どもに、その日のゲームか工作を選ばせる。
・子どもを泳ぎやボーリングやローラースケートやアイススケートやミニチュアゴルフに連れ出し、運動のあとでアイスクリーム・サンデーをごちそうしてやる。

- 自分が子どもと同じ年ごろに楽しく読んだ本を薦める。今でも手に入るものもあるし、図書館に足を運ぶついでに探してみてもよい。
- 通常の時間割をこなしながら学校でできるだけ勉強を終わらせ、家では「余暇」を楽しむ工夫を周囲の人に訊ねる。
- 特別興味深かったり、心惹かれたり、楽しめる活動を見つけたら、毎年その日にやる年中行事にする。

親に理解と愛情のこもったサポートがあれば、ときが経つにつれて、お子さんが、目に見えて、肯定的に変わっていくのが分かるはずです。子ども時代を積極的に守ろうと訴えるあなた一人の声が、時をおかずして、友人や親族のあいだで主流になっても驚くにはあたりません。

遊びというまじめな仕事についてもっと学ぶための参考書

リンダ・ドブソン著　〝*The Ultimate Book of Homeschooling Ideas: 500+ Fun and Creative Learning Activities for Kids Ages 3-12*〟〔仮題：『ホームスクーリングのアイディア決定版――三歳から十二歳までの子どもの、楽しく創造的な学習活動』〕

デイヴィッド・エルカインド著　〝*The Hurried Child*〟Addison-Wesley, 1981〔邦題：『急がされる子どもたち』（紀伊国屋書店）〕

アン・エンゲルハート　シェリル・サリヴァン著〝*Playful Learning: An Alternate Approach to Preschool*〟〔仮題：『楽しみながら学ぶ――幼稚園に代わるアプローチ』〕

サリー・ジェンキンソン著〝*The Genius of Play : Celebrating the Spirit of Childhood*〟〔仮題：『遊びの天才――子どもの精神を祝福する』〕

ケイ・ペギー著〝*Gemes for Learning: Ten Minutes a Day to Help Your Child Do Well in School*〟〔仮題：『学習のためのゲーム――一日十分でできる子どもの成績を上げる手伝い』〕

デニス・チャップマン・ウェストン、マーク・S・ウェストン〝*Playwise: 365 Fun Filled Activities for Building Character Conscience, and Emotional Intelligence in Children*〟〔仮題：『遊んで学ぶ：子どもの人格、良心、エモーショナル・インテリジェンスを育むための三百六十五の楽しい遊び』〕

第7章　子どもはどんなふうに学ぶか

役に立つのはどれでしょう。ハンマー？　ドリル？　ドライバー？　いずれの道具も「仕事を終わらせる」役には立ちますが、同じ仕事を、同じようにこなせるわけではありません。どの道具も同じように価値があり——ただ、ちがうのです。どんな仕事でも、道具の本質を理解し、受け容れ、それを活かしたほうが、より早く、より効率よく終わります。

本章は、どんな方法をとればお子さんがもっともよく学べるかを理解することに割かれています。子どもの学習ガイドとして、あなたはお子さんの本質的な能力を理解し、受け容れ、活用しなければなりません。学校教育は、大勢の子どもとかぎられた時間という教育制度や教室環境ゆえに、一部の子どもの本質的な能力には適合しますが、全員の能力にそうとはかぎらないのです。もしも学校の仕組みがお子さんにぴったりだとしたら、すばらしいことです。でも、もしもお子さんには合わなかったら（それとも学習の妨げになっているとしたら）家で、ほかのやりかたで学ぶのを手助けしてやりたいと思うはずです。

もう一つ、たとえ話をさせてください。なにしろ、学習のやりかたについて語るときは、健全なバランスを念頭に置くことが大切なのですから。わたしたち大人は、子どもがおなかがすいていないときでも、何か食べることを強要するでしょうか。子どもの生活における権威ある大人としての役目を利用して、求められてもいない食べ物を無理に飲み下させるでしょうか。

そんなことは、夢にも思わないはずです！　気分はどうかと訊ね、一日をどう過ごしたかを知ろうとし、体温を計るはずです。そして、子どもの食欲がないという体内の反応は、おそらくどこか具合が悪いしるしだと信頼して、子どもが食べたがらない手がかりに目を光らせつづけるはずです。

おかしな話だとは思われませんか？　分別のある知性的な大人として、子どものおなかに無理やり食べ物を詰めこんだりはしないのに、頭に無理やり知識を詰めこむことは比較的たやすく、しかも、まったく正当なことだと思うなんて？　わたしたちの社会は学ぶことを、まったく不快とまではいかなくても――まずまちがいなく――困難な経験だというメッセージを浸透させています。親は子どもが学習を嫌うのを当然視します。けれども、ホームスクーラーたちは、この紋切り型のイメージを打ち破り、学習への意欲がないのは、食べる意欲がないのと同じように「正常」ではなく、何かがまちがっているしるしだろうということを発見してきました。

つまり、お子さんにどんな学びかたが向いているのかを察することには、二つの大切な目的があるのです。第一に、生来の能力を発揮して成功するという経験の機会を与えることができ、第二に、子どもが、好きで、自ら選んだ「精神の糧」を与えることで、学ぶ喜びを再発見させることです。

✽基本✽

学習についての非常に基本的な真実の一部は、しばしば、見過ごされてしまいます。ここでスポットライトを当てておけば、家庭での学習の着手に際して、これらの真実を忘れないようにする役に立つでしょう。

子どもは困難に立ち向かう

もしもお子さんが学ぶ喜びを見失っているとしたら、いわゆる、学校の教科の「レベル下げ」が原因かもしれません。子どもの本来の能力について、歴史の声に耳を傾けてみましょう。次にご紹介するのは、一八九五年、八年生の期末テストです。これが出題されたカンザス州のサリナは、今も昔も、典型的なアメリカの町です。受験者が、わたしたちの祖父母、あるいは曽祖父母の世代であることを念頭に置いてごらんください。

子どもには、本物の成功を味わう機会が必要です。子どもは、課されているハードルが低いこと、そこに立ち向かうべきものがないことに敏感です。名教師の呼び声高いマーヴァ・コリンズは「すべての子どもは、生まれながらに目標を達成する力を持っている」というモットーを掲げ、教師育成のワークショップを開いています。彼女はこの知識を、かつて一教師として勤めたシカゴの公立校や何年も前にみずから設立した小さな私立校で活用してきました。

アンソニー・ロビンズは*"Awaken the Giant Within*（一九九三年Fireside刊）*"*（邦題『小さな自分で満足するな！　運命が大逆転する「潜在能力活用術」』）のなかで、マーヴァの取りくみについて語っています。マーヴァは*"See Spot go"*［訳注：邦訳では『コロちゃん』］シリーズを捨て、生徒たちをシェイクスピアやソフォクレスやトルストイに触れさせました。同僚の教師たちは、生徒にとっては五里霧中だろうと確信していましたが、予測に反して、生徒たちはそれを糧に大きく成長しました。

なぜでしょう？　ロビンズはこういいます。「それは彼女が、子どもは一人ひとり、自分だけの魂を持ち、彼らにはどんなことでも学ぶ能力があると、信じて疑わなかったからだった。ゆるぎない確信と愛情をもって生徒に接することで、彼女は文字通り、彼らが自分自身の力を信じるように仕向けたのだ。それは、一部の生徒にとっては、短い人生のなかではじめての経験だった」。

子どもは一人ひとりちがい、学ぶ速度もそれぞれである

子どもはみんなちがうのだと、だから、それぞれが固有の学習の仕方に惹きつけられるのだと理解すると――教育的な意味において――次の必然的なステップに進み、子どもが学ぶ速度はそれぞれだということも分かります。子どもにみずからが要求するペースで学ぶ余地を与えるホームスクーラ

ーは、しばしば、兄弟間での「不一致」に気がつきます。一人は四歳で十分に読むことを学べる段階に達していたのに対して、もう一人は一〇歳になるまで読めなかったということがあるのです（ちなみにほとんどの親は、ティーンエイジャーになった時点で、どちらが先に読むことを覚えたか、誰にも区別がつかなくなったと報告しています）。

さらに、さまざまな内容を学ぶうちに、同じ子どもでも「偏り」を見せるかもしれません。八歳児が、四年生のレベルを読みこなし、六年生のレベルの算数の問題を解くいっぽうで、理科の理解度は二年生レベルというのは、めずらしい例ではないのです。ホームスクーリングについての著作があり、公立、私立の学校で教師を務めた経験をもつアン・ラーソン・フィッシャーはこう言っています。「どんな学校の、どの任意のグループにおいても、大勢の子どもが、一気にぐっと伸びる、などということはありえません」。

ホームスクーリングをする親は、子どもに対する根気と理解に対する賞賛を受けることがとても多いのですが、この本を読むあなたも、このことが分かっていれば、同じようにできるかもしれません。お子さんが今立っている地点を受け容れ、そこから、学習の旅を始めるのです。それは、ストレスはより少なく、より効率よく、はるかに現実的な方法です。

子どもには一対一の時間が必要

想像してみてください。あなたは日々、年々働いているのに、誰も、一度として、あなたの労に報いる言葉を口にしないとしたら？　あるいは、配偶者と顔を合わせるときはいつも誰かがそばにい

古きよき日々——一八九五年の八年生

これは、カンザス州サリナで一八九五年に出題された八年生の期末試験です。カンザス州サリナのスモーキー・ヴァリー系図協会でファイルに保管されていた原本から、サリナ・ジャーナルが再版したものです。

文法（制限時間一時間）
大文字が使用される規則を九つ述べよ
品詞を明示し、そのなかで形態変化しないものを挙げよ
ヴァース（詩の節）とスタンザ（連）とパラグラフ（文章の項）の定義をそれぞれ述べよ
動詞の主要形とはなにか。do、lie、lay、run の各単語の主要形を述べよ。
格の定義を述べ、それぞれの格を説明せよ。
句読とはなにか。主な句読点の規則を挙げよ。
百五十語程度の作文を書け。文中で、文法規則が実際にどのように用いられるかを理解していることを示せ。

計算（制限時間　一時間十五分）

計算の基本的な公式を挙げ、具体的に説明せよ。

縦一〇フィート、横三フィート、深さ二フィートの箱がある。このなかには、何ブッシェルの小麦が入るか。

一荷分の小麦の重さは三九四二ポンドある。一ブッシェル当たり五〇セントだとするとこの積荷の値段はいくらになるか。ただし、車体重量分一〇五〇ポンドを差し引くこと。

三〇番学校区の評価額は三万五〇〇〇ドルである。月額五〇ドルの教育費で、一〇四ドルの経費を確保する

場合、七カ月間学校を運営するために必要な課税はどれだけか。

一トン当たり六ドルの石炭の六七二〇ポンド分の値段はいくらか。

利率七パーセントで五一二ドル六〇セントを八カ月と一八日借りた場合の利息はいくらか。

一平方メートル当たり二〇ドルとして、幅一二インチ長さ一六フィートの板四〇枚分の値段はいくらか。

三〇〇ドルを九〇日間（支払猶予期間はなし）、利率一〇パーセントで借り入れた場合の、銀行割引率を求めよ。

一エーカー当たり一五ドルの、正方形の農地がある。周囲の長さが六四〇ロッドだとすると、全体の値段はいくらか。

銀行小切手と約束手形と領収証を書け。

アメリカ史（制限時間　四十五分）

アメリカ史を分ける時代区分を列挙せよ。

コロンブスによるアメリカ発見について論ぜよ。

革命戦争の原因と結果を述べよ。

アメリカ合衆国の国土の拡大を図解せよ。

カンザス州の歴史について、知っていることを述べよ。

カナダの一八三七－三八年の反乱のうち、もっとも有名な戦いを二つ述べよ。

以下の人物について述べよ。モース、ホイットニー、フルトン、ベル、リンカーン、ペン、ハウ。

以下の年代に関連する出来事を挙げよ。一六〇七年、一六二〇年、一八〇〇年、一八四九年、一八六五年。

正字法（制限時間　一時間）

以下の語の意味を述べよ。アルファベット、音声正字法、語源、文節法
基本の音とはなにか。どのように分類されるのか。

以下の語について説明し、それぞれの例を挙げよ。三重字、無声音、二重母音、同族語の文字、舌音
脱字記号として〝u〟の代用としてもちいられる四つの記号を述べよ。

eで終わる単語をつづる上での二つの規則を述べよ。それぞれの規則における例外を二つ挙げること。

綴りにおける黙字の二つの活用を述べよ。それぞれ、図解すること。

以下の接頭辞について説明し、一単語とつなげて活用してみよ。Bi, dis, mis, pre, semi, post, non ,inter, mono, super。

発音区別のしるしをつけ、以下の語を音節に分けてみよ。また、その音を示す発音記号を記せ。Card, ball, mercy, sir, odd, cell, rise, blood, fare, last。

以下の語を用いて、正しい文章を作れ。Cite, site, sight, fane, fain, feighn, vane, vain, vein, raze, raise, rays。

発音を頻繁にまちがわれる十の単語を挙げよ。発音記号を用い、音節に分けて、発音を示せ。

地理（制限時間　一時間）
気候とはなにか。気候は何に左右されるか。
カンザスの気候が極めて激しい理由を説明せよ。
河川は何の役に立つか。海洋はどうか。
北米の山脈について説明せよ。

以下の固有名詞について、説明せよ。モンロヴィア、オデッサ、デンヴァー、マニトバ、ヘクラ、ユーコン、ファン・フェルナンデス、アスピンウォール、オリノコ。

アメリカ合衆国の主要な貿易拠点はどこか。

ヨーロッパの共和国をすべて挙げ、それぞれの首都を述べよ。

同じ緯度で比べたとき、大西洋岸が太平洋岸より寒いのはなぜか。

海洋の水が河川源に戻る経緯について説明せよ。

地球の動きについて説明せよ。地球の傾斜角は何度か。


て、けっして二人きりになれないとしたら？

わたしたち人間は一生を通じて、他人と一対一で接する親密さを強く求めるものです。学校生活も、例外ではありません。

「一対一の人間関係で活きいきとする子どもは、二人以上のグループに入ると途方に暮れてしまう場合があります。それが、人づきあいの場であっても、教育の場であっても、同じことです」とアン・ラーソン・フィッシャーは言います。

もしもお子さんが大人数のなかで途方に暮れているとしたら（現状を知らない場合は、自分の足と目で確かめてください）、きっと、家庭での一対一での学習に、ほっとするでしょう。これは成績だけではなく、子どもの幸福にとって絶対に必要なことです。こうした子どもには、家での勉強が、一日で一番大切な時間になるかもしれないのです。

✱学習の方法についての初心者向け手引き✱

これからご紹介する学習スタイルについての二冊の入門書は、大変お勧めです。借りてもよいのですが、今後、どれほど頻繁にひもとくことになるかを思えば、できれば買ったほうがよいでしょう。その二冊とは、トーマス・アームストロング博士の ***"In Their Own Way : Discovering and Encouraging Your Child's Personal Learning Style"***（Jeremy P. Tarcher）〔仮題：『それぞれのやりかたで―わが子だけの学習スタイルを発見し、応援する』〕と、マリアエマ・ウィリスとヴィクトリア・キンドル・ホドソンによる ***"Discover Your Child's Learning Style"***（Prima Publishing 一九九九年刊）（邦題：『あなたの子どもにぴったりの「学習法」を見つける本―五つの「ラーニングスタイル」で個性を伸ばす』）です。

能力を開花させる八つの方法

トーマス・アームストロングは学習障害の専門家でしたが、ある日を境に、ふっつりとその仕事をやめてしまいました。個人的な経験から、学習障害などというものはこの世に存在しないと確信したからです。アームストロングの目に映ったのは障害ではなく「学校教育ではあきらかに理解されないユニークな学習のスタイル」でした。アームストロングはハーヴァード大学教授でもある心理学者ハワード・ガードナーの多重知能理論と出逢い、自身の経験の裏づけを得ました。そして、ガードナーの古典的な著書の内容を、親や教育者にとって、分かりやすく、実践に活かしやすい理論に作り上げました（ただしガードナーは一九九六年に八番目の知性を加えています）。

以下にご紹介する『ハワード・ガードナーの多重知能』を、お子さんを思い浮かべながら読んでみてください。アームストロングは、子どもは誰でもすべての知能をもってはいるが、その割合はそれぞれだと述べています。彼はこう注意しています。「子どもを知能グループのいずれか一つに分類したいという誘惑に屈してはならない。お子さんに当てはまる記述が、複数の方面にわたって見つかるのが当然なのだから。これらの記述のなかから、お子さんにあてはまる箇所を選び、そこに、すべての知性の方面で見せる長所と短所を合わせる。それが、お子さんの個性に合った学習スタイルなのだ」と。リストをご覧になれば、多重知能理論の重要な箇所にお気づきになるでしょう。八つの知能のうち、従来、学校の教室で問題になるのは最初の二つだけなのです。残りのたっぷり七五パーセントは、見放され、しばしば、ほとんど評価を受けません。

もしもお子さんが、どの知能が突出しているか分からなければ、本人にこのリストを読ませて、手がかりをもらいましょう。子どもが幼い場合は、リストに基づく質問をするとよいでしょう。とにかく、子どもが何歳だろうと忘れてはならないのは、観察、観察、また観察です。子どもの成功を助けるのはたしかに大変な仕事ではありますが、探すべきものさえ分かっていれば、答えは目の前にあるものなのです（なにしろ、相手はわが子なのですから！）。

子どもが見せる手がかり

自分の子どもの知能が、具体的にどういうものかをあきらかにするのは、ロケット工学とはちが

ハワード・ガードナーの多重知能論

・言語的知能　これをもつ子どもは、言語で思考する特徴をもち、聴く技能に優れ、言語で表現し、言葉を聴き、言葉を見ることによってもっともよく学ぶ。

・論理数学的知能　これをもつ子どもは概念的に思考する特徴を持ち、図形や実験を楽しむ。

・身体運動的知能　これをもつ子どもは、身体感覚を通じて知識を処理する。身体機能がよく協調し、身振りをしたり、身体であらわすことによって学ぶ。

・視覚空間的知能　これをもつ子どもはイメージしたり視覚化したりすることによって思考する。創意に富み、芸術的感覚が鋭い。

・音楽的知能　これをもつ子どもは音楽を鑑賞する感覚が鋭く、歌うことなどに創造的才能をもつ。ほかの人には聞こえない音が聞こえ、言葉にならない音にも敏感に反応する。

・対人的知能　これをもつ子どもは集団を組織し、意思を疎通することを得意とする（否定的側面として、他人を操る能力をもつ）。生まれつき、人と人とのあいだを取り持つのがうまく、他人と関係し、協調することによってもっともよく学ぶ。

・内省的知能　これをもつ子どもは内面的な感情や考えを深くとらえる。自分が何者であるかということを掘り下げ、内的見識や直観力をもつ。

・（一九九六年に追加された）博物的知能　これをもつ子どもは、自然環境におけるパターンを観察し、理解し、組織することに優れている。分類するのがうまく、ちがうエンジンの音や、指紋の種類などの微細なちがいを分析することができる。

います。教員免許も何も、必要ありません。ただ子どもと話をし、自然に見せてくれる姿を観察すればよいだけです。では、以下に挙げる三人の架空の子どもをよく観察して、彼らがどんな情報を与えてくれているかを考えてみましょう。

スージーの場合

六歳のスージーは、少なく見積もってもほかの子どもたちと遊ぶのと同じくらいの時間、楽しく一人遊びをする子どもです。一人のときの彼女の遊びは、想像力に富み、よく考えられ、しばしば芸術的でもあります。ほかの人の目には無口に映るようですが、お母さんにはどんなことでも話してくれます。お母さんが、まだこんなに小さいのに、よくもそこまで深い考えを持つことができるものだと感心するほど。スージーはしょっちゅう、自分のお人形にそっと歌を歌ってやったり、読み聞かせをするふりをしています。

スージーの知能は非常に「内省的」であり、そこに「音楽的知能」が加わっています。芸術性が高いので、視覚的に学習し、イメージや図案で思考するタイプである可能性も高いでしょう。

ジョニーの場合

ジョニーのおばあさんは、ジョニーのことを「わんぱくデニス」と呼びます〔訳注：アメリカの有名な漫画の主人公。非常にわんぱく〕。いつもせかせかと動き回っているジョニーは八歳で、スポーツならなんでも大好き。たくさんの友だちと、夕食の時間をとっくに過ぎても「お山の大将ゲーム」〔訳

注：大将が土山などの頂上に陣取り、ほかの子どもと奪い合いをするゲーム」に夢中になっています。先生の談によれば、教室でも静かに座っていたためしがなく、お母さんは、勉強そっちのけで、友だちとのおしゃべりばかりに熱心な息子が、ひょっとして注意欠陥多動性障害なのでは、と心配しています。算数は得意ですが、綴りや読書能力は学年のレベルに遠くおよびません。

ジョニーは少年に多く見られる、世界を身体と感覚で把握する（身体運動的な）タイプです。概念的に思考するため、数学的な原理をたやすく把握することができます。また、対人的知能にも富んでいます。

サリーの場合

サリーのお母さんは、うちの子は本を読みながら生まれてきたにちがいない、と言っています。一〇歳のサリーは夜寝るときも、ひとりで本を読んだり、良書をテープで聴いたりしていますし、今でも、お母さんに本を読んでもらうのが好きです。自分の本やテープのコレクションはきちんと整頓してあります。

サリーは書けるようになって以来、ずっと、日記をつけています。日記には、自然のなかを散歩したりキャンプ旅行をしたときに発見したこと、裏庭で過ごす自由な時間に観察したことのすべてが記録されています。家族は、鳥や蝶について知りたいことがあるとき、どの花がいつ咲くかを知りたいときは、家の「歩く百科事典」に訊けばよいのを知っています。数はごくかぎられていますが、同じ興味を持つ友人をもっています。

学習スタイルのプロファイリング

気質

表現／実行型：この気質を持つ子どもは、楽しく、なにかと関連性を持ち、やりがいがあり、実践的な活動を好む。こうした子どもの学習効果をもっとも上げるためには、短い時間で的確に教え、立ち動くことを許してやり、ゲームを交えたり手を使ったり、視覚・聴覚に訴える方法を使うとよい。

組織的遂行型：この気質を持つ子どもは整然とした秩序を好み、系統的にまとめることを好む。こうした子どもの学習効果をもっとも上げるためには、論理的に、法則に従った順番で教え、本人に計画を立てさせ、予定を組ませ、適度な猶予を与えるとよい。

発明型：この気質を持つ子どもは実験的な活動や、質問し、設定し、発見する機会を好む。こうした子どもの学習効果をもっとも上げるためには、核心に切りこむ教えかたをし、「知的な」アイディアや理論やモデル、そして探求する時間を与えるとよい。

関係／影響型：この気質を持つ子どもは社会的な活動を好み、個人的な感情を大切にして、他人と交際することを好む。こうした子どもの学習効果をもっとも上げるためには、個別的な配慮をし、小さなグループで、協力し合えるようにするとよい。

思索／創造型：この気質を持つ子どもは創造的で芸術的、哲学的側面を持ち、芸術的な表現をし、感動し、考え、夢見る機会を与えてくれる活動を好む。こうした子どもの学習効果をもっとも上げるためには、一人きりになる時間を与え、創造的なプロセスを含む教えかたをするとよい。

才能

（ガードナーの知能論との類似に注目）

才能とはいかなるものか

・子どもが苦労せずにできる活動

・前もって教えられたわけでもないのに、同年齢の子どものなかで抜きんでてできる分野

・認識され、育まれないと、眠ったままになる。しかし、失われることはない。

・かならずしも直接関連性のない活動をしていても、目に見えて分かる。

ここでいう「才能」とは、音楽的才能・数学理論的才能・機械理論的才能・言語理論的才能・空間的才能・身体的動的才能・内省的才能・対人的才能・動物と交流する才能・自然と触れ合う才能・ユーモアの才能・日常生活を向上させる才能（ありきたりの日常的な物事に美的な価値を付加する）などを指す。

興味

子どもが自分から追求する活動は、確実に、その子どもにふさわしい学習スタイルを表現している。しかし、以下のような事情には、注意が必要だ。

・親が見過ごしがちである。

・常に子どもの才能と合致するとはかぎらない。

・よく観察することが必要。

親が、子どもの長期的、短期的興味に優先順位をつける手助けをするのは、ためになる。

モダリティ（感覚の様式）

モダリティとは、人がどのような感覚を通じて情報を受け取り、それを処理するかを指す。モダリティには以下のようなものがある。

・聴覚様式　聴覚が敏感な子どもは、耳を傾けたり、口に出したり、他人と論じることによって学ぶ。
・視覚様式　視覚が敏感な子どもは絵（図・グラフ・地図など）やプリント（活字）を通じて学ぶ。
・触覚・運動感覚様式　触覚・運動感覚が敏感な子どもは触れたり、身体を動かすことによって学ぶ。

環境

人はそれぞれ、ちがった環境で最大の学習効果を発揮するという理解をないがしろにしてはならない。以下のような環境の差に注目する。

・音　子どもによって、静けさが必要なことも、騒がしさが必要なこともある。
・姿勢　子どもによって、座るのが好きだったり、横になったり、立っているのが好きな場合もある。
・交流　一人きりで勉強するのが好きな場合も、他人と、ただ一緒にいたり、会話したりするのが好きな場合もある。
・照明　子どもには普通の蛍光灯よりもフルスペクトルライト〔訳注：蛍光灯の一種で、光の色がより太陽の自然の光に近い〕が好ましい。明るすぎない照明には心を落ち着かせる効果がある。
・気温　子どもは暑すぎたり寒すぎたりする環境では落ち着けない。

・食べ物　健康的な飲食物をいつでも用意しておくことで、子どもの学習効率を上げる。
・色　色は気分に影響をおよぼすことを覚えておく必要がある。子どもを元気づけたり、心を落ち着かせる色を使うこと。子どもの環境にお気に入りの色を使うことでプラス思考や前向きの姿勢を持たせることができる。

サリーの自然への関心は、博物学的知能のあらわれです。また、対人的よりも内省的に覚醒しています。彼女は言葉で思考し、言葉を聞いたり見たりすることでもっともよく学ぶ（言語的学習者）でしょう。

教育におけるプロファイリング

お子さんがどんな知能の持ち主であるかが分かったら、次は、お子さんについて分かっているかぎりの背景的な情報を整理しましょう。*"Discover Your Child's Learning Style"*（邦題：『あなたの子どもにぴったりの「学習法」を見つける本――五つの「ラーニングスタイル」で個性を伸ばす』）は、ウィリスとキンドル・ホドソンが、六歳以上の子どもをもつ子どもの親向けに作成した、ＤＩＹのワークブックです。二人は、親と子が、気質、才能、興味、モダリティ（感覚の様式）、環境という、教育効果を高めるものの五つの側面をよく考察することを薦めています。詳細については、一六六頁の「学習スタイルのプロファイリング」をご参照ください。

さらにこの本には、子どもの学校での成績を上げるために、親子が家庭でできる、有用な変化、活動、これまで以上にやったほうがよいこと、これからはやめたほうがいいことを正確に特定するために役に立つワークシートもいくつか紹介されています。著者たちは読者に、目標を立て、発見したことを学校の先生にも分かってもらうのに役立つ提案もしています。また、二例のプロファイリングを紹介し、読者自身もやってみるよう薦めています。そのために要するわずかな時間を割くだけの価値は十分にあるものです。

プロファイリングのメリット

学びかたは人それぞれ。そして、考えかたも人それぞれです。親として子どもの学習と成長に手を添えてやりたいと願うのであれば、自分自身の気質や好みと合わない子どもの学習スタイルに、自然と批判的になってしまう心の動きにブレーキをかけなければなりません。

もしも、あなたが勉強するのに静かな環境を必要とする場合、お嬢さんがラジオを鳴り響かせながらテスト勉強をしていたらきっと心配になるでしょう。ご自身が、共同作業が大好きという方なら、お子さんがどうして理科の研究課題に、友だちとではなく一人で取りくみたがるのかを理解できないでしょう。生まれつき綴りが大得意という親は、綴りの成績が惨憺たる子どもを、なまけているだけだと思ってしまうかもしれません。まず、説明書を丁寧に読むタイプであるとしたら、八〇〇ピースのジグソーパズルを場当たり的にやりだす子どもにいらいらしてしまうでしょう（こうして考えると、夫婦がおたがいに自分のプロファイリングを見くらべるのは、結婚生活をより幸福なものにするのではないでしょうか?）。

「ちがい」は必ずしも問題にはなりません。ただし、自分のプロファイリングを子どものそれと比較すれば、無用の衝突を招く怖れがあります。「お子さんが（たとえば）数学において必要としている基礎を身につけさせるにはどうしたらよいかという問題解決に移ることは可能ですが、そのためには心配したりいらだったりすることなく、問題の解決だけに集中し続けることが必要です」とウィリスとキンドル・ホドソンは説明しています。

✱どうするべきか✱

ハワード・ガードナーとトーマス・アームストロングの知性に対する考えかたが、お子さんを観察した結果にぴったりだと思われる方もいるでしょうし、ウィリスとキンドル・ホドソンの学習スタイルプロファイリングのほうがしっくりくると思われる方もいるでしょう。二つをミックスすると一番うまくいくという方もいるはずです。いずれの方法をとるにせよ、お子さんの学びかたが分かったら、アン・ラーソン・フィッシャーの〝学習の方法〟を利用して次のステップに進みましょう。彼女の提案は、学習タイプのことなる多くの人にとって優れた足がかりになるはずです。

とはいえ、たとえば、聴覚的学習法に挙げられている歌や詩文をどう活用したら、子どもの学校での勉強に役立つのかと首をひねる向きもおありでしょう。この場合、テストのために州都やグアテマラの主要輸出品を覚えなければならないときに、必要な事実を詩や歌にしてみると、聴覚的学習者のお子さんはきっと、少ない労力で覚えることができるはずです。

✱先輩からのアドバイス✱

学習の方法

聴覚的
外的：言葉による説明。オーディオブック、テープ、ビデオ、ＣＤなど。言葉を用いるもの全般。
内的：自問自答。日記をつけること。
リズム：音楽、リズム、詩、詩文。

視覚的
観察
実演
例
映画
ビデオ
インターネットによるリサーチ
写真やデッサン
模型
博物館
心のなかで思い描くこと
歴史もののフィクションや伝記を含む本

身体的な探求
試行錯誤
触れたり筋肉によって動かすことも含め、あらゆる感覚器官を通じて得る感覚
料理、木工、裁縫などの実践的で手先を使う課題
ゲームやスポーツ
実践と繰り返し
見学旅行
工芸
構築

自己表現
遊び
視覚芸術
工芸
音楽
創作
話すこと
築くこと
空想すること

精神的
内心での視覚化
ブレーンストーミング
記憶やまる暗記による学習
内省や分析
拡散的思考
収束的思考
数学と論理学
分析的な作文

対人関係的（他者あるいは自分との交流）
演劇：脚本を書き、参加し、演じ、製作する
実践の共有
他人から直接教えてもらうこと
他人から間接的に、あるいは何気なく教えてもらうこと
対話と討論
集団でのゲームや活動
家族でのディスカッション
手紙や日記を書くこと

映画やウェブサイトやビデオの製作
言語解釈
読解：話し言葉という記号を解釈し、意味を把握する
数学：歴史年表、図、グラフを含め数という記号を解釈する
外国語

アン・ラーソン・フィッシャー

うちの子どもは対人関係学習者のようだけれども、家族の会話から学校で役立つ知識を覚えさせるにはどうしたらいいのか、ですって？　お子さんが覚える必要のあることがらを話題にすればよいのです！　こういうタイプの子どもは半時間の会話から、一人で何時間も読むより多くの知識を学び、覚える可能性が高いのです。

読解や計算のように重要な技能の分野では、ラーソン・フィッシャーは一歩進んで、思いつくかぎりのたくさんの方法で知識を提示するようアドバイスしています。「お子さんが読むことに興味を持っている場合を例にとってみましょう。その場合、かならず読み聞かせ（聴覚的）、同時に、一緒に本を見られるようにします（視覚的）。音声記号や単語の結びつきかたを示し（言語解釈）、磁石やフェルトの文字型の教材を使ったり、砂に描いてみたり文字の形のクッキーを焼いたりして文字や単語を探求しましょう（触覚的）。子どもが文字や文や物語を書き、興味を持ったどんな芸術形態でもよい

ので表現する手伝いをするのもよいし（自己表現・身体的）、子どもを手助けして、行動させ、示させ、学んだ内容を自分の言葉で語らせましょう（説話・身体的）。とくに子どもの興味の対象となっている内容の本や教材を用いるように勧めましょう（言語解釈）。算数や数学に傾倒する子どもは、教材を読みながら、単語やページや文字やイラスト、自分なりに発見した面白いパターンを数えるのが楽しくなるはずです。お分かりでしょうか？」。

まだピンとこない方のために、アンはさらにアドバイスを用意しています。「子どもが、はじめて掛け算に触れるときのことを考えてみてください。貝殻や石ころを列や格子状に並べるのは、身体的、触覚的追求です。チェスのようなボードを使うゲームをするのもよいでしょう。これは、掛け算で計算できる縦横の列など、数学的な概念の実例になります」。

彼女はこうも問いかけています。「お子さんの想像力は活発ですか？　豊かでも、ばかげていてもかまわないので、子どもと一緒にイメージを思い浮かべましょう。たとえば、バレリーナがピンク色のチュチュを着て一輪車にまたがっているところだとか。その場面をイメージし、頭のなかで、縦横の列を数えてみるのです。お話が大好きな子どもなら、そのイメージにまつわるお話が作れるかもしれません。芸術的な素養をもつ子どもなら、素描や水彩画が描けるでしょう。音楽的な才能を持つ子どもであれば、行進曲を作るかもしれません」。

では、子どもが身体的に活発な場合は？「こんなふうに問題を出してやりましょう。片足で八回、つかえずに跳ぶことはできる？　では、これを二回やったら、何度跳ぶことになるでしょう。では、三回では？　八回跳びを連続三回跳んだら全部でいくつ？　お子さんは、自分で、縄跳びやローラースケートやバスケットボールなどを使って、問題が作れるはずです。席に座ってじっと勉強をするのが嫌いな活発なお子さんにはこういう問題を解かせてやると、まもなく、算数は楽しい遊びだと考えるようになるでしょう」。

最後に「掛け算が頭では理解できているけれども、暗記に苦労している年上の子どもの場合は、ゲームや反復学習や詩や歌などで練習するとよいでしょう。大切なのは、お子さんが少なくとも三つのちがうやりかたで学ぶチャンスを与えることです」（アンの本の内容については、**http://ww.nettlepatch.net/homeschool/**でより詳しく紹介されています）。

さあ、そろそろ、お子さんと一緒に学習するのがとても楽しくなり始めたのではありませんか？なにしろ、次章『学習を成功させるための六つの原則』の一つは、まさに「楽しむこと」なのです。

第8章　学習を成功させるための六つの原則

紙と鉛筆を持って、席におつきください。ゴルフを題材に、歴史についてでもルールについてでもかまいませんから、一五〇〇語で作文をお願いします。まちがいは一つ残らず添削しますので、綴りや文法にお気をつけくださいね。

ああ、そうそう。締め切りは二日後です。

なんですって？　予定があるから時間がとれない？　やりたくないとおっしゃるのですか？　え？　ゴルフには興味がない？　わたしはゴルフが好きです。ですから、作文の練習が必要なあなたに、わたしが好きなテーマについて書いていただいたって悪くはないと思ったのですが。だって、選択の余地も残してあるのですよ？　歴史について書きたくなければ、ルールについて書けばいいのですから。ね？　わたしって寛大でしょう？

もしも、わたしが本当にこのように申し上げたら、あなたはどんな風に感じるでしょう。腹が立つ？　ばかにされた気がする？　とっとと失せろとわたしを追い払って、自分の好きなことをやりに行く？　わたしだったら、とても大人に向かってそんな口をきく度胸はないし、友達に失せろといわれたらそそくさと引きとります。

ではここで、とても大切な質問をさせてください。もしも、ゴルフについて学ぶのがあなたのために一番よいと真摯に思っての薦めだとしたら、作文を書くことでそれができると思われますか？　それよりも意欲をかきたてるよい方法があるのでは？　きっと、思いつくだけでもいくつかあると思います。

残念ながら、バハマに行って、メル・ギブソンとレッスンを受けたい、と言われてもわたしにはそうしてさしあげる財力はありません。とはいえ、このバハマ旅行のアイディアも「ゴルフを学ぶ気になること」リストに入れておいてください（場所と、有名人の名前は、お好みに合わせて変えてください）。このような旅が、学習を成功させる六つの原則にどうあてはまるかを検証するためです。もしかしたら、それで、あなたはプロになれるかもしれません——つまり、子どもを導く親としてのプロに。

では、それらの原則を見ていきましょう。

＊好奇心＊

アメリカン・ヘリテージ英英辞典は、好奇心をこんなふうに定義しています。「知りたい、あるいは学びたいという欲求。とくに、新しいこと、変わったことについての欲求を指す」。この定義はわたしたちの目的にも合致します。ついでに「欲求」も調べてみると「望むこと。あこがれること。欲すること。切望すること」とあります。

つまり好奇心とは、知りたい、学びたいとあこがれ、欲し、切望すること、という意味になります。子どもは生まれながらに、好奇心をもっています。わたしたちはみな、新生児がしきりに動きたがるのを、よちよち歩きの赤ちゃんがどんなことにでも首を突っこむのを、三歳の子どもがひっきりなしに「どうして？」と訊ねるのを目の当たりにしてきたはずです。好奇心は、子どもが持つ、もっとも大切な長所なのです。子どもの教育に高い優先順位をつける親ならば、きっと、好奇心がまだ息づいているとしたらそれを守り、消えてしまったとしたら再び火をともしたいと思われることでしょう。子どものよき導き手である親は、子どもの好奇心が失せていくのを「自然のなりゆき」と受け容れるのではなく（もちろん、これはまちがいです）、倦《う》まずたゆまず、大切に好奇心を育むでしょう。

好奇心を育み、練磨する

お子さんをもっともよく知る人物として、お子さんの好奇心のレベルがどの程度であり、どの程度のてこ入れが必要かを探るのはあなたの仕事です。一般的に、幼い子どもほど、強い好奇心をあらわすものです。幼い子どもにとっては、生活のさまざまな側面はまだ興味深いものであり、周囲の大人も、彼らの質問に、より辛抱強く付き合う傾向があります。彼らはまだ、否定的な学習経験という歴史を背負ってはおらず、また、頭のよいことは「クール」ではないという文化の洗礼を受けてはいないからです。もっと年のいった子どもでも、学校の記録を見れば、生まれもった好奇心をどの程度残しているかが分かるかもしれません。一般的に言うと、子どもは好奇心を肯定的な答えで満たしてもらうことが多いほど、将来的にもより多くの好奇心を見せつづけます。

わが子がなんらかの知識を身につける必要に迫られていることに気づいたら――わけても、いかにも気乗りがしない様子を見せていたら、それは、学習ガイドをつとめる親にとってもっともやりがいのある場面です。これまでに蓄積してきた知恵袋に手を突っこみ、自分自身の創造性を奮い起こして、教材を、やる気のない子どもにとって意味のあるものにする大舞台なのですから。

子どもの好奇心はひとたび揺り起こせば、あとは勝手に羽ばたいていくものです。ホームスクーリングをする多くの親と同じように、ロードアイランド州のキャシー・マッカーシーも今では「目覚ましの達人」になりました。「以前、子どもたちがちっとも革命戦争に興味を示さないことがありました。今思えば無駄なあがきだったのですが、当時のわたしは、席について歴史の教科書の革命戦争についての記載を読みなさいと強制するばかりでした。『たったの三章がなぜ読めないの』とキャシーは言います。

キャシーは無理強いをやめ、そのかわりに、独立戦争が表紙絵になっている子ども向けの歴史雑誌コブルストーンをはっきり目につくところに、なにげなく、置いておきました。そして、家族でレンタルビデオショップに行ったとき、こんなふうに言ったのです。「あら、『パトリオット』があるわ。これ、もう一度見たいわね」（キャシーにも特典はあります。なにしろ、メル・ギブソンが出ているのですから）。

「おまけに、屋根裏部屋に上って、自分が小学生のときに書いた革命戦争についてのレポートまで掘り起こしたんですよ。スペルミスと赤ペンの添削だらけの、C評価のものをね。子どもたちときたら、舌舐めずりして読んでいましたよ」とキャシーは言います。「わたしたちは、町の、家から数時間で行ける、歴史の再現劇を観に行きました。次の日、子どもたちが夢中でプログラムに見入って、もう一度行きたいと頼んできたときは（実際、行きました）、やった、と思いましたよ。その次の日は、トウモロコシ粉のパンを焼きました。とってもおいしかったですよ」。

ほかにはどんな手があるか、ですって？　先生に、革命戦争についての教育的なテレビ番組のリストをもらえるよう頼んでみてはいかがでしょう。フィラデルフィアを訪ねるのも、インターネットでの調べ物に一晩費やし、翌日の夕食時に革命戦争をテーマにした「わたしは誰でしょう」ゲームをするのもよいでしょう。「今日はみんなでクマ狩りだ」ゲーム［訳注：英語圏の伝承遊び。狩りに見立てて、さまざまなものを探しながら歩く］で、一七七五年を中心としたものや人だけを探すのも手です。あとは、満月の夜に、歴史的な戦死者が葬られている墓地を訪ね、誰が一番古い墓石を見つけられるかを競ったり、パソコンのブラウザーに、面白い歴史をテーマにしたウェブサイトを開いておいたり。

けれども、これらの方法のすべてが、どの子どもにも威力を発揮するわけではありません。お子さんの学習スタイルが特定できれば、最初に試してみるべき方法がどれか、お分かりになるでしょう。

もしかしたら、こんなことが、明日の小テストや年度末の最終試験でお子さんがAを取るのにどう役立つのかと首をひねっていらっしゃるかもしれません。では、ご説明しましょう。学習中心のライフスタイルを実践するとは、あなたやほかの家族が、ある学習のプロセスが退屈だったりうまくいかない場合に、ほかにも打つ手はたくさんあると理解することを意味するのです。子どもの好奇心を揺り起こすという仕事は、経験を積むにつれて、より簡単に、より楽しくなります。お子さんの学びかたの個性が分かれば、一番効き目がありそうなアプローチを選ぶことができるようになるのですから。

かくして、好奇心は翼を得ます。あえて、強調させてください。この一文をこの次も簡単に見つけられるように――あるいは、覚えていただければ、もっといいでしょう。**好奇心は興味を生みます。興味は今ある課題への熱意を増します。そして熱意は、学びを生むのです。**

一部の幸運な子どもは、そのテーマに興味がなくても、たいした熱意がなくても、学校でよい成績を上げることができます。言語的知能、そして論理数学の両方、あるいは一方が卓越した子どもに多いようです。こうした子どもが（たとえテストを受けるまでしかもたないとしても）吸収しやすいように知識を提示してくれるのは、学校のよいところです。ただし悪いことに、こうした生徒のグループは、全体の二五パーセントにも及びません。つまり大多数の子どもは、成功をつかむために、ほかの方法で知識を示してもらう必要があるのです。わたしたちは、好奇心を揺り起こし、子どもが心から興味と熱意を持つようにしなければなりません。

好奇心を育くむためには、練磨が必要です――それも、たっぷりと。家庭中心の学習に熱心に取りくめば、たくさんの機会に恵まれることはまちがいありません。大切なのは、その機会がどのくらい多くあったか、そしてその一つひとつに、どのくらい持続的に取りくんだかということです。運動にたとえてみましょう。もしもわたしが、毎日のトレーニングを欠かさない、と言ったら、たぶん、たいしたものだと思っていただけるでしょう。では、わたしの練習時間が一日二分だと言い添えても、変わらず感心していただけるでしょうか？（残念ながら、答えはノー、でしょう?）。

運動と同じように、好奇心の練磨も時間がかかります。この時間を与える最善の方法は、好奇心旺盛なお子さんを放っておいてやることです。お子さんは学校で過ごす「日中」の大半を、絶え間ないギアシフトが必要な環境で過ごしています。テーマや実験やディスカッションや美術の製作やテストの小論文を書く機会すら、せっかく楽しんでいても、終業ベルが鳴ればそれでおしまい。次の授業に移らなくてはなりません。まるで、せっせと準備体操にいそしんで、本格的なトレーニングをせずにやめてしまうようなものです。

子どもの好奇心は、次々と浮かんでくる疑問に対する答えを見つけるまでそのテーマを追求しつづけることを許されるとき、もっとも練磨されるのです。そう、その結果、お子さんは何時間もレゴブロックの新作作りに熱中するかもしれませんし、キッチンやお風呂場をやりかけの実験が占領するかもしれません。アクアリウム［訳注：水生生物、なかでも観賞用に観賞魚や水草などを飼育・栽培すること、またはそのための水槽を含む環境］を手放さないかもしれませんし、世界最大の貝殻コレクションを増やしつづけるかもしれません。寝る時間をとうに過ぎているのに、漫画を読みふけっているかもしれないし、耳にタコができるほどバスケットボールのうんちくを聞かされるはめに陥るかもしれません。

懸垂運動が腕の筋肉を鍛えるように、自由な探求は好奇心を鍛えます。運動は強い身体を作ります。そして自由な探求は、強い心を作るのです。

好奇心は子どもの心の窓

好奇心の強い子どもに恵まれた親は本当に幸運です。なにしろ、子どもの心に窓があるようなものなのですから。あなたの目に映る興味とあなたにぶつけられる疑問が、お子さんが学んでいることを認識し、評価する手がかりになります。それは、そのときどきに、子どもが集め、整理している知識のあらわれだからです。

たとえば、お子さんがキッチンのテーブルで宿題をしているときにラジオが流れていたとしましょう。たとえそのときは聴いているように見えなくても、あとからぶつけてくる質問で、子どもが耳を傾け、理解していたことが分かるかもしれません。野球に目のない息子さんに、野球の統計値をはじき出すのに使われる算数を披露したら、そのあと、まっしぐらに朝刊を取りに走る姿が見られるかもしれません。夕べの、お気に入りの選手の防御率や打率を確認したいのです。ローラ・インガルス・ワイルダーの小説を何冊か一緒に読んだあと、娘さんが、どうしてこの本に出てくる家族はお店に行って買うのではなく、自分たちで洋服を縫うのと訊いてくるかもしれません。

子どもの心の動きをあきらかにする点において、親がみずから心を開いて好奇心旺盛なお子さんと付き合うことに匹敵する精度の高いテストは、いまだ、発明されてはいないのです。

✱生まれながらの意欲✱

ホームスクーリングによって学習する子どもの多くは、個人的に興味のあるテーマについて学び、参加することに多くの時間をかけます。これらのテーマが、大人になってからの職業の基盤になることもよく見られます。サマンサ・ブイヤーの、上の息子、ジェイソンの話を聞いてみましょう。

「信じられますか？　キッチンから聞こえてくる物音で起こされたとき、あの子はまだ八歳だったんですよ。それも、朝の三時に。二階から下りていくと、ジェイソンは朝まで待ちきれずにレシピを練っていました。あの子がはじめて最初から最後まで読み通したのは、料理の本だったんですよ」。ティーンエイジャーになり、夏のアルバイトを探すときも、ジェイソンは台所と無縁の仕事には手を出しませんでした。そして、一七歳になると料理学校に進んだのです。

「フランスやイタリアの最高のレストランを巡ってきたし、学校を優秀な成績で卒業したんですよ」。サマンサは自慢げに言います。「翌月には、自分のレストランを開店しました」。

国中の家族が、興味に後押しされて知識を追求することで、子どもは自分の内なるもの——情熱、不安、強さ、弱さ、激しさ、忍耐——を掘り起こす心と頭の自由を得ることに気づいています。つまり、あるテーマについて学ぶのと同時に、子どもは内なるものを「引き出し」、自分自身について、多くを学ぶのです。それは、教育の成果の、真のはかりです。

興味に後押しされて知識を追求することは、子どもに、失敗を怖れることなく、自分自身のペースで学ぶチャンスを与えます。興味は、そのときどきに、想像し、認識し、徹底的に追求する余力を与えます。興味という門をくぐって、子どもたちは、将来、自立していくために必要な技能を磨きに行くのです。

ホームスクールをする親は怠け者か

ホームスクーリングをする友人はこんな冗談を言います。わたしが子どもにホームスクーリングさせると決めたのは、朝起きて、子どもたちをスクールバスに積みこむ面倒に耐えられなかったからよ、と。

たしかに、家庭を本拠に学習する家族が、朝の喧騒と無縁でいられるのは真実ですが、外部の人々がホームスクーリングをする親を怠け者だと思うのにはもう一つ理由があります。可能なかぎり早くから、子どもに自主学習をさせたがる親がいるからです。こうした親は、子どもが生まれもった意欲を――外面的な要因によるものではなく、子どもの内面から湧き出てくる意欲を――かきたてることで、もっとも徹底的に、もっとも早く、自主学習を実現させます。

こうしたホームスクーリングをする親は、本当に怠け者なわけではありません。ただ、学習中心のライフスタイルにおける自分たちの役割を「知識の授け手である教師」というよりも「子どもが生まれもつ意欲を支える環境の作り手」だと考えているのです。やりかたにちがいこそあれ、やりがいも、その報いも、けっしておとるものではありません。

✽目的地への道✽

自分自身の学校時代を振り返れば、何かをやるとき、そのすみずみまで外部からのコントロールがおよんでいたことが分かります。どれほど息苦しい経験だったことか！　全国的なホームスクーリングのメーリングリストへの、最近の投稿をご紹介しましょう。「子どもは、生活するうえで、目的をもつことが必要です」。ホームスクーラーであるパム・ソルーシャンはこう書いています。「幼い子どもにはあふれるほどの目的があります。すべての行為、すべての動作に、目的があります。子どもを尊重する、観察力の鋭い大人は幼い子どもの目的を尊重します。一部の子どもは（大人社会の言いつけに従って）学校を自分たちの目的にしますが、多くはちがいます。ティーンエイジャーになるころには、多くの――ほとんどの子どもは、目的意識を失っています。当初、学校を目的にしていた子どもの多くも（さまざまな理由から）興味を失っています。

「四歳の子どもに『どうしてこれをしているの？』と訊くと、かならず答えが返ってくるものですが、では、高校生の場合はどうでしょう。わたしは高校生の一六歳の姪質問してみました。『どうしてフランス革命のことを勉強しているの？』と。

すると、英才児プログラムで学ぶ姪は、こう答えました。『さあ。歴史を記憶しない者は、歴史を繰り返すという古い格言があるからかしら』」。

続けてわたしは訊ねました。『世界中の歴史のなかから、あえてフランス革命を勉強するのはなぜ？　フランス革命の何が大事なの？』」（そのころ、彼女が毎日何時間もフランス革命について勉強するようになって六週間が経っていました）。

すると、今度の答えはこうでした。「『さあ。でも、フランス革命についての教科書の見出しは六章とも言えるわよ』」。

「まじめな話、彼女はそう言ったんです！　姪は『レポート』に取りくんでいて、そのレポートは教科書の各章に対応したセクションに分かれていました。それで、タイトルを覚えていたのです。彼女からは、フランス革命についての知識がなぜ役立つのかは、これっぽっちも引き出すことができませんでした」。

　歴史家のなかには、学校は、産業時代に被雇用者を供給することを主な目的として作られたと断言する人もいます。「学校にはチャイムがあり、工場にはホイッスルがある」。***"Free Agent Nation: How America's New Independent Workers Are Transforming the Way We Live"***（*Warner Business Books*, 2001）（邦題：『フリーエージェント社会の到来――「雇われない生きかた」はなにを変えるか』）のなかで、ダニエル・ピンクはこう書いています。「学校には通知表の等級があり、会社には報酬の等級がある。先生を喜ばせるのは、上司を喜ばせるための準備だ。そのうえ、どちらでも、最低限の成績さえ上げれば昇級できる」。産業時代はすでに過去のものとなり、この国の制度のほとんどは新しい役割に踏み出しています。ところが、学校だけは、時代とほとんど足並みを揃えていないのです。この旧態依然とした体制によって教育は機能不全に陥っています。わたしたち親が、家庭で、学習中心のライフスタイルを作り上げ、教育的な目的意識を生み出す重要性は、いっそう増しているのです。

✱楽しさ✱

世の中のすべての子どもたちのために、わたしたちはそろそろ、学ぶことは面白くないという神話を粉砕するべきです。この神話の根強いはびこりかたときたら、学校がせっかく態度を改めて個別指導に向かおうとすると、親たちからの集中砲火が浴びせられるほどです。『シカゴサンタイムズ』誌の二〇〇一年五月号の記事を書くために、教育関係の記者であるロザリンド・ロッシは一九九〇年の教育改革法でケンタッキー州の初等学年を対象に命じられた、異学年混成クラスの成果を調査しました。「なかには複式学級という考えは受け容れがたいと思う親もいる」とロッシは報告しています。そしてたとえ「テストの点数が伸びていても」この否定的な感情が消えることはありませんでした。

「問題は、学習が行われているようには見えなかったことでした」と説明するのは、ケンタッキー州の教育課のスポークスパーソン、リサ・グロス。「複式学級の様子はまるで楽しく遊んでいるようでした。そしてそれは、両親がかつて見慣れていた光景とは似ても似つかなかったのです」。

もしも、ホームスクーラーが、子どもたちをだめにして、高等教育や仕事の場になじめなくしていると聞かされるたびに一〇セント硬貨を一枚手に入れていたら、みんなが、ビル・ゲイツやドナルド・トランプ［訳注：アメリカの不動産王。大富豪として有名］と肩を並べる大富豪になっていたことでしょう。実際には、誰もくれないので、幼い子どものころのまま、学ぶ楽しさを持たせつづけてやることは、就学年齢に達した子どものニーズにもかなうと分かっているだけで満足しているわけですが。

ここで少し、ゴルフに話を戻しましょう。もしもあなたが、ゴルフをこれまでに発明されたなかでもっとも退屈なゲームだと思っていても、わたしが「ねえ、メル・ギブソンとプレーしに行きましょうよ。バハマにね（人名・地名はご自由に）」と言ったら、とたんに、退屈は楽しみに変わるはずです。あなたの、ゴルフ（ですよね？）を学びたいという欲求は急上昇するのです。

一般的な意見とはうらはらに、学習を楽しくするのは誰にでも可能です。ましてや、学び手を楽しませたいと、楽しく学ぶ経験が一生、その子のためになってくれるようにと願う人間に、できないはずがありません。もしも子どもが学習は退屈でつまらないという神話にさらされ、解毒剤を必要としているとしたら、それを楽しみに変えるのは、なおのこと大切です。

ここにホームスクーラーの親たちが光を当てたもう一つの秘密があります。それは、「教育」が子どもに、強制的に学ばせるなかには不適切なものもある、と認めてもよいのだということです。下手にごまかそうとすれば余計ないらだちのもととなりますし、親が正直であれば、たとえ役に立たなくても「教育」の強制と折り合いをつけるようにというあなたのアドバイスに順応しやすいものです。風通しをよくすれば、自由に、もっと学習を楽しむよう促すことができます。ニューハンプシャー州に住むリンダ・ジョーダンと同じように。ホームスクーリングを始めて一年半後、リンダは娘のゾーイが親戚に、自分の教育哲学を説明しているのを耳にしました。「自分が本当に楽しいことにできるだけたくさん時間を使うの。ほかのことには必要最小限の時間を当てるのよ」。

根気をお忘れなく。神話を打ち壊すには、長い時間がかかります。考えてもみてください。あなたに、学ぶのが面白いはずはないと教えこむのにどれほどの長い年月と多くの教師と授業時間とテストと宿題を要したことか。急いではいけません。たっぷりと時間をかけて、家族ぐるみで、学習中心のライフスタイルを身につけましょう。「楽しむこと」を学習ガイドの原則の一つに掲げ、お子さんが羽ばたく姿を見守りましょう。

✱失敗を怖れず、成功を求める✱

「怖れ」は強力な原動力です。実際、あまりにも強力なため、多くの人は知らずしらず、それにもとづく決断を基盤として全人生を送っています。もしもあなたが、お子さんに鋭い知力を身につけて欲しいと望んでいるのであれば、怖れの侵入を見過ごしにしてはなりません。もしも怖れがすでにお子さんの原動力になってしまっていたら、急いで、新しい、より肯定的な動機を育む手助けをするべきです。

わたしは子どものころ、気分が悪くて、母に学校に行きたくないと言い張ったときのことを鮮やかに覚えています。次の日も、具合はよくなりませんでした。とくにはっきりした原因が見当たらなかったので、不審に思った母は、ヒントを求めて先生に電話をかけました。わたしはかねてより優等生だったのですが、その週に勉強していたローマ数字はちんぷんかんぷんだったのです。母は先生との会話について話してくれ、ローマ数字を理解する手伝いをしてくれました。そして翌日、わたしは学校に戻りました。

それはわたしが出会った、すんなり理解できないはじめての代物で、失敗する怖れが、文字通り、わたしを病気にしてしまったのです。

どちらの子どもがより熱心になるでしょうか。次の通知表でAが増えなかったらテレビを見る権利を失ってしまうと怖れている子どもと、自分自身がもっとできるようになりたくて勤勉に努力している子どもと。質問に答えた（あるいはした）ときに、クラスメートに後ろ指を指されるのではないかと怖れる子どもと、前日の夕食の席で革命戦争をテーマに「わたしは誰でしょう」ゲームをしたおかげで、答えがシュトイベン将軍〔訳注：プロイセン王国の陸軍士官アメリカ独立戦争でジョージ・ワシントン将軍に仕え多くの功績を残した。合衆国建国の父の一人と考えられている〕だと自信をもって言える子どもと。また、父親の母校に入らなかったら逆鱗に触れると怖れる子どもと、卒業後のキャリアに胸を躍らせている子どもと、どちらがその旅路を楽しむでしょう。

より熱心に、より多くを学び、学問という旅路を楽しむ子どもたちが持っているのは、怖れではなく、成功という目標です。彼らが成功する確率が高いのはこのためです。さらに大切なのは、彼らは自分が成功していると考える確率がはるかに高いことで、そのことがさらに望ましい結果をもたらすのです。

成功の余地を作る

古い格言にこんなものがあります。「満たせるのは、空のコップだけだ」。新しい視点を取り入れるためには、古い視点を手放さなければなりません。子どもがそうするのを手助けする方法はたくさんあります。

無駄な回り道はしない

子どもの怖れを解明する一番の近道は直接話をすることです。子どもは、子どもであるがゆえに、大人がいくら思案を重ねても想像がつかないような怖れを抱いているものです。ただ、安心という光を投げかけてやるだけで解決することも多くあります。さながら、あかるくなるとたちまち、怪物たちが姿を消すように。わたしの母親がしたように、愛情深い親として、目をとめ、理解し、ほんの数分、追い払う手引きをしてやることで、子どもの怖れを消し去ることができるのです。

先生をチームに引き入れる

先生との話し合いは、今、家庭で教育への取り組みを変えようと努力していることを説明すれば、怖れを追い払うのにとても役に立ちます。ただし、お子さんにうちあけられた怖れを曝露するのは、子どもの秘密や親に寄せる信頼を踏みにじらない程度にしましょう（悲しいかな、先生が「秘密を漏らす」可能性は否定できません）。

お子さんの失敗する怖れが教室に根ざしている場合には、外交術を駆使する必要があります。失敗への怖れは、恥辱や屈辱や侮辱のいずれか、あるいはすべてが蔓延する環境でもっともすばやく膨らみます。とはいえ、いきなりそれを指摘すれば、先生を身構えさせるのがおちでしょう。そして、身構えている人というものはえてして、相手の話に耳を貸さないものなのです。

そこで必要なのは、前向きなことがらに集中することです。子どもの内面に潜む成功への欲求を育てる計画と自分の熱意をうちあけましょう。先生になんらかの協力をしてもらえないか訊ねましょう。あなたの側に、先生がクラス全体のために活用できるようなアイディアや資源や時間を喜んで差し出す用意があることを伝えましょう。

子どもの技能を評価する

わたしはこれまで、背筋も凍る発見をしたばかり、という親から、数え切れないほどの電話や手紙やEメールを受け取ってきました。通信簿の成績は良いのに、一〇歳あるいはティーンエイジャーにもなる子どもが、簡単な算数の計算もできないし、世界地図でアメリカを見つけることもできないし、おばあちゃんから届いた手紙を理解する読解能力もない、というのです。

この種の「秘密」を抱えた子どもの行動原理は怖れであると考えてまずまちがいありません。落ちこぼれてしまうこと、ばかだと思われ、名指しされること、目立ってしまうことへの怖れです。通信簿の成績がよければ、即、基本を習得していると思うのは禁物です。ご自身で、お子さんの技能を確かめましょう。子どもの出来を――読み書き、綴り、数学的概念の把握が出来ているかいないかを解明するのに、博士号は必要ありません。

子どもに本を選ばせて、二人で声を揃えたり順番に読んだりしてみましょう。いそがしいから、と口実をもうけて、宅配便の配達員に残す伝言を書き取らせましょう（もちろん、書く必要さえあれば、どんな用事でもかまいません）。年齢に応じた「現実世界の」算数の問題を出して、子どもの能力をはかりましょう（「週末のディナーパーティーに、エビを出そうと思うの。お客さんが六人で、五匹ずつ食べていただくとすると、何匹買ってくればいいかしら?」「明日、カーペットをかえる見積もりをお願いすることになっているの。リビングルームには何平方ヤード必要か、はかってくれない?」「セール中に、冷蔵庫を買い換えようと考えているところなんだけど。ママが欲しいのは、いつもだと六四九ドルするの。それが一五パーセント引きだといくらになる? 全部でいくらかかるかが知りたいから、税金を加えるのを忘れないでね」)。

ジェニー・スワンソンは、四年生の娘がミズーリ州セントチャールズにある学校から帰ってきて「娘が読解力と綴りかたに大問題を抱えているうえ、学習の技能がこれっぽっちも身についていない」ことが分かったとき、試行錯誤を繰り返して、ようやく、娘を軌道に戻す方法を見つけ出したと言います。

「一度にやる勉強の単位をごく少なくして、娘が一つひとつの問題に集中できるようにしました」。ジェニーはこう説明します。「教材を完全に習得するまでは、ほかの問題に移らないようにしました。一緒に、たくさんの本を読み、研究課題に挑戦しました」。ジェニーの報告によれば、今では「娘は以前より学ぶことを楽しんでいますし、知識も増えました」。

もしも、ジェニーのようにお子さんの能力に不足があることに気がついたら、あなたも、ぜひ、さまざまなアプローチを試し、行動してみて、お子さんにぴったりのやりかたを見つけてください。お子さんの学習のスタイルを知っていれば、だいたいの見当をつけ、早く成功への道に踏み出す役に立ちます。

反対に、お子さんの能力が期待されるレベルに達している、あるいは、それ以上である場合は、すばらしいことです！ その場合は、お子さんの行動基準が失敗への怖れであるとしても、自分が期待に応えられないせいではないことが分かります。

自信をつける

今年の夏、わたしは四人組の女性の一員として、美しいゴルフコースでプレーしました。連れは三人とも、わたしよりも豊富な経験の持ち主でした。なかでも二人はすばらしい腕前で、そのうちの一人は何度もこのコースでプレーしています。コースを半ば進んだころ、角を曲がりかけたところで彼女が言いました。「さあ、次のホールがお待ちかねよ」。

見ると、女性のティーグラウンドは少なくとも百ヤードはある広い峡谷の縁ぎりぎりのところに、ちょこんと乗っているようなありさまでした。全員がうめき声をもらすなか、わたしは言いました。「このコースはプレイヤーを怖気《おじけ》づかせるために作られているのよ。今日はわたしたち全員、百ヤードより飛ばしてきたわ。だから、あの峡谷はないつもりでプレーすればいいのよ」。

連れは三人とも、わたしより先にティーショットを打ちました。しかも――ご想像どおり――それぞれ何発もまっしぐらに峡谷目がけて。プレッシャーがかかりました。わたしは峡谷を見ないですむように、遠くの旗にじっと目を凝らしました。スイングしました。ボールがあの裂け目を越えて――向こう側の森の端に届くと、全員の歓声が上がりました。

わたし以外の三人は、みんな、わたしよりもはるかに優れた腕をもっていました。わたしのボールを峡谷の向こうまで運んだのは自信です。以前に同様の状況で成功したことに基づく自信があったために、目の前の難関に震え上がらずにすんだのです。

自信は一つずつ成功を積み重ねていき、やがて、怖れが入る隙を埋めてしまいます。お子さんが長い時間を過ごす教室はおそらく、先生が失敗ばかりに目を向け、レポートや研究課題やテストや発表の粗探しをする場所なのでしょう。しかも、クラスの仲間は髪型や洋服やしゃべりかたなどなどを虎視眈眈と見つめているかもしれません。

子どもに成功するチャンスを与え、それを糧にする足がかりを作ってやりましょう。その子の興味を追求しながらそうする習慣を培うのは何よりの方法です。また、子どもの興味をそそり、多少の背伸びは必要だけれどもなんとかやり遂げられる程度の、適度にやりがいのある日々の活動に巻きこみましょう。もしもあなたが、カーペットの交換の手配を口実に面積の求めかたを学ぶ手伝いをしたなら、この知識をほかの方面にも応用させましょう。ベッドルームの壁に塗るペンキはどのくらい必要で、庭にまく肥料はどれだけあれば足りるか、憧れのベッドルームはどのくらい広ければよいのか——アイディアはあなた次第。達成、励まし、成功、そして、自信。子どもにとっては何よりの贈り物です。

こうするなかで、あなたは同時に、子どもの怖れのコップを空にしているのです。さあ、代わりのものを注ぎましょう。成功への欲求を。

位置について、用意、ドン！

成功した人々の伝記を読んでも、アメリカに無数に存在する、セルフ・ヘルプの伝道師の話に耳を傾けても、そこには「目標」についての教訓が――たっぷりと――盛りこまれているはずです。同じく、成功への到達をはるかにたやすくする条件が、第一にそれがどこにあるのかを知っていること、第二にどういうルートをたどるかを決めておくことだとも、お分かりになるでしょう。

学業での成功に到達するための最速ルートは、内面から湧き出る自分なりの目標です。その点は、キャリアアップとも、新しい家を買うのとも、恋人の心を勝ち取るのとも、変わりはありません。学校というものが、目標設定ではなく、麻薬の脅威を子どもに教えるのにどうしてあれほどまでに時間を割くのか、わたしには皆目見当がつきません。目標をもつことは、ありとあらゆる麻薬の名前と、それがもたらす気分の変化を覚えこむよりも、よほど、麻薬の抑止効果があるのではないでしょうか？　夢をかなえるために目標を追求する子どもは、教室での態度が悪かったり、無節操な性行為におよんだり、アルコールに手を出したり、ほかの子どもをいじめたり、暴力行為や犯罪行為に手を染めたりする可能性も低いでしょう。理由、ですか？　目標によって、建設的な対象に、気持ちが集中しているからです。学習はもはや、ばらばらの課題が延々と、何年間も続いていくような存在ではなく、目的を得るのです。さらに、子どもがその過程で成功を味わえるという副産物もあります。

教育の目標と責任を、できるだけ早く子どもにバトンタッチする

多くの人は、ホームスクールによって学ぶ子どもの多くが、成長過程でどれほど自主性を認められているかを知ると、衝撃を受けます。この教育上の、みずからによる方向決定は「責任を経験する子どもは、責任感のある大人になる。そしてこの責任感は行動のすみずみにまであらわれる」という、

健全かつシンプルな理論に基づいています。

わたしは“***Homeschoolers’ Success Stories : 15 Adults and 12 Young People Share the Impact That Homeschooling Has Made on Their Lives***（『ホームスクーラーのサクセス・ストーリー――一五人の大人と一二人の子どもが明かす、ホームスクーリングが人生におよぼした影響とは』（仮題））”という本を書くにあたって、息子にインタビューをし、彼にとって自己責任とはなんだったかを訊ねました。息子は、一二歳くらいのとき、州に課される四半期ごとの報告書を書く責任を、わたしから受け渡されたことを挙げました。当時、わたしは、自分で書き上げれば、教育のなんたるかが、よりよく理解できるだろうと考えたのです（四半期ごとの報告書はその子どもが行った教育活動の概要を述べるもので、学校の通信簿にだいたい相当するものです）。

「すごく任されたって気がした」。彼はこう言います。「どれだけのことを成し遂げられるかは、すべて自分次第だと分かっていたから。ぼくは、一般的な高校の教科の多くを、だいたいにおいて別の教材を使って勉強していた。勉強したいことをお母さんと一緒に調整して、目標を定め、それをクリアする。残りの時間は、別の教科を掘り下げるのに使ってもいいし、自分の好きなことをやってもよかった」。

もう一人、本に登場したホームスクーリングの「卒業生」をご紹介しましょう。シャノン・キャビンはアメリカ海軍に勤める若い女性です。「わたしは、どんな教科を選ぶかを、自分で決められるところがとても気に入っていました」。シャノンはこう思い出します。「母と二人で、わたしの勉強の進み具合についての意見を交換できることも。どれだけ学べるかという決定権はわたしにありました。

ホームスクーラーのなかには、最低限のことしかやろうとしない人もいるのかもしれませんが、学ぶべきことがたくさんあり、自分の好きなことを学べるというのに、不意にする手はないでしょう？　学ぶことは、喜びであり、ときめきであり、そして、とても楽しいのですから」。

　自分自身の教育を任された子どもたちが、学ぶべきことの多さに胸をときめかせ、どれだけ多くを達成できるか熱心に追求することが驚きですか？　これらは、学校の門を閉ざす大雪や先生の研修に大喜びする子どもたちではありません。もしかしたら、そうした子どもたちは、自分の教育の、時間の、心のコントロールを経験できる家庭という環境に置かれたほうが幸せなのではありませんか？

　けれども、伝統的な学校教育を受ける子どもの親として、あなたにも、子どもが、自分の教育の方向性を決める権利を実感できるよう、手助けをすることはできます。目的は、子どもが学習以外の責任を背負うときに実感するエネルギーやときめきや情熱を、学習に対してもかきたてることにあります。

　教育の自律権も、例によって、はじめの一歩は親子の対話です。六歳の子どもに、行きたい大学を決めろというのは無茶ですが、今興味のあること、学校で何をやっているのか、友達づきあい、オモチャやペットとの遊びについて、常に子どもと通じ合っているようにすることは可能です。子どもは今、何を読んでいるでしょう。今夜、寝る前にどの本を読んでもらいたいのでしょうか。隣家に生まれた赤ちゃんをどう思っているでしょうか。親が真心をこめて耳を傾ければ、子どもは親が知る必要のあることをすべて教えてくれます。出来るかぎり多くのことを、自分で決めさせましょう。子どもの意見を求めましょう。

ある程度大きくなっている子どもの場合は、はじめ、責任を背負い、目標を立てるという考えになじめないかもしれません。その場合、概念に慣れるまでの準備期間を与え、さまざまな雑談をしながら、心の内を口にしてもいいのだと分からせていきましょう。話題は、そう、感傷的に聞こえるかもしれませんが、希望、夢、子どもにとって完璧な人生とはどんなものかなどです。お子さんは、五年後、一〇年後、二〇年後の自分の姿をどう思い描いているでしょう。学問を、あるいはそれ以外の方法を通じて、そこにたどり着くすべを分かっているでしょうか。お子さんがそれを見つけ出す手伝いをしましょう。おそらく、それを調べるよう後押しする時間さえかければ（自分が今、どんなふうに調べものをしているか、忘れずに説明しましょう！）あとはその子が引き継ぐはずです。

そしてなにより大切なのは「子どもの」目標を掲げさせてやることです。どこの大学に行きたいか。大学には行きたくないのか。ラップグループの歌手になりたいのか。ご心配なく。おそらく、子どもの目標は変わっていくはずです（あなただってそうだったのでは?）。そして、目標を立て、そこに到達するノウハウが分かれば、その知識は、どんなことであれ、自分が成し遂げたいことに活かすことができるのです。

目標を文字にしましょう。子どもにサインをさせましょう。その瞬間、漠然としたアイディアは、責任を伴う誓いに変わるのです。

血気盛んなあなたの場合は、メリーランド、ヴァーモント、ヴァージニア、ワシントンなど先進的な州における、教師・親・生徒の三者で作成する個別学習計画（ＩＥＰ）の提供に踏み切った学校の情報をお子さんの学校に提供してみてはいかがでしょう。「今どき流行りの『個別教育』ってやつですよ」（とは、ある先生の談）。「誰にでも同じことを教えるなんてわけにはいきません。モットーは『すべての生徒のニーズに応えること』ですね」（二〇〇二年十二月十日『日刊シアトルタイムズ』「生徒のために授業を作るのか、授業のために生徒を作るのか」より）。

千里の道も一歩から

あのゴルフコースで、わたしはひたすら旗（成功）を見つめ、峡谷（失敗）には目もくれませんでした。その結果、ボールは旗までは届きませんでしたが、そこにたどりつくうえでもっとも大きな障害を克服しました（つまり、出だしでつまづくことはありませんでした）。それはつまり、最初の一歩でした。

お子さんが、自分の目指す地点を把握したら、次にはそこに到達する方法を解明しなければならないと説明しましょう。紙と鉛筆を手に居心地のよい場所に座り、思いつくかぎりのアイディアを書き出してみましょう。もしも実際に大学を目指しており、それが八年先だとしたら、そのあいだに、どんなステップを踏みながらそこに向かえばよいでしょうか。ごく短期的な目標を入れるのも忘れてはなりません（とくに最初は、ある程度大きな子どもの場合は数週間単位で、幼い子どもの場合には数日単位で設定するとよいでしょう。子どもが学校で問題を経験している場合は、とくに大切です）。短期的な目標は、長期的な目標の新鮮さや興味深さや身近さを保ち、常々念頭に置かせる効果をもちます。一つひとつのステップを踏むごとに、子どもの内面に自信が蓄積され、それがさらに、次のステップに踏み出す原動力になります。きっと、気がつけば、子どもが選んだ大学の費用をどう工面しようかと一晩中頭を絞っていることでしょう。

✱勉強するだけで満足しない。知識を応用すべし✱

さてしばしのあいだ、あなたの気が変わって、わたしと一緒にゴルフを習う気になった、としましょう。もちろん、わたしたちは「本にあたり」、それを書いたプロに学ぶべきです。ところで、読み終わったら、わたしたちは本を閉じ「さあ、これでゴルフのやりかたが分かったぞ」と思っていいものでしょうか？　それともクラブを何本か持って、本で習得した知識が、練習場でどう通用するかを確かめるべきでしょうか？

ほとんどの人は、一度ならずゴルフクラブを振ってみないことには、スイングするときは「ボールに当てる」のではなくて「打ちぬけ」というプロのアドバイスの真意をつかむことはできません。つまり、勉強し、その後、新たな知識を実地に移したほうが、本の内容ははるかに「身につく」のです。実際に、医者の研修期間《インターンシップ》や法曹の修習期間はまさにそのために――学んできたことを実際にできるかを確認するために――あるのです。

学んだことを、実際に使ってみる

子どものなかには、学んできたことを実社会の状況に適用した経験を持たないために、学校の勉強を日常生活と無関係だと思っている子もいます。彼らの経験は、情報を受け取ることに終始していて、受け取った情報を身につける機会がないのです（試験前に一夜漬けで勉強し、テストが終わったとたんに、そもそも脳味噌に「詰めこむ」のにかかったよりもさっさと内容を忘れてしまう生徒がいたでしょう?）。その点、お子さんはラッキーです。親であるあなたが、しっかりした目的意識をもって、知識を適用する機会を与えられるのですから（二五人の子どもを教える先生は、せいぜい教えたことを復習させるのが精一杯で、全員に教室の面積をはからせる余裕などはありません。宿題ではからせることは可能ですが、そうしたところで、目的意識を欠いた適用にすぎなくなってしまいます。もしも、運命のいたずらで、すべての家庭で一斉にカーペットの交換やペンキ塗りをしていたら話は別ですが）。

実際、お子さんのどんどん増えていく知識を応用することは、学習中心のライフスタイルのカギとなる要素なのです。そのための機会は、とくに、どんな学習者にとっても世界へのドアを開く基本である読み、書き、計算は、豊富にあります（「現実社会での学習」に関しては、10章でさらに詳しく述べます）。とりあえず、子どもが今やっている宿題の練習問題を何枚か見て、今、何を学んでいるのかを確認し、創造力に拍車をかけて、読むこと・書くこと・話すこと・綴り・算数の練習をする楽しい方法を考え出し、普段一緒に過ごしている時間に織りこみましょう。ヒントが欲しければ拙著 ***"The Ultimate Book of Homeschooling Ideas: 500+ Fun and Creative Learning Activities for Kids Ages 3-12"***〔仮題：『ホームスクーリングのアイディア決定版――三歳から一二歳までの子どもの、楽しく創造的な学習活動』〕をご参照ください。ずうずうしい宣伝だと思われるかもしれませんが、実のところ、この本は、わたしは書いたというより寄せ集めただけなのです。ベテランホームスクーラーの親たちは、引き算から礼儀作法、昆虫学、人前での話しかたにいたるまで、子どもの学習を助ける革新的なアイディアを喜んで公開してくれました。このアイディア集を全部こなすにはきっと、何年もかかるはずです。

問題解決は自然な環境で学ぶ

ここ何年間にもわたって、わたしのもとには、たいていの人が一生のあいだに目にする量の、ゆうに五倍以上の教材が送られてきました。そのなかで、わたしが一番不思議に思ったのは、子どもに「問題解決」を学ばせるためにわざわざ機会を設けることです。ちまたには、解決の必要がある本物の問題が十分あふれているというのに。どうして、それから手をつけないのでしょう？

お子さんが知識を実際に使ってみる手助けをしようとすればかならず「現実問題」が顔を出すものです。そう、手助けすることであなたはすでに、自然な問題解決の舞台を作り上げているのです。カーペットの交換の準備を手伝っている子どもの例を見てみましょう。その子の算数の教科書の面積の題材は、いつも、完璧な長方形や正方形です。ところが、リビングルームの面積を測っているとき、子どもはある問題に遭遇しました。せっかくの完璧な長方形に、クローゼットが食いこんでいるのです。さあ、どうしましょう。かまわず長方形の面積を測って、クローゼットにカーペットを被せてしまう？　そのぶんの面積を引く？　どうしたらそれができるでしょう。そのぶんを引かなかったら、不要なカーペットのぶん、余計なお金を払うことになる？　それはいくらでしょう。

これはお子さんを、選択と結果という概念に引き合わせるチャンスです。子どもがただ情報を受け取り、多項選択式のテストへの解答で吸収したことを証明する場合には、まちがいに対して、どんな結果が生じるでしょう。子どもはまちがえた問題の分の点数を引かれ、それが最終的な成績に響くかもしれません。たくさんまちがえれば、年度末に進級できないという結果に陥るかも。まあ、こうしたケースすら、今日ではめったにありません。

対して、前の例でもあきらかなように、知識を実際に使ってみることは本物の選択に行きつきます。わたしたち大人が、生きるうえで例外なく悟ってきたように、現実の問題には結果がつきものです。もしも子どもが幸運にもこのことを成人する前に学ぶことができたら（同級生のプレッシャーという負の影響を差し引いても）自分の力で考えるようになり、（いずれ必ず直面する自立に対応する準備を整える）責任感が身につき、（成功の望ましい条件である）集中力がつく可能性は上がります。知識を実際に行動に移すことは、このうえもない価値のある頭の体操です。ただ情報を受け取るのではなく、お子さんは、学校のなかでも外でも、将来問題にぶつかったときに、たやすく対応できる学習のプロセスを経験するのです。

✱大切なのはプロセス✱

あなたはこれまで、子どもたちが一様に学ばなければならないカリキュラムの内容を誰が決めているのか、考えてみたことはありますか？　こんな、身がすくむような重責を課されているのが誰であるにせよ、少なくともわたしたちに、すべての子どもたちがそれらを知っておくべき理由くらいは教えてくれてもよいのではないでしょうか。一般人が――実社会で生活し、そこでどんな情報を使い、どんな情報を使わないかを認識しているわたしたちが――意見を申し述べることができたらいいとは思われませんか?

ええ、たしかに、夢のような話です。けれども、この情報時代に育つ子どもを持つ親にとって、これらの問題を考える重要性はかつてないほど増しているのです。今こそ、教育とは何かということをみずから判断することが、どうしても必要なのです。わたしたちが子どもを教育する理由の一つは、子どもを社会に貢献できる人材に育てることです。いわゆる「適時適応《ジャスト・イン・タイム》」という、情報時代が生んだ概念の一つを考えてみましょう。たとえば、テクノロジーによって、注文された製品を適時適応で納入することが可能になったため、製品の在庫を抱える必要がないこと。テクノロジーの力で、会議の参加者を快適な自宅やオフィスにいながら適時適応につなぐことができるため、会議室を備えたオフィスを維持する必要がなくなること。この時代にあって、将来、有用な社会の構成員となるわたしたちの子どもが適時適応方式で学ぶことが役に立つと考えるのは、論理の飛躍に過ぎるでしょうか?

情報が、手を伸ばせば届くところにあふれているこの現代にあって「誰もが知っておくべき重要なこと」というカリキュラムの仕切りでそれを狭めてしまうのは、もうやめるべきではないでしょうか。子どもは一人ひとりちがい、自分だけのペースで、知的に、情動的に、精神的に、霊的に発達するという前提に立つことから始めましょう。常に実利に厳しい目を向けている最高経営責任者《CEO》にとって適時適応というビジネスのコンセプトがそうであるように、子どもにとっても、適時適応方式の学習は刺激的で価値あるものではないでしょうか?

適時適応という概念を学習に適用するのは新しいことではありません。大量の情報を扱う専門職についている人々がいつもやっていることです。たとえば弁護士は、すべての法律を記憶しているわけではありません。医者は、あらゆる病気のすべての症例を暗記しているわけではありません。特定の情報が必要になったら、整然とした知識のデータベースを利用するだけのことです。必要な情報がどこで手に入るのか、その情報と今やるべき仕事をどう結びつけるのかを承知している彼らには、適時適応方式がうまく機能するのです。

いちいち結果を求めない

肝心なのはここからです。現代においては誰でも——コンピューターに精通した子ども世代はとくに、専門家に匹敵する、整然とした一般的・専門的な知識の膨大なデータベースを利用することができます。世間で話題になる優秀なホームスクーラーの多くは、学んでいる中身にはさほどの重点をおかず（だって、どこでも見られるのですから！）、学ぶプロセスを大切にすることで成果を上げてきました。つまり、学ぶことに集中するかわりに、学びかたを学ぶことに時間を使うのです。

このことは、ホームスクーリングをする親が、教えることよりも学ぶことに頭を絞る理由、子どもの学校の成績を上げるために教育免許は必要ない理由を説明する役に立ちます。正直なところ、自分がどんな質問をして、息子のあの発言を引き出したのかは覚えていないのですが、その言葉は忘れられないものになりました。

ある日、今では大人になった、ホームスクーリングで育てた息子が、なんの気なしに言ったのです。ぼくは、友だちや職場の同僚よりもはるかに「リサーチ」が得意なんだよ、と。わたしはどういう意味なのと訊ねました。「解決すべき問題や、新しい課題があったり、誰かが何かについての情報を必要としているとき、目的に近づくやりかたを心得ているのはぼくだってこと」。息子はこう説明しました。

わたしは、息子がどうやってそんな貴重な技能を身につけたのかと考えずにはいられませんでした。そんな授業は受けたこともないし、情報収集をテーマとする本など一冊も見た覚えがありません。ホームスクーリングにせよ、わたしの仕事にせよ、ボランティア活動にせよ、いつも何か新しいことを発見しているタイプの人と間近に接してきたせいでしょうか。それとも、好奇心が強いからでしょうか。あるいは、教育は受け身で与えられるものではなく、みずから摑み取るものだと理解し、その責任を喜んで果たしてきたからでしょうか。それとも、周囲が、彼が興味を追求することを励まし、応援したからでしょうか。

そう、それらすべてのおかげです。それらはすべて、わが家の学習中心のライフスタイルの一部です。ホームスクーリングで育つ子どもの多くは、学習中心のライフスタイルそのものから学ぶことで頭の切れを培ってきました。きっと、あなたのお子さんもそうなるでしょう。

申し上げておかなければなりませんが、息子とわたしは、現在の彼が技能を役立てている内容とまったく同じ情報を調べた経験もありませんし、同じ条件に遭遇したこともありません。ただ、成長過程で何度も繰り返し情報収集のプロセスを経験してきたおかげで、今の息子は、いつでも、どこでも、どんな学習の機会に際しても、技能を活用できるのです。

この章を読んで、学習を成功させる六つの原則が、どれほどあたりまえのことであるかにお気づきいただけたでしょうか。どんな芸当も必要はありません。大金も、教材も、訓練もまったく必要ないのです。六つの原則に命を吹きこむもっとも大切な要素は、あなた――家庭生活において、それらの原則に常にかわらない優先順位を与える、愛情深い親の存在なのです。

学習を成功させる六つの原則

・好奇心を育み、練磨する。
・生まれながらの意欲という、もっとも効果的な学習意欲をかきたてる。
・学ぶ楽しさを取り戻す手伝いをする。
・成功への欲求を膨らませ、失敗への怖れを追い払う。
・勉強するだけで満足しない。知識を応用すべし。
・学習のプロセスは、内容と同じくらい大切だ。

第3部
望ましい学習環境を整える

「興味があれば、人は熱中する。なんであれ、熱心に取りくめば、興味が生ずる可能性は高い。わたしたちが『面白くない』と思うことの多くは、本質的にそうであるわけではなく、熱意を払うのに苦労することが原因なのだ」
ミハイ・チクセントミハイ
Finding Flow : The Psychology of Engagement with Everyday Life〔仮題：『フローの発見――日常生活の心理学』〕

第9章　もっとも理想的な学習ができる環境

一九五四年にノーベル化学賞を、一九六二年にノーベル平和賞を受賞したライナス・ポーリング［訳注：個人として二つのノーベル賞を受賞した唯一の人物であり、二〇世紀有数の科学者。化学結合の解明に対してノーベル化学賞を受賞。ノーベル平和賞は、当時の風潮に反していたため多くの批判や行動の規制すら受けながら反核思想を貫き、運動を行ったことに対して贈られた］は貧しかった少年時代、天才児だと思われてはいませんでした。「彼を長く、生産的な人生へと送り出したのは」とミハイ・チクセントミハイは書いています。「自分を取り巻く生活に、可能なかぎり積極的に関わろうという決意だった」。

多くの人が、ポーリングが九〇歳になってもなお、子どものような好奇心と熱意を持っていたことに驚いたといいます。「わたしはただひたすら、自分がしたいと思うことをしてきただけだ」。幸せになる秘訣について訊かれると、彼はこう説明しました。

もしかしたら、彼の背にはこんな批判の声が浴びせられていたかもしれません。「衝動的、わがまま、完全な無責任」。しかし、チクセントミハイ教授ははっきりと、こうも述べています。「大事なのは、ポーリングが——そして彼と姿勢を同じくする多くの人が——どんなに難しくても、どんなにちっぽけなことでも……ほとんどどんなことでもしたいと思うことだ。こういった人々が断固として嫌うのは、唯一、時間を無駄にすることだけなのである。つまり、彼らの人生が客観的にあなたやわたしの人生よりも良いものであるわけではない。ただ、生活への熱意によって、彼らはほとんどどんなことをやっても、フロー経験を得ることができるのである」（フローとは、第2章でご紹介したように、人が生活のなかで傑出した最高の瞬間に感じる、なんら苦痛を伴わずに活動できる感覚です）。

ライナス・ポーリングは自力で望ましい学習環境を作り上げることによって、学問で頭角を現しました。九歳の誕生日を迎える前に聖書とダーウィンの『種の起源』を読み、一一歳で昆虫採集をして昆虫学を学び、一二歳で鉱石の収集を始めました。そして一三歳で、化学の世界に飛びこみました。

あなたのお子さんには、さらに恵まれたことに、家庭や地域をわくわくする学習環境に変えるのを手伝ってくれる、あなたという思いやりのある大人がいるのです。では、学習ガイドたちが発見した、もっとも効果的な学習を生む環境とはどんなものでしょうか。これから、見ていきましょう。

✱子どもの学習環境を充実させる✱

もしも一五年前に、木材とくぎを扱う通信販売業者のカタログと、自分で本棚を作るホームスクーラーとを結びつけて考えていたら、今頃、わたしはお金持ちだったはずです。なにしろ、ホームス

子どもがいかに学ぶかについての「公式見解」

以下に紹介するのは、米国学術研究会議がアメリカ教育省のために行った二年間に及ぶ研究の成果の抜粋です。

・幼い子どもは活発に、自分たちの世界のことわりを知ろうとする。
要するに：幼子《おさなご》は学ぶ素養をもっている。
・幼い子どもは自分なりに理解した知識を解釈する能力を持っている。
要するに：子どもは無知だがおろかではない。
・子どもはみずから、問題を解決する。好奇心を通じて疑問や問題を生みだしたり、新しい挑戦を探し求める。
要するに：子どもは、純粋に成功と理解を求める気持ちに突き動かされる、粘り強い学習者である。
・子どもはごく幼少期から、自分自身の学習能力についての知識（メタ知識【訳注：現在進行中の自分の思考や行動そのものを客観的に認識することにより、自分自身の認知行動を把握することができる能力】）を育む。

要するに：子どもには計画を立て、自分自身の成功を監視し、自分の間違いを修正する能力がある。

・子どもが生まれもった能力の数々は、学習の力添えを必要とする。
要するに：思いやり深い大人は、学ぼうとする試みを支え、情報の複雑さや難しさを適度に抑え、成功の下地を作ってやることで、子どもの好奇心や粘り強さを促進することができる。

・いくら「時間をかけて問題をこなすこと」を重ねても、それがただ文章の読み返しに終始するのでは、学習することにはならない。
要するに：勉強漬けは学習効果を約束しない。

・理解を伴う学習は、文章あるいは講義の内容を丸覚えするよりも（知識の）伝達を促進する蓋然性が高い。
現時点では、解釈が不可能：それというのも、学校はいまだ、ほとんど生徒の記憶力のみを試験しているのが実情で、研究者もいまだ理解を伴う学習の利点をさほど見ていないため。

・単一の関連性から教えられた知識は、様々な関連性を通じて得た知識よりも伝わりにくい。
要するに：学習というプロセスは関連性とあわせて考える必要がある。子どもは、ある題材が複数の関連性に絡めて提示されたほうが（ちょうど、自然な関連性にあるのと同じように）、関連する特色あるいは概念がしっかり身につきやすい。しかも、複数の関連性から提示することは、知識をいかに、いつ用いるかという理解も増す（応用の条件として知られる）。

・学び、伝わった成果は「単発の」テストで評価するべきではない。
要するに：典型的なテストは役に立たない。学習に絶対必要なステップである、知識がどう伝わったかということは、新しいことを学ぶ機会を得て、はじめて把握される。新しい知識をより素早くのみこんだとき、古い情報の伝達が明らかになる。こうした学習の証拠の評価は、教室ではかることは、ほとんど不可能といえるほど難しい。それよりも、自分の子どもを評価するほうがずっと簡単なのだ。

クーラーからけっして聞くことのない言葉が一つあるとすれば、それは「ええ、そう。もう本棚は十分足りているわ」なのですから。

理由

画家のアトリエには絵の具のチューブが付きものです。大工の仕事場には木材があふれているものです。同じように、学習者にも、いつでも手に取れる、学習のための素材が必要です。仮にコンピューターの所有者がお父さんで、仕事に使っているのだとしたら、そして息子さんが使えるのは特別な研究課題に取りくむときだけだとしたら、それは「いつでも手に取れる」ことにはなりません。絵の具と絵筆と粘土とステンシルを洗濯室の一番上の棚にしまっているとしたら、それは「いつでも手に取れる」状態とはいえません。娘さんに花壇には近寄らないようにと言い聞かせているとしたら、あなたは娘さんの接近を拒んでいることになります。お分かりでしょうか？

もちろん、お子さんは自分のための空間に、勉強の道具をしまっておくための場所を設けるべきです。けれども、そうした学習のための素材をご自宅のあらゆる生活の場に混在させることには、家族みんなで学ぶというメッセージを確認する意味があるのです。それは、いうなれば、日時の指定がない――何日の、何時に来てもかまわないよという――友人宅への招きのようなものです。それは、一体感を誘います。たとえ、いつも何かを一緒にやっているのではなく、ただ隣り合っているだけだとしても。

学習の素材を生活の場に持ちこむことによって目指すのは「学課の枠を超越した」学習や、お子さんもこの家の主《あるじ》なのだという意識や自律性です。最高の成果を望むのであれば、お子さんの意見を聞くことをお勧めします。わたしは、世に問うた最初の記事の一つである『自分のための場所』(『ホームエデュケーション・マガジン』一九八八年一・二月号)で、わたしがある晩、翌日の「授業プラン」を練りながらうとうとしてしまったときに得た天啓について書きました。それまでの自分がホームスクーリングをより「楽しく」することばかりに気を取られ、子どもの環境を、本人自身のものに――「お仕着せではなく、その子のためにあつらえた」ものにしてやることをおろそかにしていたことに気がついたのです。

そして、こんな具合になりました。

地球儀や地図やペンや鉛筆などの基本的な教材を追放するつもりはなかったが、とりあえず、かしこまった定位置からどかして、そこにはそれぞれの個人的な持ち物を入れた。チャールズがインコを部屋に置きたいと言うので地球儀を移動した。エリカはなにかの課題に取りくむたびに、屋根裏部屋までスクラップボックスを取りに行くのが面倒だという。そこで部屋の隅に追いやられていた本棚が日の目を浴びて、創造的なアイディアが浮かんだらすぐに手が届くようになった。

「ほかにこの部屋で気に入らないところはある?」。わたしはどんな注文にも応える心構えだった。

「本棚に、自分で手が届いたら」エリカが言った。「うんとうれしいんだけどな」。

そこでわたしたちは本棚を壁際に運びなおし、低くした。こうすれば未就学児であるアダムでさえ、欲しいものが自分で取れる。わたしたちは貴重な壁のスペースを確保すると、素早くチャールズのお気に入りの惑星のポスターを貼り、骸骨の模型を飾りつけた。エリカも壁飾りに一役買って、苦心して完成させたばかりのレース編みの作品をかけ、つい先頃モントリオールに家族旅行をしたときの特別な写真を何枚か飾ってはどうかと提案した。アダムがキッチンから、お気に入りの犬柄のマグカップを持ってきて、作業台のペン立てにした。

作業が終わったお昼には、くたくたで、おなかも空いていたが、みんな出来栄えには大満足だった。記録的なスピードで昼食をむさぼり食べたあと、子どもたちは揃って自分たちの部屋に駆け戻り、触ったり、探索したり、自分から腰を据えて絵を描きだした。おまけに、三人とも、算数問題を二ページずつ終わらせたのだ！

必要なもの

もう一度強調させてください。面白くてためになる学習教材を揃えるために、家を抵当に入れる必要はありません。教材のなかには、贈り物として与えられるものもあります！　もちろん、十分な照明のついたテーブルかデスク、あるいは隠れ場所を与えてやることは必要です。各種の紙（罫線付き、無地、カード用紙、切り抜き細工用紙、色紙、白のコピー用紙、手漉《てす》き、大きいもの、小さいものなど）も必要でしょう。勧めていたころ、わたしは廃棄予定の紙をどっさり家に持ち帰っていたものです。

それから、切磋琢磨を促す筆記用具としては、黒鉛筆や色鉛筆のみならず、マーカー、クレヨン、ボールペン、万年筆、カリグラフィー用のペン、水性ボールペン、羽根ペン、独立宣言を勉強するためのベリージュースインク〔訳注：アメリカ独立宣言は発酵させたヤマゴボウの実の汁で書かれた。そのインクの通称〕がありますし、チョークと黒板も必要、それに、「見えない」インク遊びには、ろうそくとレモンジュースが要ります。

画材や工芸材料が揃っていると、創造性がかきたてられるものです。絵具（フィンガーペイント用、ポスターカラー、アクリル絵具、油絵具）、紙とキャンバス、はさみ、のり、テープ、ひも、スタンプ、スタンプ台、利用できそうな廃物、定規、コンパス、ステンシル、粘土、ＦＩＭＯ〔訳注：樹脂製粘土の商品名。欧米では人気のあるクラフトで、成形後、オーブンで加熱することによって完全に硬化させる〕、レゴブロック、ビーズ、毛糸、プラモデル、食品彩色、ソルト・ドゥ細工〔訳注：小麦粉に水、塩、サラダ油、食紅などを加えて熱し、こねて粘土を作る。自然乾燥させてアクリル絵具などで色をつけるなどして遊ぶ〕、彫刻、トイレットペーパーやペーパータオルの芯やヨーグルトの容器、蓋のついたコーヒーの空き缶、卵の容器、カタログや雑誌類（絵や文字や数字を切り抜くため）など放っておいたらゴミ箱行きのもの、おしゃれごっこや劇をするための古着――いくらでも挙げることができます。

虫めがねと小さなはかりと双眼鏡と虫とり網と漏斗《ろうと》と計量カップと計量スプーンで、お手製の科学キットを作ってみるのも手です。算数セットはいかがでしょう。Ｍ＆Ｍ、パターンブロック、キュイズネール棒〔訳注：径が一㎝、長さが一～一〇㎝の一〇本の色のついた棒。算数教育用〕、サイコロ、ドミノ、ポーカーの点数コイン、乾燥豆、硬貨、ボタンなどを使っては？

年齢の高い子どもは、趣味や読み書き、宿題などに取りくむ、自分なりに作り上げた居心地の良い場所を好むかもしれません。「場所」をがやがやとせわしないキッチンの真ん中にするか、それとも比較的静かな場所にするかは、親子で、子どもの学習のスタイルを念頭に置いて、決めましょう。

子どもが何歳であろうとも、家にコンピューターがあるのなら、お子さんが苦もなく学校の授業の復習ができ、テストの準備をしたり、基礎的な概念をずっと深く理解することができる「エデュテインメント」のプログラムをインストールすることをお勧めします。

インターネットを使えば、とても面白い教材を、無料で利用し放題。索引カードと安価なファイルボックスを購入しましょう。すばらしいサイトに遭遇したら、その名前とアドレスと役立ちそうな情報をなんでも、カードに走り書きします（たとえば、スージー向き。算数に最適。ジョッシュがもう少し大きくなったら、気に入るはず、とか）。整理の方法は、子ども別にするのでも、科目別にするのでも、適応年齢別にするのでもご自由に。五つ星のシステムをとって（星にかぎらず、恐竜でもサッカーボールでも）、情報の質と面白さでそれぞれをランク付けするのもよいでしょう。そのサイトにプリントアウトして使える教材があったかどうか、それはないけれども、アイディアが満載なのでぜひ再訪すべき、などもメモしておきましょう。もちろん、お子さんにも見せ、教材選びを手伝ってもらうのもよいことです。

それから、本があります。あふれるほどの、本に、雑誌に、ビデオに、オーディオブック。経済的に厳しければ、ヤードセールや図書館のセールを渡り歩いて、ホーム・ライブラリーを充実させましょう。地元の図書館員を味方に引き入れ、かならず、少なくとも二週間に一度は図書館に行くようにしましょう。そうすることで、あなたとお子さんがニーズと興味とただ楽しむことを基準に教材を選ぶうちに、家庭の教育環境にバラエティー豊かな教材がたえず流入するようにできるのです。

たいていの家庭において、教材集めよりももっと難しい問題は、それらをどこに置くかということです。生活の場にどうスペースを設けるか頭をひねるのは、創造性という筋肉のとてもよい運動になるでしょう。

教材と収納

まずやるべきは、今の自分がスペースをどう利用しているかに注目することです。わたしたちの大多数は、スペースを無駄使いしているものです。がらくたを詰めている引出しの二つを一つにまとめることはできませんか？　キッチンカウンターに山積みになっている古いレシートを撤去することは？　誰も、座ったことすらない、あの奇抜な古いイスを処分することは？　もしかしたら、階段を登りきったところの小さなスペースや、古い家によくあるでっぱりやひっこみのデッドスペース、キッチンやダイニングやリビングルームの片隅など、無から有を生み出すこともできるかもしれません。

屋根裏部屋や地下室やガレージやマッドルーム［訳注：よごれたりぬれたりした履物や衣服を脱ぐ場所］や洗濯室に場所はありませんか？　気候の穏やかな土地にお住まいでしたら、ポーチや中庭やバルコニーも見逃せません。そう、木に作ったとりでに、屋根をつけたって役に立つのです。

教材や本を整頓しておくためには、できれば、棚を使うとよいでしょう。知り合いのホームスクーラーに、背が高くて幅が狭い本棚をぱたんと横倒しにして、小さい子どもでもすべてに手が届くようにした人がいます。上にはクッションを置いて、本を読む場所にしていました。なかには釘差し盤を使って教材や道具を吊るす人もいます。要らなくなった大きい食品ケースやプラスチックの仕切り

もっとも理想的な学習に必要なもの

・創造性を刺激し、好奇心を呼び覚まし、自主性を築く豊富な教材が充実した環境。
・子どもが、一途に追求した経験の内容。
・より広い世界に出て、経験の幅を広げること。
・最高の「フロー」経験。
・本当に興味のある題材を、深く追求すること。

のついた箱やスプーンやフォークの整理トレー、きれいな柄のついた空き缶（ただし、鋭い切り口に注意）、ファイルの保管に使われる蓋つきの箱やコピー用紙の束が十束も入っていたような丈夫で大きな箱も利用できます。

ドアの内側に吊るすタイプの靴袋は一ダース前後のポケットがついていますから、教材を整理して保管するのに使えますし、お子さんと一緒に作ってもよいでしょう。あるお母さんは、着古したジーンズなどのズボンからポケットを切り抜いて別の生地に縫いつけ、それをカーテンとして使っていました。かくして、貴重な生活空間を一インチたりとも減らすことなく、子どもたちの、はさみやクレヨンや鉛筆のしまい場所が生まれたのです。アルファベットの文字と、その文字で始まる物や動物の絵が描かれたカードを天井から吊るしているお母さんもいます。わが家では、美術や工芸用の素材を目につかず、それでいて子どもたちが手を伸ばせばすぐに届く場所に置いておくために、大きな古いトランクを使っていました。

なお、どんな教材を使うか決めたところで、そしてそれをどこにしまうか決めたところで、あなたの家は『ベター・ホーム＆ガーデンズ』の表紙を飾るような見栄えには絶対にならないことを、受け容れなければなりません。インスピレーションが浮かんだときに、それをすぐに実行に移せることで、お子さんがどれほど大きなメリットを得られるかということだけ覚えておきましょう。設備の整った環境で暮らすことは、子どもが集中力をコントロールし、自発的に学び、そのとき学んでいるスキルを応用することを身につける役に立ちます。そして、それらはもっとも理想的な学習の、必須の条件なのです。

✱経験を深め、広げる✱

「経験の内容が将来の人生の質を決定する」。チクセントミハイ教授は著書 ***"Finding Flow"***（仮題：『フローの発見』）の冒頭部分で、こう書いています。これはシンプルでいて、含蓄のある言葉です。これが真実であることは、わたしたちの誰もが心の奥深くでは知っています。そして人がみな、人生の質を向上させたいと願っていることは、たしかなのです。けれど、そのなかの何人が、いったい、定期的かつ意識的に、みずからの――ましてや子どもの――経験の内容を吟味しているでしょう。

だいたいにおいて、学習中心のライフスタイルを送る親というものは、つとめて怠りなく、子どもの経験の内容に気を配っています。これが、ときにホームスクーラーの耳に入る「過保護」という非難の火に油を注いでいることはまちがいありません。家庭によっては（ホームスクーラー全体の何人、あるいは何パーセントがそうであるかは不明ですが）親が子の経験内容を自由にコントロールする理由が、強い宗教上の信念に根ざしている場合もあります。けれども、そうでない家庭の場合は、成長過程にある子どもが学校の時間割の外、教育という壁の外で積む経験を、肯定的でためになるものにしようという決意が土台になっています。

親として、子どもの生活を構成する経験に目を光らせるのは、賢明です。お子さんの時間を埋めている活動と人の両方から目を離さないようにしましょう。それらはお子さんの人間としての成長に役立っているでしょうか。もしそうでないのなら、お子さんと一対一で話しあったり、お子さんの生活のさまざまな側面を整え直す必要があるかもしれません。親がどれほど多くのすばらしい方法で子どもを応援しようとしても、あまり肯定的ではない影響力が勝ってしまえば、あなたの目標は無に帰する――あるいは蹂躙されてしまうのですから。

ともあれ、脇道にそれるのはこのくらいにしておいて、子どもの生活の学習面に目を向けることにしましょう。

チクセントミハイ教授はフロー経験を「学び――すなわち、新しいレベルの挑戦と技能の育成を引き寄せる磁力」と表現しました。「理想的な状況においては、人はどんなことであれ、自分がしていることを楽しみながら、絶えず成長を続ける」と。これぞもっとも理想的な学習のありかたではありませんか。ただし、こうした胸が躍るような経験を探るうえで大切なのは、当の子どもをなおざりにしないように気をつけることです。

✱子どもが「フロー」経験を探究する手伝いをする✱

チクセントミハイ教授は三〇年以上もの間、「人生を有意義で生き甲斐のあるものにするものは何か」という問いに答えようとしつづけながら、世界中の人間を観察してきました。教授の研究は教育の目的を、可能なかぎり高い給料にひたすら邁進することではなく、子どもを生きる価値のある人生に導くことだと考える親にとって有益です。

わたしたちはすでに第2章において、ただくつろぐことやテレビを見ることなどの受動的な娯楽はめったにフロー経験をもたらすことがなく、もっとも得やすいのは自分の好きな活動をすることだというチクセントミハイ教授の薫陶を受けました（これこそ、できるかぎり興味を追求する機会を与えられることが子どもにとってとても大切な理由です）。フロー経験には、その前段階として、三つの主な状況が出現します。

1　適格に対応しないかぎりかなわない明確な目標に直面する。フロー経験をもたらす、よくある活動には、ゴルフ（だから、わたしは夢中になっているわけです！）、登山、織物、楽器の演奏などがあり、明確で矛盾のない目標に集中する機会が得られる活動はどんなものでもこれに該当する。

2　その活動が、すぐに手ごたえを感じられるものであること。自分が今どのくらいうまくやっているかということが常に、極めて、はっきり分かること。ゴルフの場合、ボールがホールに近づいているかいないか、登山の場合、滑落するか頂上に近づいているか、織物の場合、織機の最後の列がパターン通りに織れているかいないか、などがこれにあたる。

3　ちょうど、その人が技能を最大限発揮したときに手の届くくらいの難度であること。退屈するほど簡単ではなく、不安を生ずるほど難しくもない。挑戦の難度が高い場合でも、それに対応する高い技能があれば、結果としてのめりこむことになる。

この本でお勧めしたことのいくつか、あるいはすべてを実行されるのは、お子さんの経験の質を高めるフロー感覚への最短ルートです。つまり、お子さんが、しばしばフロー感覚を伴う学習の恩恵にあずかることを保証する最高の方法は、毎日、できるかぎり多く、こうした条件を与えてやることです。以下に、それに、あらゆる努力を払う価値がある理由を説明したチクセントミハイ教授の談をご紹介しましょう。

目標が明確であり、直接的な手ごたえがあり、挑戦の難度と技能のバランスがとれていれば、熱意はおのずから生じ、いかんなく注がれる。精神力を完全に要するため、フロー状態にある人は完全に集中する。気を散らす別の考えや、無関係の感情が意識に入りこむ余地がないためだ。自意識は消え、それでいながら、感覚はより研ぎ澄まされる。時間の感覚がゆがむ。何時間もの時が、数分のうちに過ぎていく。精神と肉体の機能がぎりぎりまで発揮されているとき、その行為はどんなものであれ、それ自体で価値あるものになる。生活はそのための弁明にすぎない。肉体と精神のエネルギーが調和して焦点に向かうとき、生きることはついに、その真価を発揮する。

遊んでいる子ども、チェスを学ぶティーンエイジャー、ジャンプシュートを完璧にしようとしている若い女性。彼らはみな「フロー」経験をしている可能性がとても高いといえます（子どもの暮らしにおいて遊びがとても大切なのはこのためです。これはまた、好奇心の強い子どもを可能なかぎり一人で自由にさせておくのが最善である理由でもあります）。フロー経験の可能性を増やす方法にはほかに、以下のようなものがあります。

・同じ興味を持つ仲間を探すこと。こうした環境はしばしば、インスピレーションや創造性の源になります。
・さまざまな環境や活動や人づきあいを試してみること。
・家庭環境に注意を払うこと。散らかったものをきれいに片づけ、家を自分にとって、精神的にくつろげるように整え直すこと。
・子どもが熱意を払うことを学ぶのを応援すること。さまざまな活動をしているとき、一日のそれぞれの時間帯、それぞれの場所で、ちがう人と一緒にいて、どんなふうに感じるかを日記につけさせるのもよい。それらを見直すことで、よりよい学習に向けての多くの手がかりがつかめるかもしれない。

✱経験の幅を広げる✱

お子さんの経験の幅を広げることは、たぶん、本人に最大の楽しみをもたらすでしょう。地域で提供している、教育的な刺激の受けられそうなあらゆる活動を利用する計画を立てましょう。きっとすぐに、家族の学習中心のライフスタイルの一貫として、ごく自然にそうするようになります。

ジェーン・ファイエットはサンフランシスコ在住の、ハードな職業に就くシングルマザー。二人の娘は地元の公立高校に通っています。けれども、子どもたちがほとんど、いつもつまらなそうな様子を見せるようになって、ジェーンはたとえどんな犠牲を払おうとも、毎週、二つ、楽しくてためになる活動に参加する時間を見つけようと決心しました。「週末はわりと簡単に参加できるんですけれどね」とジェーンは言います。「それにしても、わくわくするようなイベントやボランティアの機会を作るためには、かなり厳しいスケジュールのやりくりが必要です。いつも、週に二度の機会を作れるわけではありませんが、それを目標にすることで志を高く保っていられるんです！」。

美術館を訪れるとき、地元の貧しい人のための給食施設でボランティアをするとき、森でキャンプをするとき、あなたはお子さんに、モネとの出会い、慈善事業への手引き、九九カ所の蚊の噛み跡のどれを最初に掻けばよいか決めるチャンスのみならず、それよりはるかに大切なものを与えているのです。なにしろあなたは文字通り、お子さんの脳を作っているのですから。

人間の脳は二つの脳細胞からできています。つまりグリア細胞と樹状突起と呼ばれる枝をもつニューロンという神経細胞です。基本的に、グリア細胞は、いそがしく思考のための接続を形成し維持している何十億というニューロンに栄養を与えています。樹状突起という枝はほかのニューロンからのメッセージを受け取り、その細胞の本体に送りこみます。メッセージはそこからニューロンの「送信箱」である軸索《じくさく》に移動します。送信箱を離れたメッセージは一気にギャップ（シナプス）を飛び越して、そこでまた別のニューロンの樹状突起に拾われます。この偉業は毎日、わたしたちが精神的な活動に従事するたび何十億回となく起きているのです。

新しい経験は新しい結束を作り出し、樹状突起とシナプスの構造を変化させ、メッセージが運ばれる新たな経路を生み出します。脳がより柔軟になり、なじみの目的地に向かうのにちがう経路を生み出すとき、子どもは新しい技能を学ぶことができるのです。

この、経験の広がりが学習へのカギだということは、科学によって明らかにされつつあります。経験によって、子どもたちは、学ぶのに、考えるのに、推論するのに、そして将来の決断を下すのに必要としている情報のファイルを授けられるのです。「ニューロンの接続をできるだけたくさん生み出すことは、知能を向上させる一つの要素だ」。神経科医リチャード・レスタックは“*Mozart's Brain and the Fighter Pilot: Unleashing Your Brain's Potential*”（Harmony Publishers, 2002）（邦題『脳トレ——最先端の脳科学研究に基づく28のトレーニング』）のなかでこう語っています。「しかしそうするためには、知識とは、ほとんど関連をもたない別個の『修練』の寄せ集めであるという、偏狭で閉ざされた考えからみずからを解放しなければならない」（だからこそ「教える」のではなく「学び」を家庭の日常生活に組み入れることがとても大切なのです。同じ理由から「さあ、今こうやってお菓子を焼くのも、算数の勉強なんだよ」とか「声を出して本を読むのはフォニックスの勉強だからね」などという発言もいけません。

お子さんに幅広い経験をさせるのが教育的に好ましいというのには、もう一つ理由があります。あなたにはこんな覚えはありませんか？　今までまったく知らなかった何か、たとえば新しい音楽グループのことを知ったあと、ほとんど突然、驚くほど頻繁に、そのグループの名前が耳に入るようになったということが？　その理由は、アメリカの教育省の要請によって、ナショナル・リサーチ・カウンシルが行った二年間におよぶ研究の集大成である ***"How People Learn: Brain, Mind, Experience, and School"***〔仮題：『人はどう学ぶか：脳・心・経験・学校』〕に書いてあります。「学習にはすべからく、それ以前の経験の転用がつきものである」と。研究者は、教師に、どの子どもも、かならずそれ以前の知識を新しい学習課題に転移できるとはかぎらないことを理由に、個々の子どもの持つ「学習の長所」を見抜いて、そのうえに学習を積み重ねていくことを勧めています（親が子どもの学習の長所と子どもが好むスタイルを見抜き、家庭で、その可能性を活かす手伝いをすることも大切です）。

だから、外に出かけましょう！　隣人に会い、見聞を広め、もっともすぐれた学習を楽しく手に入れてください！

✱一つのことを深く学ぶ✱

お子さんが興味を持っているのは何でしょう。レゴブロック、恐竜、ファッション、車、テレビゲーム、それともエレキギターでしょうか？　いずれも、もっとも理想的な学習という条件に合致するとは思えない対象ですが、そもそも、子どもというものは、驚きに満ちているものです。
ここで肝心なのは、「深く学ぶ」とはなんぞやという議論ではなく、深く学ぶという行為そのものなのです。すでに分かったように、それがなんであれ、自分が興味を持っているものを学ぶほうがはるかに楽しいのです。これについてのチクセントミハイ教授の見解は以下のようなものです。

精神的活動を追求するためには、その深さを問わず、人は集中的に熱意を注ぐすべを学ばなくてはならない。集中することを学び、努力することができなければ、思考はばらばらになり、どんな結論にも達することはできない。
取りくむ対象が感情や動機にそぐわないとき、集中にはより多くの努力が必要となる。数学が大嫌いな生徒ならば、微積分の内容を吸収するまで教科書に集中するのには大変な努力を要するだろうし、自分にとっての強い発奮材料が求められる（たとえばその単位を取りたいという願い）。通常、精神的な課題が困難であればあるほど、集中するのは難しい。ところが、人は、自分のしていることが好きで、それをする動機があるとき、たとえその対象が極めて難しくても、苦もなく集中することができるのである。

チクセントミハイ教授の例に挙げられているように、ほとんどの子どもは学校で、かならずしも興味を持っていないものに対して必要不可欠な注意を払い、集中する技能の確立に努める機会をたっぷり与えられます。ですから、学校外の時間には、子どもが自由に選んだ勉強を奨励することによって、子どもが身を入れ、集中し、学習するもっとも理想的な機会を与えるわけです。結局のところ、いかに生まれつき才能に恵まれていようとも、必要な知識の習得に多大な熱意を投じないかぎり、すぐれたピアニストや科学者や政治家や医者や自動車整備工にはなれないのです。

ひとたび深い学習に照準を定め、熱意を払い、集中することを学べば、お子さんはこれらの重要な学習の技能を、魅力の点では劣るけれども、やらなければならない対象にも転移する能力を得たことになります。「学習にはすべからく、それ以前の経験の転用がつきものである」のですから。これは、毎日、食糧となる魚を与える代わりに、魚を釣るすべを教えるのと同じ考えかたです。この場合で言うと、あなたはお子さんが学びかたを学ぶ手伝いをしています。あなたは、生涯尽きることのない心の糧を与える手伝いをしているのです。

ですから、学ぶ対象の選択はお子さんに任せましょう。成功談は枚挙にいとまがありません！　路上で事故死していた動物の遺体を家に持ち帰ることを許してもらった少女が長じて生物学者になった例。ボートが大好きだった少年が、沿岸警備隊で頭角を表した例。新聞配達ルートのビジネス街を回るのを楽しんでいた青年が大富豪の企業家になった例。数年間を経て、十分な確証をつかんだあるお母さんはこの話を信用して、息子が古いテレビの状況喜劇番組とマンガをとりつかれたように観るのを邪魔しませんでした。するとその息子はティーンエイジャーになったとき、ユーモアの心理学を学ぶようになりました。今日、新進作家である彼は、大学の教授たちからユーモアの活かしかたを絶賛されています。七年前のこと、ほかでもないわが家も、ベースギターの初心者が立てる不協和音とわめくような歌声に揺れました。メル・ギブソンとのゴルフどころか、どんなことだって、これよりはまし、という感じ。たまにはビートルズの曲をやってくれない、というわたしのリクエストは聞き入れられませんでした。けれども、息子はそれまでに、学びかたを身につけていました。そして、数年間が経つうちに、このベーシストはギターとキーボードの演奏法を独学で学び、やがては、そのすべてに優れた才能を表しました。

これらの体験談を、子どもが興味を示す対象が親の好みに合わなかったり、応援する気にすらなれないものであったとしても、先天的な興味が掘り下げられた場合にどんな結果が待っているかはけっして分らないという生きた証拠として受け取っていただけたら幸いです。きっと、最高の驚異と興奮が待っているでしょう。わたしはいまだ、この自由を子どもに許して後悔したとか、よくない結果が生じたと語る親には一人も会っていません。おそらく、*"Finding Flow"*［仮題：『フローの発見』］でチクセントミハイ教授が語っているとおりの理由によるものでしょう。

原則として、人がみずらの意思にもとづいて駆使できる技能や精神修養はどんなものであれ、無駄にはならない。信じる者にとっては瞑想や祈り。肉体的な技能に集中するほうが好みに合う者にとってはエクササイズやエアロビクス。面白いと思い、時間をかけて知識を向上させることのできる専門分野や熟練の技であればどんなものでもよい。大切なのは、それらの精神修養に対する姿勢なのだ。もしも祈るのが神のご意向にかなうためであったり、エクササイズをするのがたくましい胸筋を発達させるためである場合には、多くのメリットが失われる。大切なのは、報

動物学校

昔むかし、動物たちは「新世界」の諸問題に対応するためには高潔な行いが必要だと一念発起し、学校を作りました。課目は走ること、登ること、泳ぐこと、飛ぶことです。管理上の都合により、どの動物も、すべての課目を履修することになりました。

アヒルは泳ぎの達人でした。実際、指導者をしのぐほどで、飛ぶことでも優秀な成績を収めました。ところが、走ることはさっぱり。走りの成績が悪いので放課後も居残りをせねばならず、練習に追われたおかげで泳ぎの単位も落としてしまいました。結局、水かきのついた足がすり減って、泳ぎの実力も平均並みに落ち着いてしまうまで、特訓は続きました。けれども、学校では平均はよしとされるので、当のアヒル以外は誰もそのことを心配しませんでした。

ウサギははじめ、走ることにかけてはクラスのトップでしたが、泳ぎの補習に追いまくられて神経が参ってしまいました。

リスは登ることの名手でした。けれども、飛ぶことのクラスで、先生が木のてっぺんから舞い降りることを許してくれず、地面から飛び立つことから始めなければならなくて、苛立ちをつのらせました。しかも、飛び立つ練習で筋肉痛を起こしてしまい、登ることではC、走ることではDという成績を取ってしまったのです。

ワシは問題児で、厳しく指導する必要がありました。登ることのクラスでは誰よりも速く木のてっぺんにたどりつくのですが、どうしても、自分なりのやりかたを曲げようとしないのです。

その年の終わり、泳ぐのがめっぽううまく、走ることも登ることもでき、ちょっとばかり飛ぶこともできる突然変異したウナギが平均得点で皆を上回り、卒業生総代になりました。

プレイリードッグ［訳注：北アメリカの草原に住んでいるリス科の動物だが、その甲高い鳴き声からプレイ

> リードッグ（草原の犬）と呼ばれる〕は学校と距離を置き続け、召集にも逆らいました。学校当局が掘り返すことと、巣穴を作ることを履修課程に入れようとしなかったからです。プレイリードッグはアナグマのところに子どもを修行に出し、のちに、ウッドチャックとジリス〔訳注：地面に穴を掘るリス科の動物の一種。比較的低地に生息する。プレイリードッグやウッドチャックに比べて小さい〕と一緒になって、人気私立校を創立しました。
>
> R・H・リーヴス　教育学者

われるためではなく行為そのものを楽しむこと、そして結果ではなくみずからの熱意へのコントロールを握りつつあるという自覚なのである。

こうした学習がいかに楽しく、いかに効果的かということに気づき、子どもたちの後塵を拝するのもいさぎよしとし、この原則を自分自身の人生にも適用するホームスクーラーの親は大勢います。実は不肖わたくしも、文筆への情熱を発見したのは、ホームスクーリングを始め、焦点を絞り、集中することがもつ威力の、見事な証が目の前で育っていくのを見てからのことでした。

第10章　外の世界に飛び出す

かつて、学習に関心を持つ研究者がラットで実験を行いました。ラットを二つのグループに分け、エサと水は同量ずつ与えましたが、一方は「貧弱な」飼育カゴのなかで暮らさせ、もう一方は「豊かな」環境――大きな飼育カゴとたくさんの仲間、それに暇なく好奇心を刺激しつづけるたくさんのオモチャを与えたのです。

「貧弱な」飼育カゴで暮らしていたラットは、体重においては「豊かな」ラットに勝りましたが、脳は学習にとって重要な二つの面において劣っていました。*"Endangered Minds: Why Children Don't*

Think and What We Can Do About It" (Touchstone, 1990)（邦題『滅びゆく思考力——子どもたちの脳が変わる』）における研究報告で、ジェーン・ハーリー博士はこう説明しています。「豊かな環境のラットの脳では細胞がより多くのグリア細胞に支えられている（おそらく読者のみなさんは、前章のグリア細胞は思考するための連結を作り出し維持する、非常に重要なニューロンに栄養を与えるということを思い出されるでしょう。軸策突起はメッセージをニューロンに運び、その後、メッセージはギャップを「飛び」越して別のニューロンの樹状突起に拾われます）。さらに、豊かな環境に置かれたラットは「活発な好奇心を持つ結果として、探索しながらより多くのさまざまな情報を取り入れているように見え」ました。

さて、面白いのはここからです。研究者はほかに、対照群として研究室外の「自然界で」育つラットにも注目していました。これらのラットは「自由な環境で、生きることの本当の厳しさに」さらされていたとハーリー博士は説明します。「食べ物を見つけ、身を守り、気のおもむくまま、いつでもどこにでも出かけていた」と。ここでは、この本の趣旨にのっとって、これらのラットを「学習中心のライフスタイルで生きている」のに近いとみなします。

研究者が発見したのは、「豊かな」環境はそれなりに有効ではあったけれども、ラットの脳に刺激を与えるうえで、自然環境にはおよばなかったということでした。自然界のラットは「オリで育てられたラットよりもより大きくより重い大脳皮質を持っている傾向があった」のです。大脳皮質は、ハーリー博士が著書で説明するところによれば「三つの段階で情報を処理する制御盤である。その段階とは、感覚的な刺激を受け取り、それを自分の世界に照らして理解できるように意味のあるパターンに整理し、パターンを結びつけて、抽象的な種類の学習と思考を育むことである」。ラットの研究を直接人間に置き換えることはできないとしても、この結果の示唆するところは明らかです。「自由に活動する」のは自然なだけではなく、高機能の脳を作り出すための格好の訓練でもあるのです。

ホームスクーラーの家族はかならずしもこの研究のことを知りません。彼らは子どもを、より広い世界の動きにゆだねるメリットを発見してはいますが、どうしてそれが分かったかといえば、それは、実際に、より広い世界の動きに子どもをゆだねてみた結果なのです。読者のみなさんと同じように、ホームスクーラーの親も日々の雑務をこなさなければなりません。ただ、彼らは、その用事が雑貨店に行くことであれ、州都に行くことであれ、歯医者に行くことであれ、弁護士の事務所に行くことであれ、かならず子どもを同行させるようにしているのです。

✱大人は今知っていることや使っているものを、どこで学んだか✱

教育課程をくぐりぬけてきた古つわものとして、あなたには振り返るべき軌跡があります。そこで、振り返って、あなたの一三年間の義務教育について考えてみましょう（どうぞごゆっくり。わたしはどこにも行きませんから）。さて、正直なところ、第一に、あなたは当時習ったことをどのくらい覚えていますか？　たとえばヘースティングズの戦い［訳注：一〇六六年、ノルマンディー公ウィリアムがイングランド王ハロルドに勝利してノルマン朝を樹立した戦い］や三角法やミミズのからだのしくみについて。高校生のときにパスしたのと同じテストを今受けたら、ちゃんとパスできるでしょうか。第二に、生物学の授業は別として、あなたはミミズの内臓をはじめ、学校で習った知識を、日常生活を送るうえで、どのくらい活用してきましたか？

次に、あなたが今、実際に普通に生活を送るうえで利用している情報について考えてみましょう。あなたはどこで小切手帳の帳尻を合わせたり、オムツを替えたり、できるだけたくさんの食器を食器洗浄機にセットしたり、タイヤをかえたりする方法を覚えましたか？　不動産を転売したり、クラスで一番のんびり屋の子どもをやる気にさせたり、美しいキルトを縫ったり、議会や委員会の有能なメンバーであったりする方法は？

おそらく、あなたはこれらをはじめとする無数の技能を、学校の外で、親やほかの大人について見よう見まねで、あるいは、自分や家族の必要にかられて覚えたはずです（もしもあなたが現在の仕事の基礎を大学で学んだとしても、それは必要にかられて通った学校とはちがう、自発的な学習です）。

「もっとも役立つ、重要な学習のツールが「学校教育界」で見つかるのは、本当にまれですね」と言うのはベテランのホームスクーラー、リリアン・ジョーンズ。「大人だって、現実の社会で、一番思いがけず、一番自然な状況で、一番大事なことを学ぶでしょう？　子どもだって同じなんです」。

自由に活動することはただ、脳の筋肉を鍛えるだけではありません。それは同時に、ほとんどの大人が効果的だと考える場で――つまり、現実社会で、学習する機会への扉を開くものなのです。

✱誰といっしょに出かけるか✱

もう一つ、あなたの生活のもっと面白い側面に注目してみましょう。あなたが一緒に働き、時を過ごすことを選んでいる相手のことです。これらの人々について考えてみて、あなたはどんなことに気がつくでしょうか。おそらく、あなたより年上の人も、年下の人もいるでしょう。近所に住んでいる人もいれば、別の都市や別の町に住んでいる人もいるはずです。

では、もしも明日、会社についたとき、こんなことになっていたら、どう思いますか？　二一歳の人が全員一つの部署にまとめられ、五五歳の人は揃って別の部署に移されています。そのうえ、住んでいる都市や町によって細別されていたら？　もしも同い年で、近隣に住んでいる人としか一緒に働けないとしたら、あなたの仕事生活はいささか、退屈になるのではありませんか？

現実社会ではけっして、学校環境のように、年齢と地区で人を分類する轍は踏みません。しかも、それには十分な理由があります。社会では年上で経験豊かな同僚から多くを学び、年下の同僚のエネルギーと熱意に鼓舞されます。年齢という垣根を越えて興味や技能を共有し、自分とまったく同じではない人々と時間を、情報を分かち合うことで専門内外の技能を高めあうのです。もし、幸運にも、同じ職場で働く人を選ぶ立場にあったとしたら、選抜基準としては、年齢や郵便番号よりも将来性のほうがはるかに重視されるはずです。お子さんが同じ界隈に住む、同年齢の仲間と過ごす時間の長さを考えてみれば、その交際範囲がいかに狭いかがお分かりになるでしょう。子どもの生活に何人の大人が存在するかに、とくに注目してみてください。学習ガイドの発見によれば、仲間からは得られない経験と視野を持っている大人との交わりは、子どもの人生にとってきわめて貴重です。

「娘は、小さな手でぎゅっとクレヨンを握れるようになったその日からずっと、絵を描くことが大好きでした」。オハイオのキャロル・ナリゴンはこう語ります。「それで、知り合いの画家に二人ほど、娘の興味について話してみました。二人とも、応援してくれましたよ。一人はやんわりと娘の作品を批判し、それとなく手直しを薦め、パステル画でいくつかの効果を出す手ほどきをしてくれました。もう一人は娘を招き、絵の具とキャンバスで遊ばせてくれました」。

自由に出歩くことは、新進のミュージシャンである息子にも、思いがけないチャンスをもたらしてくれたといいます。「ホームスクーリングのグループのお母さんが、地元の人気ミュージシャンが障害をもつ子どものための一日フェスティバルに、巨大なリズム彫刻を展示するから、手伝いをして

行ってみよう　地域にあるおもしろい場所

社会勉強／商業

郵便局　新聞社　印刷所　空港　銀行　専門職のオフィス　花屋　出版社　パン屋　電車の駅　音楽祭、民族のお祭り　お子さんが勉強している地方の食事を出しているレストラン

社会の安全／公的事業

消防署　病院　警察署　市役所　州都庁　町や市の評議会／公聴会

科学

さまざまな農場　さまざまな工場　牧場　研究施設　魚卵の孵化場　州の森林自然保護区域　病院　獣医　プラネタリウム／水族館／動物園

歴史

歴史的な旧跡や旧家　古い墓地／城砦／坑道／戦場　歴史的な遺跡を利用した博物館

みる気はないかと声をかけてくれたんです」とキャロルは言います。「終日子どもの演奏に手を貸したり、ドラムの仕組みを見せたりする活動をして、もう二年になります。それ以後、そのミュージシャンは繁華街のイベントにも、グループと一緒にセッティングや演奏をするように息子に声をかけてくれるようになりました——ギャラ付きでね」。

子どもの人付きあいの輪に大人を交えることで得られるのは、批評や小切手だけではありません。「これらをはじめとする大人たちは、うちの子どもの人生における大切な存在ですし、将来、人間性を決定する興味や情熱を形成するのに一役買ってくれるでしょう」。キャロルはこう言い添えます。「だから、尻ごみせずに、子どもの興味を他人《ひと》に話すことです。子どもにも、どんどん公言するように薦めましょう。実際にそれを仕事にしている人から得るものは、えてして、州のガイドラインに従っている先生からよりも多いものですよ」。

また、年下の子どもと付き合うのも有意義なことです。幼い相手と時間を過ごすことは、お子さんの忍耐力を高め、思いやりをはぐくみ、しばしのあいだ子どもじみたまねをする格好の口実になります。年上の子どもが、自分が生徒の側ではなくお手本の立場に立っていることを自覚することも多いのです。そしてこれは、自信と自尊心を高める歓迎すべき変化なのです。

✱地域を教室に✱

ホームスクーラーはどうして、年中、外をうろついているのでしょう。なぜなら、ホームスクーラーは地域を巨大な教室とみなしているからです。探索にうってつけの、日々現場で知識を活かしている人々がいる、学習経験がたっぷり詰まった教室。世界中のお金を残らずかき集めたところで、すぐそこの角を曲がったところに存在する学習実験室よりも活気があり役に立つようなものは、作ることも買うこともできないのです。

学ぶきっかけを与える

お子さんは建築家になるんだ、というのが口癖ですか？　銀行はあんなにたくさんお金を、何に使うのかなあ、という疑問を口にしたことはありますか？　どうしてママ（パパ）は毎年、所得税の還付申告手続きにぶつくさ言うの、と訊いてきたことは？　劇を見るより、舞台装置に興味津々ですか？

その対象がどんなものであれ、お子さんが好奇心を見せたら、それは、これまで勉強してきた読み、書き、計算の技能にきっかけを与えるチャンスです。たとえば、こんなことができるでしょう。

- 建築家に手紙を書いて、一日中どんな仕事をしているのか、直接話を聞かせて欲しいと頼む（書き／交渉能力）。
- 銀行の業務について、図書館で借りた本を読んだり、インターネットの情報に目を通したりする（読み）。
- 親の確定申告の計算を手伝う（計算）。
- 次の劇を見るのに先だって舞台設計者に電話をかけ、劇の前かあとに、舞台裏の見学をさせてくれるよう頼んでみる（口頭での交渉技能）。

「きっかけ」は他に類を見ない励みになると、学習中心のライフスタイルを送る面々は口を揃えます。たとえば、どんなに綴りの勉強が嫌いな子どもでも、憧れの建築家に出す手紙となれば、能力のおよぶかぎり最高の文章が書きたいはずです。読むことにまったく熱意を見せない子どもでも、これと決めたことが知りたいときはうってかわった熱心さを見せるものです（ハーヴァード大学で医学を修めたホームスクーリングのパイオニア、グラント・コルファクスは、大学への入学許可が下りたときにジョニー・カーソン・ショー〔訳注アメリカの日々の最新事情をジョークと皮肉たっぷりに早口でまくしたてる名物的深夜番組トゥナイト・ショーのこと。ジョニー・カーソンはこの番組の看板を三〇年間つとめた有名司会者〕に出演しました。彼は一〇歳で、実家のヤギ牧場でひんぱんに見つかるインディアンの工芸品について詳しく知りたいと思うまで、読みかたを学ばなかったそうです）。子どもによっては、家族の所得税の返還などという一大事に関わるのは、とびきりかっこいい《クール》と思うでしょう。そして、どんなに内気な子どもでも、舞台裏への通行許可証ほどわくわくするもののためならば、自分の殻から顔をのぞかせるでしょう。

お子さんが知らない人と顔を合わせることに気乗りがしない場合は、最初の一つか二つはあなたがお膳立てをして、適切なふるまいのお手本を見せてやりましょう。他人に、仕事場の見学その他の方法で仕事の案内を頼むことに、二の足を踏んではいけません。たいていの人は喜んで、わざわざ頼んでくるほど興味をもっている子どもや家族と話をしてくれます（あなただって、そうするとは思いませんか?)。

成功は成功の上に築かれます。この学習へのアプローチは、一歩前に進むごとに、やりやすくなります。お子さんの自信と知識の基盤が、経験を積むごとに、大きくなっていくからです。

地域は心の糧のバイキング

わたしたちは、子どもに、来る日も来る日も同じ食事を食べさせようとは夢にも思いません。一つひとつの栄養素が絡み合って全体の健康を支えていることも、多種多様な食事をとることがからだの健康を生むことも分かっているからです。だいたい、夕食のテーブルに、一〇日間連続でミートローフを並べれば、しまいには、子どもたちはごはんよ、と呼んでも隠れるようになるでしょう――なにしろ退屈ではありませんか。

同じように、子どもはさまざまな「心の糧」の取り合わせから、心の健康に役立ち、新しいことに挑戦するわくわくする気持ちという恩恵を得ます。わたしは地元の地域社会を「心の糧のバイキング」と考えています。面白くて、彩りゆたかで、健康的なメニューが揃っていて、考えただけでも空腹を覚えるようなところ(そう、たぶん味の点で今ひとつの料理があるところも同じです)。お料理のバイキングと同じように、あまりにもよりどりみどりで、すべてを味わうことはとてもできません。ライマ豆〔訳注:新大陸系の豆。空豆に似ておりアメリカではよく食べられている。名前はペルーの首都リマにちなんだもので原産地は南米〕には手をつけず、好物のマカロニサラダをたっぷりよそうのも自由。食卓についた人なら誰でも、どの料理を選ぶのも自由です。食事をする前に、味を知っておきたいとい

✱先輩からのアドバイス✱

博物館を訪ねる

ホームスクーラーは博物館の常連です。とはいえ、クリップボードを片手に右往左往していたり、問題のリストに対する答えを見つけようと血眼になっていたりする子どもは、まず、ホームスクーラーではないでしょう。オーディオツアーを利用して、声に導かれるまま、盲目的に「もっとも重要な」絵画や作品へと進み、何を見るべきかを教えてもらうこともめったにありません。ガイドに引率されていることもないでしょう。目を輝かせ、一時間か二時間ほど、自分の興味のあるものを集中的に見て回っている子ども、それが彼らです。

博物館というものはおしなべて情報と作品の宝庫であり、少しずつ、のんびりと探索するのが一番よい楽しみかたです。あるときはぱっと目を惹いたものが、別の日にはなんの感動もかきたてないこともあります。子どもはたいてい、瞬間的に興味を惹きつけるものに流れるため、当然の結果として、博物館で一番見かけ倒しの即物的な展示物に漂着するかもしれません。でも、それになんの問題があるでしょう。わたしは自分の子どもに、博物館とはすばらしく魅力的なところで、行くたびに新しい眼識を与えてくれるものだということを感じてほしいのです。だから、わたしたちはしょっちゅう足を運ぶし、できるかぎり多種多彩な博物館の会員権を買って、ぱっと見て帰るだけでも損にならないようにしています。見る順は子どもが決めるし、説明文も、逐一読むようにうるさく言いません。わたしだって、面白そうだと思うものだけを読むし、子どももそうです。わたしたちは話し、やってみて、遊びます。ただし、わたしも正しいエチケットは譲りません。一つ、声は小さく。一つ、走らない。一つ、手にとって良い備品は正しく扱う。それを守るかぎりは、まったくの自由なのです。

そうやってみて、子どもたちがどれほど多くを学んだかは目をみはるばかりでした。とくに、子どもたちが提示された情報をさして注意深く頭に入れている様子がないときにかぎってそうでした。科学博物館や自然史博物館で見かけたり、経験してから何週間もあとに、それが「腑に落ち」、「会得」する様子を一度ならず見せられたものです。美術館で、これという絵にほれこみ、お気に入りの画家や時代について読みたがることもあったし、その技法を家で試してみたこともありました。傍で見ていて一番驚異的なのは、子どもたちが別のところで得た知識と博物館で得た情報や経験を融合させて、徐々に世界への知識と理解を、自分なりに築いていったことです。一一歳と一三歳になったときには、すでに批評家然として、説明文のまちがいに気づいたり、展示物の配置や見せかたの改善策を考え出すほどになっていました。

もしも彼らがたった一度の（めったにない）訪問で、長時間そこにいなければならず、順路を進みながら展示ごとに足を止め、説明を全部読むよう強制されていたとしたら——心の準備が出来ていようといまいとおかまいなしにすべてをやって、吸収するよう求められていたら、こうしたことは一つとして起こらなかったでしょう。自由に探索していいということは、子どもたちが自分にふさわしいタイミングで、独自に情報を吸収し、消化できることを意味します。彼らは時間をかけて、自分の力でものごとを解明します。たとえ「ただぶらついているだけ」に見えても、あとで話してみると、子どもたちの頭がいかに活発に働いていたかが分かります。ほかの誰かの質問に答えたり、自分の経験を分かりやすくまとめて差し出す必要はありません。実際には、自分の思考の道筋をたどり、結論を引き出すほうが難しいものなのです。それこそ、本当に身につき、さらなる研究と熟考への道を開く、真の学習なのですから。

ポーラ・ラッセル　ワシントン州　サマミッシュ

う人は、前もって評判を聞くこともできます。では、お子さんの学習への意欲をかきたてる方法を探ってみましょう。

グループ学習はいかが?

必要は発明の母です！　過去のホームスクーラーの家族が、子どもが興味を持つ趣味や課目や本や劇に基づいて公式・非公式の集まりやクラスを設ける必要性を感じたのは幸いでした。グループ学習というアイディアに食指を動かす教材業者はたくさんいますが、子どもを応援するという目的のみによって支えられ、組織されているグループもまだまだ存在します。あなたとお子さんも、どこでも、いつでも、グループや仲間を集めることができます。

「うちの娘たちは、木曜の晩を待ちかねているんですよ」と言うのは、離婚したシングルマザー、リタ・バウワーズ。娘たちは木曜日、アトランタ郊外の学校から大急ぎで帰ってくると「アメリカン・ガールズ・ナイト」の準備にかかります。「六歳から一二歳までの子どもがいる、九つの家庭の集まりなんです。半数はホームスクーラーですよ」とリタは言います。「会場は地元の教会で、入会資格はアメリカの少女文学への興味だけ。すべての活動はそれに基づいて行われます」。

グループ学習のコンセプトはシンプルです。お子さんの、もっと学びたいというニーズや欲求を満たすために、同じ興味を持つ人と集う機会を作りましょう。どれ一つとして、同じグループはありえません。メンバーのニーズや個性がちがい、内容も、ただくつろいで時を過ごすものから従来の授業の形式をとるものまでさまざま。頻度も、毎日から月に一度までいろいろです。お金をかけたグループもあれば、できだけ多くの家族が参加できるように、低コストに抑えているものもあります（多くの会場はグループに対して、大幅な割引価格を用意しているものです）。学習共同体やグループの多くが

✽先輩からのアドバイス✽

楽しい野外学習のために

野外学習の手配をするときは、迎えてくれる人に、訪問に備え、あなたとお子さんと話し合える題材がないかを訊ねましょう。学校の団体を多く迎えるところでは、しばしば、事前にパンフレットをくれるものです。ガイドの説明と、自分が子どもに学ばせたいことについての情報を交換しましょう。何人くらいまで世話になれるかも訊ねましょう。それによっては、ほかの家族や学習グループも誘いたくなるかもしれません。

連れていくなかに小さな子どもがいる場合には、その子が、おなかもすいておらず、疲れてもいない、一番調子のよい時間に合わせて計画を立てましょう。子どもに交じって質問をぶつけ、メモをとるための筆記用具を持ち、そしてもちろん、カメラをお忘れなく！

帰路の車中では、その日の出来事を話題にしましょう。自分が一番面白いと思ったこと、それまで知らなかったけれど学んだこと、今回の訪問に触発されて次に学びたいことについて、自分の考えを話しましょう。これに促されて、お子さんはその日の旅行をじっくり思い返し、その結果、教育的な価値が高まることになるのです。

あなたを迎えてくれた、現地のスタッフにお礼の手紙をお忘れなく。お子さんを促して、自分が一番気に入ったこと、自分が学んだことについてのコメントを書き添えさせましょう。

リンダ・ドブソン〝Homeschooling:The Early Years: Your Complete Guide to Successfully Homeschooling the 3-to-8-Year-Old Cild〟(仮題：『三歳から八歳までの子どものホームスクーリング完全ガイド』)

年齢ではなく興味に基づいて組織されていることが多いのは興味深いことです。

学習共同体には、秘訣があります。共同体という名前からも分かるように、多くの家族が協力しあって、会の可能性を大きく広げるのです。たとえば、親の一人が月曜に創作のクラスを開き、火曜には別の親が歴史と数学の関係を模索する、という具合です。第一木曜日は見学旅行、金曜の晩は料理持ち寄りのパーティーと決めるのもよいでしょう。

グループによっては費用を出し合って先生を頼むこともあります。個人教授を頼むよりも、一家庭当たりの費用ははるかに安上がりですし、先生一人当たりの生徒数は、公立学校には望むべくもない少なさに保つことができ、子どものニーズの変化に応じて内容を調整することもたやすくできます。

もしもお子さんがある科目で苦労していても、学習グループや共同体では伸びるかもしれません。題材は同じでもちがう取りくみかたをしたり、既成の学校体制とはちがう学びかたをすることが、お子さんにぴったり合うかもしれないからです。反対に、その科目や分野で、学校で群を抜いているお子さんもいるでしょう。こういった子どもはグループで、すでに持っている知識を基盤に実力を伸ばすことができます。

親は、自分の子どもの好む学びかたに応じて、こうしたグループを作るべきです。じっと机に向かっているのが苦手で跳ね回ってしまうタイプもいれば、物静かな性格だったり、内向的で小さなグループを好むタイプも、右脳発達型の芸術家肌で左脳人間は揃って火星人なんだとみなすタイプもいるでしょう。

一度やってみたけれど、しっくりいかなかった、という方。もう一度やってみてください。日程、教材、会の進行、参加者の構成と人数、場所、時間帯。いろいろと試してみましょう。

伝統的な学校に通う子どもから仲間を見つけるのは、はじめ、難しく思われるかもしれませんが、実際はそうでもありません。ただ、根気強く、人間関係の幅と奥行きを広げていけばいいだけです。恥ずかしがっている場合ではありません。職場で、病院の待合室で、お店でレジの列に並んでいるときに、誰にでも話しかけましょう。もしかしたら、一緒に勉強したい人の心当たりがあるかもしれませんし、その方面の造詣《ぞうけい》が深く、喜んであなたのグループに話をしてくれたり、自分が見つけたすばらしい本やウェブサイトやテレビ番組や新聞記事を紹介してくれるかもしれません。学校の教職員に知ってもらうのもよいでしょう。

しゃれたチラシを作って、喫茶店、食道、健康食材店、銀行、コインランドリーの掲示板など、町内のいたるところに貼りだしましょう。ホームスクーラーを見つけたかったら、図書館やスケートリンクや公園やボーリング場などにも貼るのがお勧め。どうせなら、地元のゴルフ場のクラブハウスにも貼ってみては？　地元の新聞や、親を対象とするチラシや無料配布の広報誌に広告を出すのも手です。

家庭の「グループ」

自分たちの家族に大規模なグループ学習が向いていなくても、知的冒険を楽しむことは可能です。なかには、他人と行動を共にするのではなく、家族だけで活動したいという人もいます。人口の少ない地域に住んでいて、グループを作るのに時間がかかりそうな場合も、用事が多すぎて手いっぱいという場合もあるでしょう。家族の自由時間が、一般的なそれとずれている場合もあります。年齢のいかない子どもの場合は、グループでいると気が紛れて集中できないということもあるでしょう。家族単位で出かけたほうが、突発的な事態がもちあがったり、誰かの具合が悪くなったときに、臨機応変に対応できるということもあります。また、なかには、それだけでグループと呼べる大家族もいます！

小さな家族単位のグループには、それなりのメリットがあります。企業の経営者は大勢より数人のほうが気軽に会ってくれるかもしれませんし、物理的にスペースがかぎられているために、家族単位での面会しか不可能な場合もあります。全員に順番がまわってくるため、実際に装置や道具を手に取るチャンスがあるかもしれません。

わたしは一度、三人の子どもとわたしとで、最寄の空港見学を計画したことがあります。経験豊かなパイロットがガイドをしてくれ、空港を隅々までくまなく見せてくれ（九月十一日よりはるかに前の話です）、わたしたちの質問に答えてくれました。やがて出発点に戻り、これで見学は終了したと思ったとき、そのパイロットが「もう少しお時間はありますか？」と訊くのです。なんと、彼はわたしたちを飛行機に乗せてくれるというのです！　わたしたちを乗せた飛行機はわが家やなじみの場所の上を飛びました。子どもたちはもう、うっとりでした！　一番上の子は前部座席に座っていて、実際に運転もさせてもらいました。まさに身の毛もよだつ一分間でした！　末の子は真っ青になりましたが、奇跡的に、反吐《もど》さずにすみました。もしもあのとき、一ダースのよその子どもや数人の親と同行していたら、こんなすばらしい冒険は望めなかったでしょう。うちの子どもたちは今でも、あのときのことを笑顔で話します。

見習制度を利用する

昔、ベンジャミン・フランクリンという名の若者はお兄さんが経営する印刷屋で印刷業を学びました。ティーンエイジャーが実績のある職場で見習奉公をすることで実社会に巣立つ制度は何世紀にもわたる歴史を持っていますし、今日でもヨーロッパの一部の国には存在します。

お子さんがある技能にもっと通じたいと望む場合、その方面が芸術であれ、娯楽であれ、将来の職業に関係することであれ、この見習制度にやりがいを見出すかもしれません。熟練の職人や企業家のなかには、ただ次代に自分の技能を伝授することに喜びを感じる人もいますが、おたがいにメリットがあり、修行させてもらうお返しに子どもに何かができれば、ずっと公平というものでしょう。簿

近所のどこで、興味深い人々と出会えるか

・地元あるいは地域の芸術関係者が集う協議会→工芸家・芸術家・俳優・音楽家
・図書館や書店→文筆家・詩人・工芸家
・州の農業振興事業部→農業家・林業者・養樹業や水産業に従事する人
・商業会議所→事業、専門業、サービス業に従事する人
・公的機関や自治体の組織や国の機関→議員・判事・警察官・消防員・町制記録係

記の専門家のもとで見習修行をする代わりに、週に一度、ベビーシッターをするという方法もあります。近所に住む庭師から学ぶ代わりに、師である庭師の庭の芝刈りをするのもいいでしょう。いそがしい獣医師について、顧客の開拓から悲しみに沈んだ飼い主への対応まで、獣医師という仕事のあらゆる側面の実務経験をさせてもらう代わりに、週に二、三度、食事を作ることもできます。わたしの息子の一人が、石の細工の技術を学ばせてもらう第一歩は、小さな石屋さんの掃き掃除をすることでした。

この見習いと師弟関係のお膳立てには、親が関与し、あなたとお子さん側と、協力してくれる大人の側とが求めるものがきちんと合致しているかを確認することがぜひとも必要です。お子さんが食い物にされたり、まちがっても危険にさらされたりしないようにもしなければなりません。相手側に、親が後ろ盾になっていること、子どもにとって最善のことを願って、目を光らせていることを必ず伝えましょう。思い切って、自分たちが何を求めているのかをうちあけ、お願いしましょう。こちらの意図がなかなか通じない場合や、まずは付き合ってみないと答えが出せないという場合、申し訳ないが、と断られる場合もあることを念頭に置きましょう。あなたもお子さんも、断られたのは自分たちが悪いからだなどと考えるべきではありませんし、ためになる見習制度を探し求めるのをやめるべきでもありません。

のんびり構えましょう。ときには、最初はすばらしい取りあわせだと思えたのに、結局うまくいかなかったということもあります。一日に何時間、一週間に何日行うのか、そして両者がそのまま続けるか、それとも了解事項を微調整するかを決める期日（一カ月間なり、六週間なり）をきちんと決めましょう。最後に、おたがいの了解事項の概要を書面にしたものを用意して、親と子どもと相手側がサインをするようにしましょう。

師を見つける

手持ちの辞書の定義によると「師」とは「賢明で信頼できる指導者あるいは教師」だそうです。想像してみてください。子どもが偉大な師を得たときに、どんなすばらしい学習ができることか！　ホームスクーリングで学ぶ子どもは、対面で学んだり、コンピューターという通信を利用したりして、常に師について学んでいます。そして、あなたのお子さんにも、それは可能です。シンシア・レイノルズの三人の子どもたちは全員が、別の分野で、別のやりかたで、師を見つけました。「長女はお気に入りの作家に、心をこめてファンレターを書きました。それがきっかけで、娘が作家に書いたものを送り、彼女がアドバイスと建設的な批評を加えてくれるという関係が始まったのです」。シンシアはこう説明します。「息子はボーイスカウトの探検プログラムに参加していました。そのとき出会ったある献身的な消防士が、息子を弟子入りさせてくれました。末の娘は自然センターにとても熱心に通っていました。その熱意に感心した博物学者が、余分な時間を割いて、早くグループツアーの案内ができるよう、指導してくれています」。

見習制度が通常、取り決めによる事務的なものであるのに対し、師弟関係は時間をかけて、普通は見習制度がうまくいった結果として花開くものです。専門職に就いている人々はいそがしいものですが、同時に、ティーンエイジャーの将来性や熱意や責任感を見抜くことにも長《た》けているでしょうし、これはと見こんだ子どもの成長に喜んで手を貸してくれるかもしれません。こうやって最初の仕事を作り出したというホームスクーリングの子どもに逸話は枚挙にいとまがないほどです。大きな責任を背負って働くという機会は、多くのティーンエイジャーに、雇用主が尊ぶ知識や技能や人間関係を授けてきたのです。

✱ボランティア活動で、地域に恩返しをする✱

忘れてはなりません。学習中心のライフスタイルを送る家族であれば、地域から一方的に受け取るだけではないのです。こうした家族は、なんらかのお返しをすることが、子どもの教育に、同じように重要であることを知っています。必要であれば（年齢の低い子どもの場合はそうであることが多いのですが）、あるいはどんな年齢の子どもでも可能なかぎり、親も、子どもと一緒にボランティア活動をすることを考えてみましょう。こうすることで、子どもが経験していることをじかに知ることができますし、おたがいの思いやアイディアや印象や学びを共有できるかもしれません。

もしかしたら、あなたは地域にどんなボランティアの機会があるのか、一度も調べたことがないかもしれませんが、実に、無限の選択肢があるものです。図書館や博物館、自然センター、政治運動など、お子さんが否が応にも知識を身につける教育的な場所でのボランティアを好む家族もいます。利他的な観点から、貧しい人のための給食施設や動物の収容所、ナーシングホーム、回復期保養所、病院、老人や障害者への給食宅配サービス、ハビタット・フォー・ヒューマニティ〔訳注：世界各国で、様々な背景をもつ人々とパートナーとなり、住居の建築や修繕を行って、支援を必要とする人のいる地域社会の発展に努めるＮＧＯ」、読み書き能力向上協会などや、お年寄りや身体の弱い隣人のために家の用事をすませることを選ぶ家族もいるでしょう。

親は、子どもがはじめの一歩を踏み出す手伝いをすることができます。自分や友人の人脈を使ってどんな機会があるか、調べてみましょう。どれかを選んだときのメリットとデメリットを、子どもと話し合い、子どもの意見にじっくり耳を傾けましょう。すばらしい経験が生まれるためには、ボランティアをする組織の趣旨と、お子さんの興味が合致していることが必要です。

ボランティア活動はお子さんが地域に対してお返しをする一つの方法であると同時に、お子さんが学ぶ手段でもあります。この種の学習はしばしば、単なる物質的な学習にとどまらないものです。すべての経験には報いがあります。子どもに、職業や新しい大人との友情や可能な見習制度について教え、共感・思いやり・尊敬・自分がどこかに帰属しているという実感など、その経験がなければ味わえなかった感情を与えましょう。これらの感情はすべて、勉強において向上したいという、内因的な意欲をかきたてるのです。

✽家族で外に出かける✽

もっとも記憶に残る学習経験の多くは、気持ちのよい土曜の午後、行くあてもなく、家族でぶらりと出かける機会に生ずるものです。わたしはこういうお出かけを、スケジュールにやかましい本職の教育ツアープランナーを置き去りにして、心の赴くまま、気になる場所に寄り道をするものだととらえています。もちろん、選ぶのは家族が面白いと思うところ。だって……それが当然でしょう？

地域という心の糧のバイキングはまさしく、子どもにとっては尽きることのないごちそうです。少なくとも一月に一度は、近所の、まだ一度も見たことのない場所を訪ねるという、家族の決まりごとをつくってはどうでしょう。彼らを待つものを、ちょっと味見させてあげましょう。あとはすぐに、自分で、健康的でためになる学習経験を見つけていくにちがいありません。

お子さんの成績を向上させる地域活用法

・学習グループや共同体は学びたいと思うことならどんなことでもテーマにすることができるし、柔軟で、家族のライフスタイルに一番ぴったりの形をとることができる。

・昔ながらの見習制度は今も健在である。ティーンエイジャーに実生活や職業の現場をじかに経験することができる。

・信頼できる師は子どもにお金で買うことのできない指導や助言を授けてくれる。そして、大きな影響力を持つお手本となってくれる。

・ボランティア活動をすることで地域にお返しをすることは、その行為そのものを超越する学習経験になる。

・日頃から地域が提供する学習の機会を利用することは、楽しく、大きな報いをもたらし、家族の絆を強める。

第４部
親の大切な役割

「若者が若者を導くのは、あたかも盲《めしい》が盲を導くようなもので、ともに穴に落ちるのは目に見えている。案内役として信頼できるのは、唯一、おまえが行きたいと思う道を、何度も行ったことのある者だけだ。わたしに、その案内役を任せなさい。あらゆる道筋を通った経験者として、その結果、おまえにもっともよい道を指してやることができる者として」

チェスターフィールド伯爵
1700 年代
息子にあてた手紙より

第11章　先生？　それともファシリテーター？

マリア・フォン・トラップ〔訳注：オーストリア海軍の軍人だったゲオルク・フォン・トラップと結婚し、継子と実子を含めてトラップ・ファミリー合唱団を結成して有名になる。彼女の自叙伝を自由に脚色してつくられたのがミュージカル映画『サウンド・オブ・ミュージック』〕は遊びの価値を強く信じており、ベッドルームのカーテンをほどいて子どもたちの遊び布に与えました。

目が見えず耳も聞こえず言葉も話せなかった少女は師であるアン・サリバンの献身的な心配りによって、障害を三つとも克服しました。

架空の物語においては、乳母のメリー・ポピンズは薬をおいしい味に変えることさえできました。こうした話を聞くとき、わたしたちは愛と献身が持つ純粋な力に、胸を揺すぶられます。地球上のすべての子どもたちの人生が、こんなふうにすばらしく幸せで、恵まれたものにならないのかと、しばし、思いを巡らせるかもしれません。

そして、静かに、自分たちの完璧とはいえない日常生活を顧みます。マリア・フォン・トラップや、障害を持つ少女の教師だったアン・サリバン、それに、メリー・ポピンズはきっと、わたしたち一般人とはちがって、強く、頭が良く、辛抱強かったにちがいない、と思いながら。おそらく、彼らが働きかけた相手も、そもそも、特別な子どもだったのでしょう。あるいは、当時は今とは時代がちがったのかも。

でも、本当のところをいえば……これらの女性たちは人並み外れて強く、頭がよく、辛抱強かったわけではありません。子どもたちも、必ずしも、最初から特別だったわけではありません（人はある道を行くとき、別の道をたどったらどんな結果が待っていたのかを知ることはけっしてできないものです）。そして当時も、子どもは今と同じく、子どもでした。

思うに、ちがいはこれらの女性が子どもを尊重し、理解していたこと。そして、天性の才能のきらめきを見たとき、彼女たちが教師というよりもむしろ、ファシリテーター（進行役）として行動したことなのです。繰り返しになりますが、子どもの学力を伸ばす手伝いをするために親が教師になる必要はありません。わが子を尊重し理解すれば、ファシリテーターとして立派な花を咲かせることができるのです。

✱ファシリテーターとはなんぞや？✱

ただし、心配なことが一つあります。わたしの、一九七三年に出版された辞書には facilitator の定義が載っていません。これは、parent から parenting、homeschool から homeschooling と同じように、動詞から名詞に転化した近年の単語の一つなのです。動詞の facilitate の意味は「困難や障害から解放すること。物事を簡単にすること。援助すること。助力すること」とあります。つまりこれが、ファシリテーターのなすべきことというわけです。

参考までに申し上げると、同じ辞書で「teach」という動詞は「知識や技能を分け与えること。指示を与えること」とあります。

ホームスクーリングを行う無数の親は従来の「教え《teach》」を実践し、その多くはすばらしい学業での成果を上げています。一方、同じくらい多くの親が、子どもが昔ながらの学校教育に背を向けたのなら、自分たちも昔ながらの教師役に背を向けてもいいと考え、こちらもまた、すばらしい学業での成果を上げています。ただしこの場合も、子どもが自分から足し算を教えてとお母さんに頼んでいるのに、突き放すというわけではありません。

ホームスクーリングをする親は、ただ経験上、自分から教えを求めてくるときの子どもは本心から興味を持っているということ、そして、興味を持っている子どもは、退屈した興味のない子どもにくらべて、難なく技能を吸収するということを知っているだけです。自分から求めないかぎり教えないことによって、お母さんは子どもを、学習の障害——興味の欠如から解放しているのです。さらに、多くのお母さんは、言葉で解説するよりも、実体験を通じて学んだほうが、子どもが知識を吸収しやすいことに気づいてもいます。

✽子どもの教育に、自分の居場所を定める✽

もちろん、お子さんが学問における目標を達成するのをどう手伝うのが一番よいかを決めるのは親であるあなたです。お子さんのことを一番よく知っているのも、あなたご自身のことを一番よく知っているのも、あなたなのですから。お子さんが学校という環境でのびやかに振る舞い、親が伝統的な学校の教師のような役割を果たすことに、親も子も満足していて、うまくいっているのだとしたら、どうぞそのまま、全力で邁進してください。

わたしが懸念しているのは、学校の先生方は大学で何年も研鑽を積んだ専門家であり、指導法に精通しているのだからという理論にもとづいて、わが子の手助けをするのに二の足を踏んでしまう大多数の親たちのことです。

万が一、あなたがまだお気づきでない場合に備えて、もう一度、言わせてください。「学ぶのに、単一の正しいやりかたなど存在しない」。学ぶのに、単一の正しいやりかたが存在しない以上、指導の仕方にも、単一の正しいやりかたなど存在しないのです！

このことに気づくと、お子さんの教育のプロセスに広大な余地が生まれ、あなたはそこで居心地のよいポジションを定めることができます。わたし個人はファシリテーターとしてのアプローチを擁護していますが、それには四つの理由があります。第一に、誰にとっても、比較的簡単であること。第二に、この方法をとると、学ぶ面白さ、やりがい、ときめき、楽しさを維持しやすいこと。第三に、一生涯、学ぶすばらしさを味わえること。第四に、わたし自身が自分の家庭でこの方法を試した経験者であり、非公式とはいえ、何千にはとどかずとも何百もの家庭での成果を調べてきたこと。まさに、効果はばつぐんです。そこで、その理由と、やりかたを詳しく探ってみましょう。

✱教師とファシリテーターのちがい✱

先ほども申し上げたとおり、ファシリテートするという考えは助けられる側に注目するのに対し、「知識を授け指示を与える」、教えるという行為は、手を差し伸べる側にスポットライトを当てます。ファシリテーターの目標は、積極的な学習者本人が進みやすいように、道をあけることにあります。教師の目標は学習者に受け身の姿勢を保たせておくことで、積極的に行動するのは生徒のために、あるいは生徒に対して、知識を差し出し働きかける教師のほうです。このちがいは、驚嘆すべき重要性をはらんでいます。

生徒にとってこのことは、自分の教育に対して、より大きな責任を負い、ひいてはそれを自分の手に握ることを意味していきます。もちろん、一人の親に、学校のありかたを変えることはできませんが、家庭というかぎられた範囲で自主性の片鱗を味わうだけでも、お子さんは成熟、責任、自信という目標に向かって、大きく飛躍するはずです。こうした特質こそが、多くのカレッジや総合大学の入学事務局が積極的にホームスクーラーを入学させたがる理由であることを申し添えておきましょう。ブラウン大学の学校新聞である『ブラウン・アルムニ・マガジン』の二〇〇二年一・二月号の抜粋に注目してみましょう。一二年前に准学部長に就任したジョイス・リードはこう語ります。「こうした学生はブラウン［大学の］学生の理念そのものです。彼らはこれまでの学習によって、みずからの方向性を決め、リスクを引き受け、熱意に燃えて困難に立ち向かい、あとには引かないことを身につけているのです」。

サマンサ・ブイヤーの上の息子は一七歳で四つの総合大学に願書を提出し、そのすべてから入学を許可されました。「四通目の合格通知が届いたとき」とサマンサは当時を振り返ります。「息子はそれを、わたしの「必要なときはここにいるから」というファシリテーター方式が功を奏したと言ってくれました。ちがう方法をとっていたら、結果がどうなっていたかは分からないし、知りたくもないって」。

「教える」代わりに「ファシリテートする」のは、お子さんが学校で一日中やってきたことを家でまで繰り返さないことを意味します。あなたご自身、せっかく仕事を終えて家に帰ってきたのに、休む間もなく夕食をかきこみ、固体と液体と気体についての講義をしたり、もう一ページ分の代数の問題と格闘しなければならないなんて、想像できますか？　お子さんがわくわくしながら待っているとでも？　わたしには、そうは思えません。

子どもの教師になるなんてと、気をくじかれてしまう多くの親は、そうではなく、ファシリテー

✱先輩からのアドバイス✱

全米綴り字競技会のメダリスト一家の話

アリソン・ミラーは、二〇〇〇年のスクリプス・ハワード全米綴り字競技会〔訳注：一一歳から一五歳までの少年少女を対象とした、英単語の記憶の優劣を競うコンテスト。八〇年以上の伝統がある〕において、一位から三位までを占めたホームスクーラーの一人です。妹のキャサリンも、競技者の一人でした。母親のメアリー・オキーフの談によれば、一家の哲学は「知識はすばらしいもの。与えれば与えるほど、その過程で自分自身の理解を深められ、みずからの知識も増やすことができるのだから」だとのこと。メアリーのこの言葉は、ホームスクーリングの秘訣を分け与えてくれています。ここに、全米綴り字競技会に臨み、入賞を果たす「ホームスクーラーの秘密」があるのです。

「うちでは、わたしが娘に単語の綴りを訊く代わりに（どうせ、娘にとってなじみのない単語ばかりです）、娘がわたしに、単語の綴り問題を出すのを楽しみます。母親を立ち往生させる絶妙の単語を見つけるなかで、娘はパイデイア辞書〔訳注：綴り字競技会の予選用の、綴り字の公式辞書〕の多くの単語を視覚的にとらえます。パイデイア辞書は発音、定義、語源まで載っていて、とても重宝ですよ。このように一緒に綴り字の練習をするすばらしいところは、わたしのほうといえば、娘の相手をしながら、家事を同時進行できるところです。もしも、わたしが出題するほうだったら、辞書を持ったり、単語を探したりするのに両手と両目がかかりきりになってしまうでしょう。あの子が出題するおかげで、わたしは自由にほかの用事をすませることができます。この綴り字学習法は、伝統的な親が子どもを猛特訓するアプローチよりもずっといらざる衝突を招かないと思いますね。

「わたしは、子どもにとって、まちがえるのが学習の一部だと、また学ぶのはとても大切なことだと思っています。そして、子どもにとっては、親が学ぶ姿、つまり、たまには親がまちがえる姿を見るのも、よいものです。うちのやりかたは、単語を定義と一緒に、視覚的にとらえることがとても多いので、視覚的学習者にはうってつけです。わたしは答えに自信が持てないとき、娘に、単語をはっきりさせるために、文章を作ってみてくれと頼みます。娘にとっては、文章を作るのもすばらしい頭の体操になります。その単語の意味と使われかたを、精一杯考えなければなりませんからね。

「綴りの勉強で、もう一つ、娘のお気に入りは、その単語がパイディア辞書のどのカテゴリーに振り分けられているか、わたしに当てさせるゲームです。感謝祭の前の週、わたしとキャサリンとアリソンは、ワシントンD・Cのわたしの両親を訪ねていました。そこでキャサリンがパイデイア辞書から出題して、（アリソンとわたしの両親とわたしの）四人で綴り字競技会をやろうと言い出したんです。キャサリンは『キャメロン博士』の役どころを大喜びで演じて、難問を選んでくれました。この非公式な家庭内コンテストで誰が勝者の座に輝いたか、ですって？　そう、わたしたちがワシントンD・Cをあとにするころには、両親は脱落していて、アリソンとわたしはまだ決勝選の最中でした（アリソンにはハンディキャップが与えられています。アリソンにはパイデイアの五つの新しいカテゴリーからしか出題せず、両親とわたしには新旧合わせてすべてのカテゴリーから出題されるのです）。アリソンもわたしもいくつかまちがえましたが、同じ回だったので、今も和気藹々《あいあい》と競争を続けているというわけなのです！」

ターになると考えてはいかがでしょうか。教師になるより簡単で、報いは大きく、そのうえ、子どもに気持ちよく受け容れられる可能性がずっと高いのです。しかも「子どもを教えるなんて、無理」という考えを、「子どもの学習をファシリテートすることができる――絶対に、してみせる！」と変えることができるのです。

ここまでの内容がお気に召したあなた——どうぞ、先を読んでください。まだまだ、ここからが本番なのですから。

✽学習をファシリテートする特権✽

ファシリテートとは、マルチタスキング！

本書でご紹介した多くの勉強法を見ればお分かりだと思いますが、学習のファシリテートは、すんなり家庭生活と融合します。たとえば、テーブルの用意を利用して、子どもが掛算を覚える手伝いをしているとき（四人の席に、それぞれフォークとスプーンとナイフの三つの食器を置いていくとしたら、全部で食器はいくつになる？）、あなたは実生活にそくして掛算を使うだけではなく、マルチタスキング〔訳注：単一の中央演算処理装置（ＣＰＵ）によって複数の処理を実行すること〕をしているのです！

「レッスン」は短く、印象的で、すぐに終わります。そして翌日も同じように、二分間だけ、繰り返されます。こういうかたちで触れた概念を子どもたちがいかに素早く吸収するかには、目をみはるものがあります。もしも掛算を「教える」ほうを選ぶとしたら、お子さんとあなたは掛算に専念する時間を、もっと大きな単位で費やすことになるでしょう。

現代のせわしない生活においては、学習をファシリテートするほうが、とかく、理にかなっているのです。

家族の絆を強める

学習を通じて、大人と付きあうこと全般、とくに、師を持つことが子どもにもたらすメリットについては、すでにとりあげました。この「大人」や「師」という範疇に、親が入ってはいけないという道理はありません。別に、わが子の最高の親友にならなければならないとは申しません。ただ、信頼し、尊敬できるガイドになればよいのです。あなたの経験は貴重なものですし、あなたの関心の価値ははかりしれません。同時に、あなたもお子さんを信頼し、尊重しましょう。こうした相互のかかわりは歳月を経てもすたれない強い関係を築きます。

ファシリテーティングは考える技能を磨く

どうやって子どもに勉強を教えようかと思案するとき、学校時代の記憶から浮かぶのは、知識の持ち主である先生が一方的に情報を与え、生徒の疑問に答えるという図式です。しかし、子どもの学習のプロセスに手を貸そうと思うならば、立場を逆転させなければなりません。本人が望もうが望むまいが、こちらから質問をして、本質的に何を知りたがっているのかを探り、それを手に入れる障害を取り払い、自分の力で発見させるというやりかたで導いてやるのです。大切なのは、情報の内容ではなく、探し求め、発見するという行為そのものです（調べる対象はどんなものでも構わないというのはこのためです）。子どもはほんの数回こうした経験を積めば、すんなりと、どんなことにでも、この考える技能を転用できるようになります。そしてそれによって、さらに、能率を上げることができるのです。

ファシリテーティングは自由自在にカスタマイズできる

教師は、知識を分け与えるために、前もって予定を立てておかなくてはなりません。おそらくこのことは、親が自分を教師に見立てるのに身をすくめる大きな要因の一つでしょう。けれども、学習中心のライフスタイルの一貫として、あたりまえに、日々の生活が成り行き上提供する学習の機会に目を光らせている学習のファシリテーターにはそんな必要はありません。わが子のことを、そしてわが子の学習のスタイルを熟知している親としては、学習を形成しようとすることはなく、ただ学習の進展に手を添えるのです。たとえば、ですか？　お子さんが、テストに出ると分かっている南北戦争に関する年代を覚えるのに四苦八苦しているとしましょう。お子さんはラップにはまっている？　だったら、年代を盛りこんだラップソングを作るのを手伝いましょう。お子さんは視覚的学習者？　だったら、年表を作るのが効果的です。運動感覚的学習者？　一枚の紙に年代を書き出し、それをリビングルームの床に広げましょう。それから、お子さんに質問をして、正しい答えの箇所に文字通り、ジャンプさせるのです。

ファシリテーティングは人格的な成長に注目する

知識を分け与えることばかりに集中するとき、子どもの進歩をはかるものさしを、ほかの生徒との比較や、すでに決まっている「平均学力」以外に、持つのは難しいものです。そこでもう一度、視点を変えて、個人としての子どもとその知的な成長を応援することに注目しましょう。子どものファシリテーターとして行動すれば、もはや、他人との比較にはなんの意味もないはずです。あなたの目標はもはや、自分の与える情報が容器（脳）をどれだけ満たしているかを目にすることではなく、子どもに自分なりの成長の道筋を歩みつづけさせることだからです。また、他人との比較は否定的なレッテルを助長します。どんなに幼い子どもでも、教育上のレッテルやグループ分けなどの本当の意味を、すばやく感知するものです。小学校一年生の読解の授業で「優秀者《ブルーバード》」のグループに入っているのが誰かをさっと見渡せば、もう、誰が「できる」子どもなのか分かる、という具合に。あなたは、教師ではなくファシリテーターとして、お子さんに、こうした日々の比較からの休息を与えることができます。今やはじめて「常にベストを尽くしなさい」というあなたの言葉は真の意味を持つわけです。さらに、否定的なレッテルに付随するプレッシャーを軽減することにもなります（肯定的なレッテルも同じように問題の原因となります。とくに、子どもが優越感を感じたり、なんらかのかたちで特別な、あるいはほかの子とはちがう待遇を受ける資格があると思い始めた場合です）。

ファシリテーティングは自律を促す

子どもが学習するプロセスを応援する。それは、そのままの意味であり、子どものために行為を肩代わりするのは筋ちがいです。真の教育は経験を通じて達成されるのであり、あなたの生徒は、それを理解するのが早いほど、学問をより深く追求するうえでも、大人としても、必要な知恵をより身につけることになるのです。階層的な教師と生徒の関係は、生徒が情報や答えを得るのに教師に依存することを助長しますが、そうした枠組みの外にいる生徒は、その見つけかたを、自分の力で身につけます。

ファシリテーターであるあなたは、答えを提供することも、情報を分配することもしません。あなたがするのは、必要とする情報を、誰かが授けてくれるのを待つのではなく、みずから追跡するすべを知っている、自律した、行くべき道を決められる生徒を生み出す手伝いをすることです。ファシリテーターはただ、質問をすることによって、自律した生徒の答える能力を引き出すのです。

✱ファシリテーターの技能に磨きをかける✱

この先の二章では、学習のファシリテーティングの別の側面について、さらにとりあげますが、ここではとりあえず、学習中心のライフスタイルを送る経験豊かな親たちが、彼らが学んだなかでもっとも重要な教訓の部類だと声を揃える、いくつかの原則を覗いてみることにしましょう。先輩たちの発見を足がかりにして、どうぞ、あなたのご家族も幸先のよいスタートを切ってください！

意識する

本書では、第2章で、できるかぎり多くの時間をかけて、自分の子どもを観察しましょうと提案しました。観察の必要性は、学習ファシリテーターとしての役割との絡みで、もう一度申し上げておくだけの価値があるでしょう。あなたには、ファシリテーターとして必要な資格――お子さんへの愛情と、分かち合うべき人生の経験――のすべてが備わっています。お子さんはあなたに必要なすべての手がかりを提供してくれています。目を凝らし、耳を澄ます者にはあきらかなかたちで。よく見、よく聴くことで、あなたはお子さんのたくさんの顔に気づいていくでしょう。この知識は、あなたがこれ以上ないような腕ききの補佐官になるためには、なくてはならないものなのです。

次にご紹介する例では三歳児が登場しますが、考えかた自体は子どもの年齢にかかわりなく通用するものです。わが家から子どもたちがすべて巣立っていって以来、孫娘はひっきりなしに、おばあちゃんは一人ぼっちなのか、と訊いてくるようになりました。電話で話すとき「今は一人なの？」、遊びに来ても「わたしが帰っちゃったら一人ぼっちなの？」、「一番下のおじちゃんは戻ってくる？」という具合です。その都度、おばあちゃんは一人でも平気なのよと答えてきましたが、繰り返し訊ねてくるところを見ると、自分が彼女の好奇心の源泉にたどりついていないのは分かっていました。あるとき、一緒に旅行をする支度をしていて、ちょっと車に積みこみたいものがあったとき、わたしと娘はちょっとのあいだ、孫をアパートに一人で残して行ったのです（ドアは開けておきましたし、車はそのドアの目の前に停めていました）。孫はわたしたちに行かないでと頼み、泣き出しました。わたしはそれまで、孫が一人になることをそれほど怖れているとはまったく知りませんでした。この一幕を目撃したわたしは、孫が次に一人なのかと訊いてきたとき、膝をつき、まっすぐ目を見つめて、わたしが一人でいるのを怖れていないこと、一人になっても泣きもしないし、とりみだしもしないのだということを伝えました。それからというもの、孫はその質問をしなくなったのです。孫娘の動向、気持ち、言葉を意識していたことによって、一見ばらばらの手がかりを結びつけ、孫娘が学ばなければならないことを察知できたのでした。

すべての学習は相互に依存している

学校的に考えると、まず数学の授業をやって、次に歴史を少々、それから科学を少々というかたちになります。けれども、学習中心のライフスタイルに即してファシリテーティングを行う観点に立てば、社会的な勉強には読解力が欠かせないことも、科学の勉強が多少なりとも数学を盛りこまなくては成り立たないことも、地理に着眼せずに歴史を学ぶなど無意味なことも、すぐに分かるでしょう。

「相互関係を考慮せずに科目を細分化しようとすれば、学習をつまらなく、しかもいたずらに複雑にしてしまいかねません」、と言うのはリリアン・ジョーンズ。「数学は、人間を取り巻くすべてに含まれる要素です。読解の勉強は、面白い教材を使えばやりがいも教育性もより高まります。科学は無味乾燥な学科などではなく、周囲で、絶え間なく起きている現象を語る言葉です。もしなにもかも『学科』に分けてしまえば、どんなことでも退屈で興味を惹かないものになり、心の自然な好奇心や知識の、より深い追求を鈍らせてしまいます」。

お子さんと過ごす時間を利用して、「学科」は垣根を越えて結び合うことを教えたり、そのことを思い出させたりしましょう。「たとえば、数学と歴史ですが、わたしたちは子ども向けの、数学の歴史についての良書を見つけました。当然のことながら、数学の歴史は文明の歴史と連動しています。息子とわたしは『数えること』が発展し、より精巧で複雑な計算処理法に進化した経緯や、人間がはじめて山や建築物の大きさを計算する方法を学んだかということに魅せられました。十進法を発明したのは、幾何学を発見したのは、誰だったのか。こうした物事を子どもと一緒に見つけ出していくのは、大きな楽しみでした。簡単な材料で、古代の数学のテクニックを再現することもできるんですよ。

✽先輩からのアドバイス✽

絶対に避けるべき、ためにならない教育テクニック

子どものグループに講義をしている先生の姿は何度も見たことがあります。子どもたちは傍目にも分かるほど熱心で真剣な様子で、なかには先生が話している内容――たぶん、博物館の展示品でしょうか――を脳裏に描いているのか、うっとりしている子もいます。先生にしてみれば、願ってもない反応。ところがそのとき、先生は突然、生徒を「巻きこむ」ころあいだと感じます。そこで、先生は話を打ち切り、こんな質問をするのです。「ところで、この画家はどこに住んでいたのでしょう？」

子どもたちの顔を見れば、想像の旅に出ていたところに、いきなり水を差されたことがよく分かります。子どもたちは黙っています。少し、虚を突かれています。答えは知っていますが、ただ、旅路に戻りたいのです。先生はじりじりと待っています。自分が退くつもりはありません。ようやく、誰かがこの状況に折り合いをつけようと、だしぬけに答えを口にします。「そうです！ ベルギーでしたね！」先生は言い、願わくは話を続けてくれるかと思いきや、さらにもう一つ、質問をします。「では、どうしてそれを知っておくべきなのでしょう？」この方法は情報の流れをせき止め、せっかく軌道に乗っている思考のプロセスを文字通り断ち切ってしまいます。おかげで生徒は、想像力に拍車をかけて、もとの場所まで戻らなければなりません。わたしたちは誰しも、この手の教育テクニックに悩まされてきたはずです。それなのに、この手法は世代から世代へと受け継がれています。このたぐいは、家庭に持ちこまないのが、一番です。

リリアン・ジョーンズ（セバストポル カリフォルニア州）

これは、数学が教科書から学ぶ不変の方法などではなく、生きた思考法だということを再認する役にも立ちます」。

ただ口で言うのではなく、実際に見せる

「百聞は一見にしかず」。最初にこう言った人が誰にせよ、その人はすばらしい叡智の持ち主です。学習のファシリテーターとして、あなたは、ただ一番熱心なチアリーダーであるだけではなく、学ぶことを楽しむ、生きたお手本になりたいとお思いになるはずです。「子どもはみんな、言葉を聞きあきているんですよ」。十年間前から、ホームスクーリングをしているキャロル・ナリゴンはこう言います。「なにしろひっきりなしに言葉の洪水にさらされているのですから。先生の、テレビの、ラジオの、友達の、親の（おかげさまで、うちの子どもたちは、他人さまがわざわざお金を払ってまでわたしの話を聞きたがる気がしれないそうです）」。

たとえば、分数についてくだくだしく説明する代わりに、計量カップを取り出しましょう。「水でも、お米でも、砂でもいいから、ほんの数分遊んでみれば、たちまち、四分の一を二倍すると二分の一になるということが分かります」とキャロルは説明します。「同じことをドリルで覚えようとすればずっと時間がかかりますし、覚えたとしても、しょせん、分数の大切さまでは実感できません。知識をしっかり身につけたければ、クッキーでも焼いて、人数で等分に分けっこしてみることをお勧めしますね」。

口で言うのではなく、実際にやってみせる方法はまだあります。「自分が昔習いたかったものを

子どもに習わせようとするのは禁物です」とキャロルは警告します。「楽器を使わせたいと思うなら、自分が習って弾けるようになるか、昔使っていたバイオリンを取り出してみましょう。一緒にピアノのレッスンを受けるのもいいものです。そう、おそらく、お子さんの上達のほうが早いでしょうが、そのときは、お子さんに手を貸してもらえばいいのです。ステージママになるのはよしましょう。自分が演劇の授業を受けたり、オーディションを受けるのもよし。子どもにTボール［訳注：大型のゴルフのティーのような棒上に載せたボールを打って飛ばし、野球のように遊ぶ子どものゲーム］を強制するのではなく、自分がソフトボールチームに入るのもよし。子どもを通じて生きるのではなく、身をもって、バランスのとれた、満ち足りた生きかたを子どもに示すのです」。

また、お子さんに自分がやりたくないことを言いつけるのも賢明ではありません。「おばあちゃんにどうして手紙を書かないのと訊ねる前に、自分が手紙を書き、短い手紙や絵を封筒に入れてあげようかと声をかけるのです」とキャロルは言います。「それを、定期的に繰り返してごらんなさい。いつかきっと、お子さんが離れて暮らすようになったときに、同じことをしてくれますよ」。

✱結局は、親の関与✱

「ホームスクーリングに学ぶ一番大切なことは、子どもの学業における成功にとって、親の関与が不可欠だということです」。これは、前教育省長官ウィリアム・ベネットが、二〇〇二年のベターホームズ・アンド・ガーデンズに掲載されたベッキー・モルンカンプの『ホームスクーラーの家族に学ぶ』という記事に寄せて語った言葉です。「ホームスクーラーは一日のほとんどの時間を、子どもの教育者として過ごすことができます」。ベネットはこう続けます。「しかし、どんな親だって、少なくとも一日に数分は、そうすることができるでしょう」。

もちろん、この先も分からないことは出てくるでしょう。けれども、常に能力を高め、情報を発見していく学習のパートナーとして、あなたとお子さんは一緒にその答えを探していくことができるのです。こうして本書を読んでいるあなたが、ベネットの言う「教育者として過ごす」つもりがあるのは明らかです。問題は、どんな、教育者になるかということ。最初はしっくりこないかもしれませんが、ぜひ、ファシリテーター役に挑戦してください。ええ、もちろん。きっと、その役どころが、お似合いになりますとも！

先生とファシリテーターのちがい

先生	ファシリテーター
序列上の上位者	パートナー
情報を分け与える	学び手が情報を見つけるのを手伝う
質問に答える	質問をする
学習計画を立てる	学習計画をカスタマイズする
他の生徒との関連と「平均学力」によって進度を計る	個人の成長によって進度を計る
依存を助長する	自律を助長する

第12章　口に出して考える

子どもがベッドの整えかたを覚えたいと言ったら、わたしたちはベッドを整えて見せてやります。子どもがボールの投げかたを覚えたいと言ったら、わたしたちはボールを投げて見せてやります。子どもが考えかたを覚えたいと言ったら……わたしたちはどうするべきなのでしょうか。もちろん、やりかたを見せてやるのです！　子どもの学業での成果を上げるために、考えかたほど身につけることが大切な技能はそう多くはありません。これはお子さんが将来も、繰り返し使うであろう、家庭でファシリテーターとともに学んだことを学校で触れるすべての物事に応用するかけはしとなる技能です。

「客観的な事実として」と言うのはアーノルド・シーベル博士。「親たちに、自分たちが子どもと触れあい、コミュニケーションをとる程度に応じて、幼い子どもの脳の発達に与していることを伝えるのは大切なことだと思います」。シーベル博士は出生後の脳の運動‐言語領野の発達に関する共同研究を行っており、その内容はジェーン・ハーリーの ***"Endangered Minds"*** （邦題：『滅びゆく思考力』）で報告されています。「言葉による触れあいは、実際に、子どもの脳細胞を構築していきます。つまりそれは、子どもの未来を創造する手助けでもあるのです」。

わたしは、これは「脳の鍛練」だと、重大な思考や推論や分析や、それに、そう、夢想にすら必要な筋肉を鍛えているのだと思います。そして「口に出して考える」のは、お子さんが精神というフィールドでアーノルド・シュワルツネッガー（たとえで年齢を露呈しているでしょうか？）になるよう、促し導く、なにより簡単で、なにより効果的で、日々のライフスタイルにとり入れやすい方法なのです。

✱偶然の発見✱

わたしはいつもせわしなく考え事をしているタイプの人間です。そのため、覚えているかぎり昔から、自分にも、犬にも、テレビ画面にも、ラジオにも、母なる自然にも（わたしは愛情をこめて「ママ」と呼んでいます）、小さい赤ちゃんにも、コンピューターにも、動いていない電気器具にも、相手が聞いていようがいまいがお構いなしに話しかけてきました。そんなわたしが三人の子どもたちとホームスクーリングを始めたとき、本や教育的なビデオや科学実験の理解不能な説明書について声に出して考え始めたのは、当然のなりゆきでした。

　ところが、声に出していると、ありがたいことに、子どもたちから返事が返ってきました。「どうしてそんなことを言っているの?」。かくして、話に夢中になったり、話しているうちに生まれた疑問を解明しようとしたりするうちに、気がつくと一、二時間が経っていたものでした。

　わたしは一日中声に出して考えていました。いわゆる学校の学科に関係していようがいまいが、お構いなしに。「このホウレンソウ、一パックで四人前と書いてあるけど。一パックで足りるかしら。それとも、二パック開けるべき?」「本当はもう、郵便局は閉まっているのに。フランシスが手紙を受け取らせてくれて、本当に助かったわね」「次はなにをするべきかしら。ジオラマを作る? それとも、犬をお風呂に入れる? そうね、ジオラマのほうが楽しいけれど、犬のお風呂をあと回しにすると、寒くなる前に外で体を乾かす時間がなくなってしまうかもしれないわ」。こういったおしゃべりが子どもたちに考えさせ、頭の回転を促しているさまは、ほとんど目に見えるようでした。四人前の分量を家族で分けたら、どうなるだろう（どうせホウレンソウは食べたくないから、やっぱり、一パックで十分だ）と考え、わが町の郵便局長さんの思いやりに感謝し、犬のシャンプーをあと回しにしたらどうなるかをじっくり想像するのです。わたしは独り言を言ってきてよかったと、つくづく思います。

✱やっぱり、仲間が!✱

アン・ラーソン・フィッシャーの“*Fundamentals of Homeschooling: Notes on Successful Family Life*”

［仮題：『ホームスクーリングの基本：うまくいく家庭生活のための備忘録』］を、まえがきを書くために読んだとき、そこにある用語を発見して、わたしはとてもほっとしました。そこに印刷されていた文字は、わたしがかねてしてきたことに名前を与えていました。口に出して考える――心の動きを表に出す、と。学習中心のライフスタイルを送りながら、成長していく心に刺激を与えるこのおもしろい方法を見出した母親は、わたし一人ではなかったのです。もちろん、わたしのほうが偶然の産物だったのとはちがい、アンは自分のしていることをしっかりわきまえていたのでしょうけれども。彼女の文章をご紹介させてください。

身体的な技能を教えるのに、効果的な実演を見せるのは大切ですが、それとは別に、精神の活発な動きと推理力を実際に見せることも大切です。大人が着実な段階を踏んで物事を解決するプロセスを伝えないかぎり、子どもは知るすべがないではありませんか？「口に出して考え」て見せることは、子どもが自分自身の頭のなかの働きを理解する助けになるのです。

さあ、これで、それをどう呼んだらよいか分かりました。あとは実践あるのみです。

✱声に出して考える✱

お子さんが学校で過ごす時間がどれほど長かろうと、親がどれほど長い時間を仕事に費やそうと、この「声に出して考える」ことのすばらしさは、どんな親でも、子ども（たち）と普通の生活を送りながら実行できるという点です。もしもっと時間が欲しければ、学校の先生に、家庭で過ごす時間は、あふれんばかりの宿題の代わりに「精神のデモンストレーション」にあてたいと話してみてはいかがでしょうか。先生に、それがどういうことなのか、説明しましょう。（ただ「独り言をいうんです」というよりも、ずっと説明しやすいとは思いませんか?）。これもまた、興味深く、楽しく、時間もかからず、複雑な教育的処方箋を一切必要としない学習法です。

オハイオ州デイトンに住むホームスクーラー、キャロル・ナリゴンはこう言います。「子どもが声の届く範囲にいるときに、散歩をしつつ、声に出しながら物思いにふけるのはなにより効果てきめんでした」。『ホームエデュケーション・マガジン』のコラムニスト兼編集者でもあるキャロルは「始めるのは簡単です」と言います。「どうしてこの木は枝に長いとげが生えているのかしら？　この鳴き声の主はどんな鳥なのかしら。この辺に巣があるのかな。この足跡はどんな動物のものかしら。どんな足をしているのかしらねえ、という具合です」。

一〇年間、学習中心のライフスタイルを送ってきたキャロルは、これが観察し、子どもの生来の好奇心を伸ばすうってつけの方法であることを知っています。「あなたが、地面や木の上にいる何かをつぶさに見つめながら独り言を言っているのを聞いたら、きっとお子さんは、あなたが何をしているのか見にくるでしょう。あなたが驚きと感動を分かち合えば、お子さんは質問をすることが興味深い知識へとつながることを学ぶでしょう」。

けれども、キャロルはこれが子どものためだけであってはいけないと警告します。「自分自身が、自分の周囲のすべてを発見することを生まれながらに求めているから、そうするんです。あなたの大人のからだのなかには、好奇心豊かな子どもが生きていて、あなたが声を与えてくれるのを待っているのですから。自分の世界を理解したい、知りたいという抑えようのない渇きに突き動かされて質問を浴びせる、その子どもに倣いましょう」。効果はばつぐんです。キャロルはピアノを弾き、リコーダーを吹き、ドラムをたたき、歌を歌い、文章を書き、飽くことなく本を読み、デック・ザ・ウォールズ［訳注：北アメリカの絵画とオーダーメイドの額縁のフランチャイズ］を夫と共同経営し、ガーデニングに精を出し、ドライハーブを作り、縫い物や鈎針編みや棒編みを楽しんでいます。ソーシャルワークの学位をもち、ガールスカウトのリーダーであり、ポリマー粘土の名手でどんなものでも作り出すことができます。

年齢のいかない子どもが相手だと、この内心の実演は、ときに、まるっきりばかばかしい展開を見せます。それがまた、最高の効果を生むのです。たとえば、三歳から六歳の子どもたちは、現実離れしたことを言われると、それだけで、どうしてそうなるのだろうと考えこまずにはいられなくなります。この種のおしゃべりができる環境では、肩の力を抜き、あたりまえに学習のファシリテートができます。

わたしの孫のエミリーには双子の妹がいます。あるとき、夕食時に、母親とエミリーと双子の赤ちゃんは、みんなでわたしの家に集まっていました。いつもと同じように、エミリーはテーブルの支度を志願しました。支度がすむと、わたしはエミリーにお皿は何枚出したの、と訊ねました。エミリーはテーブルに戻り、数えました。「三つよ」。

「三枚？　それは誰のお皿かしら」わたしは訊きました。

「おばあちゃんとママとわたし」

「そう。それで三枚ね。でも、赤ちゃんたちはどうするの？　赤ちゃんたちだって、夕ごはんを食べなくちゃ！」エミリーの動きがぴたりと止まりました。わたしの言葉をどう受け取ればいいのか分からず、困惑した表情を浮かべています。

「赤ちゃんはミルクだもん」孫はこう言いました。

「そうね。ミルクはちゃんとコップで出すわ」わたしは請け合いました。「だけど、スパゲッティだって、食べないと！」

エミリーは応援を求めて母親を見つめました。「だけど、赤ちゃんは、スパゲッティは食べられない――でしょ？」

「そうね」母親は答えました。「そのとおりよ。赤ちゃんはまだ、ミルクしか飲めないわ」

「スパゲッティは食べられないの」。孫娘は重々しく宣言しました。

「まあ！」わたしは声を上げました。「あなたがテーブルにお皿を三枚しか出さなかったのは、そういうわけだったの？」

エミリーはうなずきました。

「そう。よく考えたわね」わたしは言いました。「もしあなたがあと二枚余分に出していたら、お皿が足りなくなるところだったわ！」。つまり、孫娘が「余分（too many）」と足りない（too few）のちがいを理解しているかを見る機会を作ったわけです。もし、まだ理解していなかったら、スパゲッティが茹で上がるまで、それについて話をする格好のチャンスが生まれるでしょう。

もっと年上の子どもが相手でも、ときに、耳を傾けているかを確かめるのは悪い考えではありません。やはり、ばかげた話を持ちかけてもいいでしょう。「さあ、ニンジンを皿洗い機にセットしましょう」と言っても、誰も、目をぱちくりもさせない場合は、節をつけて繰り返したり、シェイクスピア俳優ばりの声を出してみたり、どんな手も通用しなかったら、注意を引くまで声を張り上げましょう。

アン・ラーソン・フィッシャーはこのテーマの説明で、彼女のお父さんがほとんど無言で靴紐を結ぶ実演をしてくれたことを紹介しています。お父さんはゆっくりと、アンの小さな、まだ器用に動かない手がついてくるのを待ちながら、結んでみせてくれました。ほんの少しの辛抱強さは役に立ちますし、そうするだけの価値があります。そのことは、彼女の本の別の例にも見ることができます。

「ポケットの小銭で、アイスクリームが買えるかな？　見てみようか。アイスクリームは一つ、七五セントよ。あなたは、クォーターと一セント硬貨を一つずつ持っているのね。お母さんのはこれだけ。あといくつクォーターがあればいいのかな。ほら、ここに一つある。でも、まだ、一つ足りないね。クォーター硬貨は一つで、一セント硬貨二五枚分の価値があるのよ。このダイムとセントの硬貨を集めて、二五セント分になるかどうか、やってみよう」。こうして、小銭を数え、買い物をするというプロセスにさしたる謎は秘められていないことを、お子さんに分からせることができます。のちに、お子さんがこれらの概念を把握し始めたら、あなたは一摑みの小銭を差し出すだけで、あとの仕事はお子さんが引き受けてくれるでしょう。

どんな考えごとでも、口に出しましょう。お子さんに、意見を口に出すよう、促しましょう。口に出して考えることで、あなたは同時に、お子さんを意思決定のプロセスに巻きこみ、実際の決定を自分のものにする権利を与えているのです。「大人の話」に参加させてもらって、子どもの顔がぱっと輝く様子を見たことはありませんか？（このことは、もっと年上の子どもにも通じます）。参加させることは、きわめて効果的な、意欲の促進剤なのです。

✱注意点✱

口に出して考えるリスクは、ご自分で負ってくださいね。思考する技能を研ぎ澄まし、口に出す前に考えるようにお気をつけて。一二歳の子どもに裏をかかれたり、やりこめられたり、言い負かされたりして、こんなぼやきを聞かれる親は多いのですから。つまり、「そりゃあ、自発的に考える子どもになって欲しいとは思ったけれど。ちょっと、早すぎだよ」と。

第13章　家庭学習の手伝い

教育者のなかには、今なお、家庭学習、つまり、宿題をほめそやす向きもありますが、近年の多くの親は、この伝統的な慣習に轟々《ごうごう》たる非難を浴びせてきました。ただでさえ、絆を強めたり、価値観を分かち合ったり、ただ一緒にいることを楽しむのに必要な時間を求めて四苦八苦しているのに、そこに襲来する宿題の山に、憤然としているわけです。

二〇〇二年の二月、『ワシントンポスト』の特別欄の「今夜の役目は家庭学習の『家庭』に重きを置くこと」という記事で、心理学者のウェンディ・A・ゼヴィンは、親は子どもの全人格に対する責任があると指摘し、こう問いかけています。「わたしたちは、家庭内の出来事に対して、もっと自己主張をすべきではないだろうか。親は通常、宿題を丁重にお断りすることも、柔軟に状況に合わせることも、歓迎されないのである」。

ゼヴィンの考えは、学習中心のライフスタイルを送る親と非常に似通っています。「わたしたちは、家族が一緒に食事をとることを認めてくれる教科課程を必要としています。集団をまとめる技能、健康と栄養、お金の計算、レシピの計算（小さいけれど決定的な要素）、料理の化学、読書、責任感、チームワークを教えてくれ、同時に、実際に家族に優しい教科課程を……九月一一日後の不安に満ちた環境にある昨今、ストレスの源は多く多岐に渡っていて、一触即発の危機をはらんでいます。親は、遊びの重要性と学校以外のものに興味を持つ価値を忘れないようにしなければなりません。そして、常に宿題を優先するのはまちがっているということを」。

今では、親たちは続々とゼヴィンの言葉に含まれた真実に納得して、宿題のジレンマについて話し合っています。学校の方針を一律に変えさせようとすれば、おそらく、負け戦に終わるでしょう。けれどあなたにも、少しずつやっていけることはあります。とにかく、常識の枠外で考えましょう――もちろん、声に出して。

✽子どもの先生を味方に引き入れる✽

人はだいたいにおいて、自分の「領分」や専門分野を侵害されるといい気持ちはしないものです。

けれど、子どもの学習の様子を観察したことのある教師なら誰しも、誰が何を学ぶのであれ、学習を手助けする方法として、一対一の個人指導が疑問の余地なくもっとも効果的であることを知っているでしょう。お子さんの先生を家族の教育チームに引き入れる準備をする際には、このことを大義名分の核に据えましょう。

あなたには、先生のその年度の学習目標が分かっているはずです。それに沿い、さらに充実させるような課外活動プランを立てておきましょう。先生との共同戦線を張るのです！　綿密な計画ほど、懐疑的な相手の心を溶かし、あなたが準備に心血を注ぎ、善意から提案しているのだということを伝えるものはありません。とどのつまり、ほかならぬあなたのお子さんのことなのですから。

覚えておかなければならないのは、人によって、あなたの努力に対する反応もことなるということです。あなたがそれ相応の努力をしたにもかかわらず、達成しようとしているものへの理解が得られなかったとしても、壁に頭を打ちつけるにはおよびません。先生の協力がなくても、もちろん、自分が努力を続けることはできるのですから。

数が頼みになることもあります。同じ考えの親たちが集まって、あなたの主張を擁護すれば、学校当局は要望を認めないわけにはいかなくなるでしょう。実のところ、あなたと友人が子どもの先生を説得する第二の大義名分として切り出すのは、要望かまびすしい、親の積極的な関与なのですから。ただし、一点、警告しておきます。この大義名分は、諸刃の剣です。お察しのとおり、ホームスクーリングでは他に類を見ないほど、親が子どもの教育に深くかかわりますが、ホームスクーラーはこの努力に対して、絶え間ない批判の砲火にさらされています。常識と、あなたご自身の人格の見極めによって、この点をどの程度強調するかを決めましょう。

✱コンピューターの力を借りる✱

一部には、今もって、親世代の学校時代の記憶にあるのとほとんど同じやりかたで基礎課目を教えられている子どもたちもいますが、多くの子どもは同じ技能や情報を学ぶのに、コンピューターの楽しいゲームなどを活用しています。

このような用途のソフトウェアはエデュテインメントと呼ばれています。どれもこれもが優れものというわけではありませんが、良質の作品は色彩も豊かで、スリリングな内容が盛りこまれ、インタラクティブで、とにかく、楽しめます。

お子さんが必要としたり、知りたいと思うことで、インターネットのグーグルの検索（www.google.com）で見つからないものは何一つありません。そう、たしかにサイバースペースには無用の長物もたくさんありますし、お子さんが一人でネットサーフィンをするのであろうとなかろうと、フィルタリングソフトを使うことをお勧めします。けれども、ネット上に、ほんの一〇年前までは想像もつかなかったような、世界中の情報が集まっていることはたしかです。インターネットの力を借りて、お子さんの手助けをしましょう。お子さんはきっと、世の中には知るべきことがどれほどたくさんあるかを発見し、学習の視野をさらに広げ、それを糧として、自分の教育を自分の手で切り開いていくことでしょう。

✱場所を設ける✱

このアドバイスはすでに「家庭学習を手助けする知恵」を提供するすべての人から聞いているでしょうが、これほど分かりきったことを除外するのは本意ではありません。お子さんに、居心地のよい、

✱先輩からのアドバイス✱

家庭学習のランプの精になるために

六時間から八時間の学課、そのうえ二、三時間の課外活動を終えて帰宅した子どもが、日課の勉強をこなし、実力をたくわえるために、親が与えてやれるもっとも大切な贈り物は、時間と空間とサポートです。

・時間：お子さんが、ただでさえ忙しい一日のスケジュールをこなしたあとで、優先順位をつけてやるべきことに取り組んでいけるよう、まずはリラックスする時間を与えましょう。多くの子どもは、力を奮い起こし、宿題に取り組むまえに「休憩時間」を必要としています。子どもの一日に予約を詰めこみすぎないことでこの時間を守るのは、親の責任です。

・空間：居心地がよく、創造性を刺激する教材と、家庭での研究課題に役立つ基本的な参考書のそろった空間を作り出しましょう（さまざまな種類の紙、鉛筆、のり、ハサミ、マーカー、消しゴム、定規、辞書、シソーラス辞典［訳注：意味や概念を手がかりに語を検索できる類義語・反義語・関連語辞典］、文法書、

百科事典、地図帳など」。

・サポート：一番大切なことは、常時、待機していること、です！　いつも背後から様子をうかがっている必要はありませんが、お子さんがランプをこすっているのに姿を現さないのでは困ります！　物理的にそばにいられなくても、お子さんが電話であなたに連絡する方法は、しっかり知らせておきましょう。定期的に、確認すること。あなたのいつも変わらない関心こそが、肝心なのです！　宿題や家庭学習の「主役」がお子さんであるべきなのはもちろんですが、だからといって、放ったらかしで、自分一人で悪戦苦闘させておかなくてはならないというほうはありません。そばにいて、先生の指示をわかりやすく噛みくだいたり、調べもので何に当たったらよいか助言したり、概念を話しあったり、励ましたりしましょう。すべての答えを知っていなければならないということはありませんが、「答えを探しに行きましょう」とか、「誰に訊いたらいいかしら」などと言える体勢になければなりません。よくわからない箇所について先生に一本電話をかけたり、調べものをするために図書館に足を運ぶだけでも、お子さんの成功の役に立つはずなのです。

お子さんのニーズを読み取ること、ファシリテーターとして、お子さんがリラックスし、力が湧き、支えられていると感じられる、肯定的な放課後の環境を整えることによって、家庭学習のランプの精になりましょう。すべての子どもは、天与の才をもっています！　お子さんの、ほかの誰ともちがう才能を発見し、育み、守る方法についてのもっと詳しい情報については、www.genieu.com. のGenie U:『才能を存分に伸ばせる安全な楽園』（"*A safe haven for your child's genius.*"）をごらんください。

シェリー・ランダー・スミス

十分な照明のある、静かな（あるいはそうではない）勉強場所を与えましょう。この場所をどうカスタマイズするかについては、すでに述べているので、ここではこれだけ言うにとどめます。

✱お子さんをステレオタイプから解放する✱

信じようと信じまいと「ステレオタイプにとらわれずに」家庭学習を展開するあなたの能力は、三年間、毎夜、じっくり数学のドリルに取りくむのと同じくらいの効果をもたらします。

学校を基準とするステレオタイプからの自由は、ホームスクーリングで育つ子どもたちの成功に、きわめて貢献度の高い要因です。「このことは、学校の友だちに『こう』とはめられてしまう『型《タイプ》』ではなく、あるべき自分になる彼らの能力を伸ばすのです」と説明するのは、ホームスクールで二人の娘を育て上げたアン・ラーソン・フィッシャーです。

ホームスクールで育てられた子どもがのちに学校に通うようになると、しばしば、不慣れな分、いっそう強く、このレッテルを意識します。よほど努力しないかぎり、それから自由でいることはできないと彼らは報告しています。このように身構えているものにとってさえ難しいのだとしたら、それが起こっていることにも気づいていない者にとってはなおのことそうでしょう。もしもあなたが、学校でお子さんがほかの子どもからどう名指しされているか、知らなかったら、ぜひ、探ってみましょう。

「たとえば『かわいい』と言われているからって『ばか』にされているわけではありません」とアン

は続けます。「スポーツ好きだからって、選手になれるわけじゃない。学校で生まれるいわゆる『普通の』ティーンエイジャーのグループは、学校以外、社会のどんな場所にも存在しないという意味において、普通とはいえないのです。こうしたグループは、少なからず、発育不全の自意識をもつ若者になってしまいます」。否定的なレッテルを貼られる子どもの多くは、知らずしらず、それにふさわしい行動をするようになり、無意識的にスターティングゲートで、自分自身に足かせをはめます。学校によっては、頭がいいことはかっこいい《クールな》ことではなく、そのため、子どもたちは、ほかの子どもたちのあざけりに立ち向かうよりも、生まれ持った知性を隠すことを覚えます。そして、使わないものは、失われるのです。

親として、あなたはどんなものであれ、レッテルの否定的な影響に立ち向かう、絶好のポジションにつけています。支援的な人や環境で囲むことによって、お子さんに自分が本当は何者なのかを発見する機会と、場所と、時間をもたせましょう。アンは、この否定的な効果を「家族の団結力を高めたり、夏の家族旅行をしたり、人づきあいをしたり、一人で、あるいはグループで旅行をしたり、ほかのさまざまな工夫によって小さくすることができます」と言っています。

✱個別教育計画《IEP》（Individualized Education Plan）✱

特定の問題につまづいている子どもや、全体的にもう少し努力が必要な子どもの家庭学習をどう手助けしたらよいかということについては、あとで詳しくとりあげますが、まず、すべてのお子さんにとって役立つことから、ご紹介しましょう。それは、学校用語でＩＥＰという略称で知られる個別教育計画（individualized education plan）です。ホームスクーリングを行う親子は、教育におけるパートナーであるため、前途に広がる学習という道を進む地図にあたる、この個別教育計画を一緒に練りあげます。そこで、あなたもお子さんと一緒に、新年度の初めにこのＩＥＰを立ててはいかがでしょう。定期的に立ち返り、ニーズや機会の変化とともに、微調整を加えたり、抜本的に見直したりするのです。

連邦法は学校側にＩＥＰを、特殊教育を受ける生徒のために用意するよう求めていますし、一部の地区では英才児プログラムに在籍する生徒のためにも作られています。だったら、中間層の生徒にも、個別計画を作るべきだと思うのが普通の感覚でしょう。実際、メリーランド、ヴァーモント、ヴァージニアの各州、そしてワシントンのツインレイクス・エレメンタリースクールではすでに着手しています。

二〇〇二年十二月十日、『シアトルタイムズ』の記事で、マシュー・クラフト記者がこの、標準的な生徒に対するＩＥＰについて説明しています。それによれば、特殊教育の計画ほど詳細なものではなく、そのため、教師への時間的な負担もさほどではないとのこと。ある教師は、たった四時間で、生徒一六人分の計画書を書き上げたと報告しています。クラフトはこう書きます。「両親、教師、学生が目標のリストとそれらに到達する方法を挙げるのも、ＩＥＰのうちである」。また、個別の子どものニーズに応じて「子どもの家庭学習に気を配ったり、毎晩三〇分の音読をさせるよう、親に要請することも考えられる」と言います。

シアトルのロートン・エレメンタリースクールでは、親が計画を要請してもよいことになっています。「子どもに目標を達成させるのに、個別的な指導が最適だということは分かっています」と、校長のシルヴィア・ヘイデンは言います。「レベルも、学習のスタイルもさまざまな子どもを、一律に扱うことはできません」。

クラフト記者は、注意欠陥障害の診断を受けたある生徒に触れています。この生徒は、読解力が基準点を下回っていたのですが、昨年、テストで次々に目標とする点数を取り始めました。彼の母親は、一年生のときに始まったＩＥＰのおかげだと言います。「学習計画によって、わたしたちは先生が何をしているのかを知り、自分たちに何ができるのかを知りました。早いうちに問題を示してもらえば、親として解決の一翼を担うことができるのです」。

もしもお子さんの学校が個別教育の価値を認識していない場合には、お子さんとあなたで、自分たちのＩＥＰを作成することができます。クラフトの報告にある学校と同じように、シンプルな、お子さんを威圧しない程度のものにとどめましょう。一度の採点期間あるいは通年に対して一つか二つの目標を掲げるだけで、お子さんの成功への欲求と目標に集中する能力を飛躍的に伸ばすことができます。必要とあれば、一度に一つの目標に集中しましょう。目標は、綴りであれ、歴史への理解を深めることであれ、幾何学の解明であれ、現実的に到達可能な、それでいて多少の背伸びが必要な程度に設定するならば、どんなものでもかまいません。ただし、ＩＥＰの目標は具体的でなければなりません。綴りの成績をＢに上げる、一学期が終わる前にテストでもっといい点数を取る、南北戦争によってアメリカはどう変化したかを学ぶ、幾何学の問題五問中四問は正しく証明が書けるようにする、など（教科課程について、事前に忘れずに先生に確認し、できるだけ具体的な目標を立てましょう）。

もしもお子さんがこれから学ぶ教科を先取りしている、あるいは無理なくこなせるとしたら、そこに安住することなく、学校の課題を上回る目標を立てましょう。いずれにせよ、目標のリストが書きあがったら、ブレーンストーミングをして、それを達成する方法を探りましょう。創造力を駆使し、常識の枠外で考え、お子さんの学習のスタイルを念頭に置き、お子さんを励まして、提案を出させましょう。

このようにすることで、あなたのお子さんと、ご家庭の学習中心のライフスタイルにぴったりの道が見つかるはずです。もしもつまずいたら、ちがう道を行けばよいだけのこと。そこには無限の選択肢があります。冷蔵庫かどこかに目標を張り出し、毎日目につくようにしましょう。

✱姿勢を正す✱

自分自身の記憶がたっぷり残っているためか、多くの親は子どもと同じくらい、宿題に怖気づきます。子どもは親の否定的な態度をすばやく察知します。手伝いに乗り出す前に、ご自信の姿勢を正しましょう。とりあえず笑って、幸せなことを考えれば、あとから気持ちもついてくるという昔なじみの理屈はここでも通じます。この場合は、学習への熱意や情熱を身にまとうことで、やがて、自分の姿勢が変わっていることに気がつくという具合です。しかももっと大切なのは、お子さんもきっと、あなたに続く、ということでしょう。

✱家庭学習のあれこれ✱

さあ、いまや「目標」が真正面からあなたたちを見据えています。チームとして、目標達成を目指しましょう。気持ちを新たに、姿勢を正し、机の前に座りましょう。

特定の概念上の問題

学習のスタイルが学校の教えかたに合致する、自信に満ちた子どもは、めったに宿題に手助けを必要としません。つまずくとしても、たいていの場合、単独の概念に足を取られているにすぎません。そこで、その障害を乗り越える（あるいは回避する、突っ切る）ためのコツを紹介しましょう。これらのコツは、もっと大きな家庭教育の問題を抱えた子どもにも役立ちます。

先回りして、お子さんが行くべき先を把握する

たぶん、こんな類のジョークを聞いたことがあるでしょう？　あるとき子どもが母親に、「わたしの妹の赤ちゃんはどこから来たの？」と訊ねてきました。母親はあわてふためき、四五分間かけて、生物学の講釈をします。すると、子どもは言いました。「ふうん。ダニーの生まれたばかりの赤ちゃんはね、病院から来たのよ」。

わたしたち親は、しばしば、不必要にことを大きくしがちです。このジョークに登場する親も、

子どもの質問の行方を知っていたなら、多少の時間を省けたはずです。子どもが行き詰っている原因を乗り越えたあとで、どこに行くべきなのかを知っておくことは、乗り越える方法のみならず、もっと広い視野に立ったときに、それがどの程度重要なのかを解明する助けになります。もしもお子さんが教科書、そのほかの書物やプリントで勉強しているとしたら、先を読み、勉強がこの先、どの程度詳細を極めていくのかという見通しがつくでしょう。

わたしにとって、学校でよく足を取られた障害は、ローマ数字でした。教科書をざっと見てみれば、一週間も経たないうちに、クラスもわたしも、まったくちがう内容に進むことになっていると分かったはずでした。なにしろ、ローマ数字には、ほんの五ページしか割かれていなかったのですから。しかも、どうでしょう。次に進む長除法［訳注：わり算の筆算で、商の位ごとに商と序数の積、途中の余りなどを順次書いて計算を進めていく方法］の章は延々三〇ページ以上続いていたのです。先回りをしていれば、「大局」からすれば、ローマ数字の役回りは大して重要ではないことが分かり、肩の力を抜いて、この難局を客観的にとらえることができたはずだったのです！（ちなみに、*"The Ultimate Book of Homeschooling Ideas"*［仮題：『ホームスクーリングのアイディア決定版』］には、家庭や車のなかや砂浜でもできる、ローマ数字のゲームをいくつかご紹介しています。これをやれば、一週間もしないうちに基本がのみこめるでしょう）。ローマ数字に割かれているスペースから判断すれば、どんな大きなテストにも、ローマ数字の問題は二つ、三つしか出ないだろうし、たとえまちがえたとしても、クラスでビリの成績に落ちこむわけではないと分かったはずなのですから。

これからご紹介する方法を活用して、お子さんの前途を阻む石ころを蹴飛ばしてしまいましょう。

もしも石ころがびくともしなかったら、一旦離れて、翌週、一日に五分から一〇分、取りくむようにしてみましょう。

とはいえ、もしもお子さんがつまずいているのがもっと重要な長除法の場合は、どうでしょうか。先回りしたあなたは、この概念を理解することの重要性を理解しています。そしてその大切さを分かっていることは、あなたとお子さんに、なんとかもう少しそれに時間をかける機会を与えます。また必要とあれば、自分たちのスケジュールに合わせて計画を立てることもできます（この障害物もまた、一過性のものです。スケジュールの変化はほんの一時的なものだということをお忘れなく）。あなたはこの概念に、図書館やインターネットからもっと情報を仕入れたり、数学の天才である夫やほかの誰かに短期の個人教授をお願いしたりするだけの価値があることを知っています。家庭学習の手伝いをすることは、必ずしも何もかもをあなたが一人で背負いこまなければならないということではありません。

お子さんがいくつかの問題に挑戦し、どこでつまずいたのかを発見する様子を見守りましょう。まずはそこからです。何が難しいのか、子どもの説明をよく、身を入れて聞き、集中しましょう。先にご紹介したジョークの生物学の講義の轍を踏まないようにするためです。本当に言わなければならないのは長除法ののやりかたそのものではなく、「そこからその数を引くのよ」という一言かもしれないのですから。

ちがう方法で説明してみる

お子さんが、学校で、ある概念を把握できないとしたら、家庭で同じ教えかたを重ねたところで、たぶん、効果は上がらないでしょう。ただし、やってみるかいはあります。たとえ同じ方法でも、親子としての緊密な関係がいくぶんかの変化をもたらすからです。もしも、効果を上げていないと分かったら、同じレンガの壁に頭を打ちつづけたり、お子さんを涙にくれさせたりするにはおよびません。

その代わりに、同じ題材をまったくちがうかたちで見せてやるのです。これは家庭学習の問題のみならず、どんなときでも活用できるアイディアです。実際 ***"How People Learn: Brain, Mind, Experience, and School"*** 〔仮題：『人はどう学ぶか：脳・心・経験・学校』〕の編集者たちはこう発見しています。「単一の関連性から教えられた知識は、多彩な関連性を通じて獲得された知識よりも、応用がきかない」。すでに見てきたように、学習のプロセスは、内容にそくして考慮する必要があります。子どもは、題材を複数の絡みから提示されたほうが（自然な流れで提示されるのと同じように）、その概念の大筋をしっかり摑むことができるものなのです。しかも、複数の関連性から提示することは、いつ、どのように知識を活用すべきかという（いわゆる応用性への）理解を深めます。

ですから、その概念の、実在する、生きた例を考え出し、そして、活用しましょう！　あの手この手を使うのです。家族やペットやお気に入りのオモチャに絡めて質問をしてみましょう。お子さんに関連する情報を与えましょう。「手がかり」があると、しっかり身につくものです。あるいは、次の提案で、関連づけをするのもよいでしょう。

強制は禁物

アン・ローソン・フィッシャーの夫は、前章でご紹介した「口に出して考える」ことをさらに進化させて「楽しいごちゃごちゃごっこ」という言葉を作り出しました。これは、口に出して考えるというアイディアをうまく広げ、宿題の手伝いという領域に導入するものです（詳細については、www.nettlepatch.net/homeschoolを参照のこと）。アンはこう書いています。

もちろん、勉強をするときだって、真面目一辺倒でいなければならないなどということはありません。多くの子どもにとって、ばかばかしさは、難しい概念を理解する苦しみを和らげてくれるものなのです。

お子さんは分数を勉強し始めたばかりです。お子さんが、得意満面で、あなたのところにやってきました。問題の解きかたも教わらずに、丸一ページ分の問題を解いたのです。答えは、一つ残らずまちがっていました。ここでは、お子さんがよくある初心者のまちがいをして、分子と分子、分母と分母を足してしまったのだとしましょう。つまり、1／2＋1／2＝2／4としてしまったのです。すでに、あなたには彼が分数と整数をどう理解しているかについて、カギとなる情報を得ています。そこであなたは、ただプリントを返して、「なにをまちがえたのか、考えてごらんなさい」と言うこともできます。あるいはあいまいな微笑を浮かべ、答えがまちがっていることには気づいていないふりをすることもできます。いずれにせよ、来月もう一度見てやるときには、ちゃんとできるようになっているのだから、と。あるいは、ここでちゃんと教えておこうと思い立つかもしれません。

でも、これらのいずれともちがう「楽しいごちゃごちゃごっこ」を使うこともできます。これによって、あなたは遊びながら、お子さんの学習を手助けし、手柔らかに鼻を折り、フラストレーションやばかのような気持ちや恥ずかしさを最小限にすることができます。

こんなふうにやってみましょう。「さすがね。これって、スライムゴニア星方式の分数よ。スライムゴニア星では、ちょうどあなたがやったみたいに、分子と分子、分母と分母を足すという決まりがあるの。ほかにも面白いことがあるのよ。スライムゴニア星ではね、子どもが育つのに、すっごーく時間がかかるの。一年の1／2が経って、それから、また1／2年が過ぎる。ところが、スライムゴニア星人の子どもはたったの1／2年分しか年をとらないというわけ。ちょうど、あなたの答えと同じにね」。

お子さんがまだぴんとこないようだったら、別の例を使って、ナンセンスな話をもう少し作り出します。「そうそう、スライムゴニア星ではね、あるレシピのお料理を、倍の量作ることが不可

✽先輩からのアドバイス✽

楽しく読めるようになるために

わたしは、ヴァルドルフ教育〔訳注：二〇世紀初めのオーストリアの秘教的オカルト思想家ルドルフ・シュタイナーが提唱し、実際に指導した教育改革運動に基づく教育〕で読みかたがどう教えられるかという多少の知識を自分なりに活かしてみました。まず、文字を一つひとつ、美しい蜜ろうクレヨンでかわいらしい絵にします。そして（わたし独自の）音に合う、ばかげた小さなお話を作りました。たとえば「K」は王様（king）の

話という具合です。これは単なる導入ですから、反復練習も、書くこともなし。しばらくこんなふうに遊んだあとで、わたしは息子を個人で勉強を教えている人（元幼稚園の先生）のところに連れていきました。分かっていればわたしがしたのですが、当時はまだ、先生のようなやりかたを知らなかったのです。先生はわたしたちの小さな遊びを引き継ぎ、しばらくすると、文字が個別ではなく、つながったときにどんな発音に変わるかを見せ始めました。おそらく子どもが一番のみこみづらい、単語への移行です。

それから、先生は息子にマック・アンド・タブブック〔訳注：アメリカで初学者向けに使われるフォニックスのワークブックのシリーズ。マックというネコとタブというネズミが出てくることから、この名前がある〕を使わせ始めました。このかわいらしい薄いブックレットはそれぞれが数個の文字を集中的にとりあげています。たとえば、マックにはパルがいます（Mac has a Pal.）というように。こうして、息子はそれぞれのブックレットにおさめられているかわいらしい短い物語を読めるようになりました。以上がわたしたち親子がとった方法ですが、ごく自然に、親がお話を読み聞かせながら、文字を指でたどっているうちに、ごく自然に読むことを身につけたという話はいくらでも聞きますし、ほかにもさまざまな方法があります。

わたしはほかに息子が何を必要としているのか見当がつかなくて、こんな方法を編み出したわけですが、息子の学習者としての資質はたまたま、それと波長が合ったようです。約一年後には、任天堂のゲーム攻略本を夢中で眺めるうちに、独学で、複雑な複数のシラブルからなる単語も読みこなすようになっていました。この手の話はほかのお母さんからもよく聞きます。息子にも、人間が誰しも生まれながらに持っている、生来の能力を引き出す関心があったのです。人は、みんなが同じ学びかたをするわけではありませんが、誰にでも、自分なりの学びかたがあります。ところが、学びかたを教えようとする他人の声があまりにもうるさくて、一番自分に合った学び方に手が回らず、それを失ってしまうことが多いのです。

リリアン・ジョーンズ

能なのよ。だって、スライムゴニア星では計算はすべて分数ですることになっているから。何かが二カップ必要なときは、計算上、８／８と８／８を足すことになるの。そうなると結局、何カップになるかしら？」

いずれかの時点で、お子さんがばかばかしいことに飽きたり、光が差しこみはじめたら、地球での計算法に移りましょう。

前途を開く

なかには、折にふれて障害に足を取られるどころではなく、家庭学習の地雷原に直面してしまう子どももいます。このような子どもはしばしば、その前に本道を踏み外し、もとの道を見つける手伝いを必要としているものです。この問題は、単一の難しい概念を理解するよりも根深く、一層の注意が必要です。

全体を視野に入れる

子どもが学習の本道を踏み外すパターンはさまざまです。このケースに当てはまる場合には、どこで、どのように道を外れてしまったかを知ることが大切です。もしかしたら問題の根源は勉強そのものとは無関係かもしれません。教師に問題がある、あるいは、教師と性格的にそりが合わないという可能性もあります。教師と話をすること、子どもをちがうクラスに変えてもらうことは可能でしょうか。あるいは、子どもが私生活で感じているストレスや否定的な感情かもしれません。とにかく、原因を探り当て、それと取りくむことが必要です。もしかしたら、お子さんの学習のスタイルが、特定の科目の理解に向いていないのかもしれません。家庭環境では、お子さんの知能の長所を活かせるような、別のやりかたをとってみましょう。もしかしたら、頭がよすぎるとか、頭が悪すぎるとか、

家庭学習をどう手伝うか

子どもの先生を味方に引き入れる。

コンピューターを使って、エデュテインメントや簡単に手に入る情報を役立てる。

居心地がよく、明るく、静かな（あるいはそうではない）勉強の場所を用意する。

子どもが決めつけから自由になる手伝いをする。

子どもと、できれば先生とも一緒に、個別教育計画（IEP）を作成する。

家庭学習に関する自分自身の姿勢を正す。

教科書などを先回りして読み、子どもの今後の学習の行方を知る。

別のやりかたで説明してみる、あるやりかたで効果が上がらないのに、同じ方法を積み重ねても役に立つとは思えない。

「楽しいごちゃごちゃごっこ」を活用して、学習と、避けては通れないまちがいをよりおもしろく楽しめるものにする。

全体に視野を広げて、お子さんが学習の本道をどこで踏み外したのか、そして、どんな基本的な技能が欠けているのかを見極める。

家庭学習共同体を結成する。

先生のお気に入り、などとあげつらわれたのかもしれません。その場合は、これまで以上に時間をかけて、お子さんが画一的なレッテルから抜け出す手伝いをしましょう。あるいはただたんに、年齢が上がるにつれて、学習に対する興味全般が低下しているだけかもしれません。だったら学習の喜びを取り戻すことに集中します。

原因がちがえば、ことなる「治療」が必要です。お子さんと過ごす時間が貴重でかぎられている場合、お子さんが苦しんでいる原因を知っていれば、もっとも必要なところに時間とエネルギーを集中的に投入することができます。視野を広げて原因を探れば、家庭学習を長くしたり、ドリルの枚数を増やしたり、解く問題を二〇問から五〇問に増やしたりすれば問題が解決するわけではないことが分かるのです。

とはいえ、問題の根が勉強面にある場合もあります。つまりお子さんが、目前の課題をこなすのに必要な技能と知識の一方、あるいは両方を学びそこなったか、教えられなかったか（そもそも、学びそこなったというのは、教えられなかったと同義ではないでしょうか？）という場合です。その状態では、得られる結果は、このわたしに、車に新しいトランスミッションを積みこんでくれ、と頼んだ場合と似たりよったりです。

大局をよく観察すれば、お子さんがどこから学習の本道に戻る必要があるかを見極めることができるのです。テストではなく、会話、質問、声に出して考えること、楽しいごちゃごちゃごっこなどを通じ、「後方支援」を増強することによってその地点を判断します。同僚が失敗した原因を探り、次はうまくできるように、必要な情報を提供するのと同じように。

基本的な技能が欠けている子どもが勉強面で成功に近づくためには、事実を暗記したり、技能の土台がなければどうせすぐに失ってしまう情報を詰めこんだりするのではなく、それらの技能を身につけることに時間をかけなければなりません。以下に、大きな視野を持ちながら、技能を強化する方法をいくつか挙げておきます。

- 計算あるいは読解技能に欠ける場合　チェスを習い、やってみましょう。
- 外国語が苦手な場合　アメリカ・サインランゲージ（手話法）を学ぶことは、多くのカレッジで外国語の勉強に役立つとされており、家庭でも簡単に実践できます。
- 読むのが遅いか嫌いな場合　親ならではの、お子さんの関心についての知識を活用して、面白くて読まずにはいられなくなるような読み物を探します。あとは、家のそこここに置いておくだけです。
- 学習や黙読・音読に抵抗を示す場合　あるホームスクーリング家庭では、母親と息子が交代で音読するあいだ、ビーニーベイビー〔訳注：アメリカのTy社が一九九三年に始めて発売した手のひらサイズのぬいぐるみのシリーズ〕を二、三体集めてきて一緒に座らせていたといいます。息子が自分自身とビーニーベイビーを演じ、お母さんがその役をすることもしょっちゅうでした。ビーニーベイビーは性格も、読む技能もそれぞれ。けれども、少年より下手な点は共通しているので、少年は肩の力を抜くことができます。なかにはひどいまちがいをしたり、かんしゃくを起こしたりする者もいるし、鵜の目鷹の目でおたがいのあらさがしをしたりもします（少年を通じて）。母親の報告によると、彼は今では、一日に何時間も、楽しむために音読をするようになりました――それも、ビーニーベイビー抜きで。（*"The Ultimate Book of Homeschooling Ideas"*〔仮題：『ホームスクーリングのアイディア決定版』〕より）

・綴りの技能に問題がある場合　通常の文字や書き言葉のかわりに、手話やフォネティックコード（**alpha, bravo, Charlie**）〔訳注：無線通話などにおいて重要な文字・数字の組み合わせを正確に伝達するための、国際的な頭文字の規則の通称〕を用いたり、乾くと消えるマーカーで窓に書いたりしてみましょう。

・科学が苦手な場合　科学的な手法を実践してみましょう。ある母親は三種類のＭ＆Ｍの小袋を買ってきて、科学的手法とは何かを説明し、「実験」を行いました。まず、事前に子どもにいくつかの質問をし（予測）、その後、袋の口を破きました（リサーチ）。事前の質問はこんなふうです。どの袋に一番たくさんＭ＆Ｍが入っているか。一粒が一番大きいのはどれか。一番小さいのは？　チョコレート以外の中身が入っているのは何種類か。どの袋が一番高いか。三二セント（Ｍ＆Ｍの小袋の値段）分の硬貨は何枚か。出したお金に対して、一番たくさんのＭ＆Ｍが入っているのはどの袋か。実験が終わったら、少し食べて、残りは取っておきましょう。質問の難易度は、子どもの年齢に応じて、簡単に変えることができます。（*"The Ultimate Book of Homeschooling Ideas"*〔仮題：『ホームスクーリングのアイディア決定版』〕より）。

・歴史および社会科が苦手な場合　関連性を生み出しましょう。現在勉強している時代に、より広い世界では何が起きていたかを話して聞かせましょう。

・話を聴く技能に問題がある場合　この方法を試すには、子どもが二人、あるいはあなたの参加が必要です。二人が、レゴブロックや積み木のようなおもちゃを、同じ数、同じサイズずつ揃えてもちます。二人が、声は聞けるけれども姿は見えないような体勢で座ります。一人がそれを使って何かを作り、相手も同じものを作れるように、口で指示を伝えます。これを交互に行いましょう。一回終わるごとに、どこでまちがえたのか、次はどうすればもっとうまく伝達し、聴くことができるか考えましょう（*"The Ultimate Book of Homeschooling Ideas"*〔仮題：『ホームスクーリングのアイディア決定版』〕より）。

・注意力の持続と考える技能に問題がある場合　興味のおもむくまま、ありとあらゆるパズルや謎や暗号や宝探しを活用しましょう。家のなかでも、外でも、物や情報を探すのです。頭を絞るもの、不可解ななぞ、マジックのタネ、モデルカー、飛行機、恐竜、ジオラマ。対象はなんでもかまいません。

学校での経験から、わたしたちは学習を無数に細分化し、たがいの結びつきを隠すことに慣れています。けれども、教育をもっとも最優先する親は、常に全体像を見渡すことを心がけることで、自分も子どもも、その結びつきを見通し、それを活かすことができるのに気づいています。問題が隠されることなく、目に見えるからこそ、すばやく矯正することができるのです。

家庭学習共同体を結成する

ひょっとして、代数が解けないのは、**"ostentatious"**（これみよがしの、ひけらかす）という単語が綴れないのは、お宅のお子さんだけだと思っていらっしゃる？　もう一度、考えてみてください！　請け合いますが、同じか似たような問題を抱えている子どもがほかにもいます。そしてその子どもは、助け合って、自分たちに欠けている基本的な技能を構築するのに役立つ、学習の戦略や活動を分かち合えたら、と考えているかもしれません。

対象の広い学習共同体を作るのと同じ要領で、「宿題共同体」を作ることもできます。順番で各家庭を会場にし、会場を提供した人が、その日の活動を率いるという方法もあるでしょう。もしもあなたのグループに六人のメンバーがいて、週に二回、会を開くとしたら、各家庭がホストをつとめるのは三週間に一度ですみます。この取りくみかたはとくに、対人的知能を持つ子どもに効果的ですが、そうでなくても、ほとんどの子どもは一人ぼっちで教科書と格闘するよりは、このほうが楽しいと思うでしょう。

さて、どんな子どもでもそうですが、とくに年齢が上がり、勉強の速度が一気に上がり始めると、もう少し基本を押さえておくとぐっと学習が楽になります。これらの基本は、次の章で考察することにしましょう。

第14章 ノートのとりかた、勉強の習慣、テスト勉強

そのクラスは簡単にAがもらえるといううわさでした。そこでもちろん、わたしは高校一年生の履修表にこれを加えたのです。振り返ってみると、これはわたしが今までに取ったなかでも、一番貴重な授業でした。それは、学んだ内容を全高校生活を通じて活用した、唯一の授業だったのです。それどころかわたしは今なお、この技能を使っています。

そのクラスの名前は「メモのタイプと速記法」といいました。もともと、カレッジの受験生を念頭に置いて作られたこのコースの目的は、生徒としてより成功すること（つまり、よりよい成績を取るこ

と）、そして、そのプロセスのとばぐちにおいて、必要な情報を、効率的に、正確に、整然と得ることでした。生徒としての成功をもたらすプロセスは当時、そしていまでも基本的には、情報を受け取り、それを勉強し、抜き打ちテストや通常のテスト、作文、研究レポート、研究課題を通じて「理解した」証拠を提供することです。その当時ですら、わたしにはその授業の対象が全生徒でないことが、それにこの技能が学校生活のもっと初期のうちに教えられない理由が、解せませんでした。学校という舞台の本質を考えたとき、これらはまさに、子どもが生徒の本分を、首尾よく果たすために必要とする道具なのですから。

ここ二〇年間、コンサルティングや個別指導の仕事を行ってきたなかで、わたしはすべての生徒に、誰かにこの技能について説明してもらったかと訊いてきました。ところが、これまでイエス、と答えた子どもは一人としていないのです。その子どもが、どの課目についてコンサルティングを求めて来るにせよ、わたしはまずは、これらの技能の習得に集中することにしています。

＊ノートをとり、整理する＊

これが、このプロセスの出発点です。そもそも、情報を受け取っていなければ、テストだろうが、ほかのどんな形だろうが、情報を切り返すことはできないのですから。しかも、ただ情報を得るのみならず、それから三日後、三週間後、三カ月後にもまだ、きちんと理解できなければ意味がありません。そのカギとなるのは、可能なかぎり完全で、完結で、整理されたノートです。さあ、いくつかの方法に踏み入り、お子さんが家庭でこの技能を習得する手伝いができるようになりましょう。

速記法を活用する

速記は、言葉を紙に書き取るシステムで、ペンあるいは鉛筆（わたしは鉛筆をお勧めします）を使い、簡単な一筆で、文字や音や場合によっては単語をまるごと表現します。口述筆記の機械やコンピューターが市場にあらわれてからというもの、グレッグ式であれどうであれ、速記法については絶えて耳にすることがなくなりましたから、速記のすべてを学ぶことは、お勧めしません。ただし、ざっと見て、ほんのいくつかを覚えるだけでも、きっと、お子さんがより早くノートをとる役に立ちます。結果的に、より細かくノートをとったり、先生の話に耳を傾ける余裕が生まれるでしょう。

ローラ・ティチェナーの一六歳になる双子はコミュニティーカレッジに通い、それぞれが二つのコースを取っています。「最初にリンダから速記を娘たちに勧められたときは、聞き捨てていたんです。わたしには『原始的』に思えて。だって、今は二一世紀なんですよ！」とローラは言います。「その後まもなく、図書館の不要図書のセールに行ったとき、台の上にグレッグ式の速記の練習帳があったんです。そこでわたしは二五セントを投資しました。わたしたちは数日間、一筆書きで『遊び』ました。そして、リンダのノートを取るのに速記を活用するべきだという意見に、納得したんです」。

ローラの二人の娘は実際に速記を使ってみて、まもなく、頻繁に使われる単語を自分たちから調べて覚え始めました。「娘に言われましたよ。今までで最高の、二五セントの使い道だったって」とローラは言います。

速記について、より詳しく知りたい方は、インターネットで無料で検索できますし、図書館で速記の本を借りることも可能でしょう。「暗号」を使うことがすごくかっこいいと思っている年齢の低い子どもならば、きっと面白がって、一足飛びにこの素早いノート記入法を身につけることでしょう。ついでにあなたも一緒に覚えれば、おたがいへの用事や遊びのメモに速記を使うことで、読み書きを練習することができます。お子さんが速記に夢中になれば、自分なりの速記法を編み出すかもしれません。

略語を使う

略語を使うと、さらに時間を節約できます。たとえば一般的な略語には@が**at**、w/が**“with”**、w/oが**“without”**、+が**“and”**などがあります。けれども、それだけで満足してはいけません。あるトピックを勉強する際には、カギとなる単語や用語やフレーズが繰り返し出てくるものです。お子さんに、ノートの最初のページを空白のままにさせておきましょう（二冊目のノートからは二ページ以上が必要でしょう）。ここはノートの略語を記入するページになるのです。急いでいるときは、とりあえず自分が今書いているページの余白に略語と、それが何をあらわすかをメモ書きしておいて、あとから最初のページに書きこんでもいいでしょう。

略語は、本人に分かれば、どんな形態でも構いません。たとえば、革命戦争（Revolutionary War）よりも**“RW”**、インド（India）よりも**“I”**、（直角三角形の）斜辺（hypotenuse）よりも**“h”**と書くほうが速いでしょう。ノートをとるときに単語を正しく綴ることに気を使う人は多いものですが、この種のことに気を取られると、時間の無駄ですし、注意が散漫になってしまいます。難しい綴りは一度だけ余白に書いておき、即席で略語を作ったら、あとは忘れてしまっていいのです。少なくとも、綴りかたの単語リストにそれが登場するまでは。

ノートをとるのに使うものは?

もしもお子さんがコンピューターを使っていないとしたら、科目ごとのノートをもつと、非常に整理しやすいでしょう。取り外しのできるリング式のバインダーの用紙や一枚ずつの用紙にノートを

ノートをとり、整理するのに役立つこと

- 基本的な速記をいくつか覚える。
- 言葉を略し、略語の意味をメモしておく。
- 記録のために、科目ごとにノートを使い分ける。
- 講演や講義の重要なポイントをつかむ練習をする。
- 要点をまとめて体系的にノートをとる。
- ノートの内容が頭に鮮明に残っているうちに、清書したり、足りないところを補ったり、整理する。
- タイプをすることで、きちんとし、さらに見直しをする。
- 時間指定帳を使って時間を管理する。

とってあとで製本しようとすると、えてしてなくしがちです。また、科目ごとにノートを作ると、重い荷物を背負って肩が張るのを軽減するのにも役立ちます。だって、必要なノート以外は、しまっておけるのですから。

ノート式のパソコンも同じ役を果たしますが、入力したノートのソートやファイリングのやりかたを知っているという条件がつきます。お子さんがやりかたを知っているか確かめましょう。もしも知らなければ、あなたか別の誰かがやりかたを学ぶ手伝いをしましょう。

✱なにをノートにとるべきか✱

どんなにたくさんの速記や略語を使ったところで、先生の言うことを逐一ノートに写せる人はいません。成績のよい生徒は小麦と籾殻《もみがら》をよりわけて、どうでもいいことを書き写す時間を省くものです。授業で教科書を使っている場合、前夜にほんの数分間、ざっと予習するだけでも、ぐっとスタート地点に差がつきます。見出しや写真や表や地図のキャプションに目を通すことを習慣にするとよいでしょう。章ごとの復習課題の問題を見て、教科書の執筆者が何を大切だと思っているか、考えてみるのもよい方法です。

面白いことに、何をノートにとるべきかについての最高の手がかりは、先生の癖を知ることで得られます。お子さんが先生を「読み取る」方法を学ぶ手伝いをしましょう。イリノイ大学に通うサマンサ・ブイヤーの長男のスティーヴンはこんなことに気づいています。「先生って、授業中に、伝えなければいけないことを、ポイントごとに、何度も繰り返すよね。そして、教科書やノートに視線を移して、次に強調したいポイントをチェックするんだ。たいていは、まずはそこを強調しておいてから、詳しく説明するね」。この場合「ポイント」は要点の見出し（要点については次の項でもっと詳しく述べます）になり、その下に、補助的な情報を書きこむかたちになるかもしれません。

教師一人ひとりの、奇妙な癖というのもあります。サマンサの息子の説明を聞いてみましょう。「たとえば、次に言うことを考えながら、絶えず頭をかいている先生もいるし、これからっていうときになると、燃料補給するみたいに、大きく息を吸いこむ先生もいるよ」。お子さんがこの「先生を読む」技能の練習に苦労しているようだったら、なんらかの講演に参加したり、テレビでその類の番組を見つけて、一緒に演者を観察しましょう。そして、口に出して考えるのです。

要点

さあ、要点に話を移します。退屈といえば、そうなのですが、これは人生における、得がたい情報のまとめ役でもあります。あるウェブサイトでは、こんなふうに定義していました。「自分のアイディアや文章を整理しておく棚」。いい感じでしょう?

一般的な要点のまとめかたを、コラムで紹介しているので、ごらんください。

情報を受けとったら、すぐにまとめるようにすると、結局、たくさんの時間を節約することになります。ノートをまとめない多くの子どもが、何が重要で、何が重要でないのかが区別できないために、何時間もの試験勉強を費やして、書いてあることを全部覚えようとしています。要点をまとめる

要点のまとめかた

Ⅰ　大見出しにはローマ数字を用いる（ね？　だから、ローマ数字を覚えなくちゃいけなかったわけです）
A　小見出し（下位のカテゴリー）
B　通常、要点には、それぞれの文字あるいは数字のカテゴリーに、少なくとも二つの見出し項目が付属する。一般的な見識からして、少なくとも二つなければ、そもそも、その大見出しあるいは小見出しが不要ということ。
1　「B」についてのより詳しい説明
2　同上
a　「2」についてのより詳しい説明
b　典型的には、情報の概要の掘り下げはここまで。さらに掘り下げる場合は
i　小文字のローマ数字を用いる
ii　同上

と、一次的、二次的情報が明確になるので、子どもがどこを集中的に読めばよいのか分かりやすいのです。先生が授業から脱線して洩らしたような場ちがいの情報はページの余白部分にでも書いておいて、あとでノートを清書する際に適切な場所に移すとよいでしょう。

要点の書きかたは、どれがもっともお子さんのニーズにかなっているかによって、さまざまです。ときには、一行に一言書き添えるだけで十分ということもあるでしょう。ときには、単語一つだけに「二三四ページを参照」というメモを添えて、授業が進められるあいだに書きとめるにはあまりにも

こみ入った概念を説明することもあるかもしれません。子どもによって、完全な文を書くのを好む場合も、短いフレーズを書き取るだけで十分という場合もあるでしょう。

お子さんが強度の視覚的学習者である場合、地図を書いたり「クラスタリング」という手法を活用したりすると、よい結果を出せるかもしれません。このクラスタリングというアイディアはナタリー・ゴールドバーグの書いた*"Writing Down the Bones: Freeing the Writer Within"*（邦題：『魂の文章術――書くことから始めよう』）で紹介されていたものです。書く対象に関連する思考を喚起するための次頁の図は、視覚的学習者が連鎖的に関連する観念を引き寄せるのに役立ちます。重要な情報を書き取る、より自由な手法ですが、それぞれの概念の結びつきや相対的な重要性を見渡すことができるでしょう。

ノートを清書する

その日にとったノートを、パソコンを持参していれば学校の学習室で、そうでなければ家に帰ってから、きちんと入力する習慣が身についている子どもは確実に伸びるものです。マイクロソフト社のワードをはじめとするワープロソフトを使えば、要点の構成認識までしてくれますから、仕事の半分はお任せできます！

授業や先生の指示がまだはっきり頭に残っているうちなら、ノートを見直して、必要な変更を加えることもできます。もしかしたら、多少の肉付けが必要な場合も、最初に書きうつした内容が分かりにくく、ちがう書きかたをしたほうがよい場合もあるでしょう。前述した、余白部分に書いた場ち

クラスタリング

関連性を目で見たほうが身に付くタイプの生徒には「クラスタリング」と呼ばれる、より自由な視覚的な手法が役立つかもしれません。

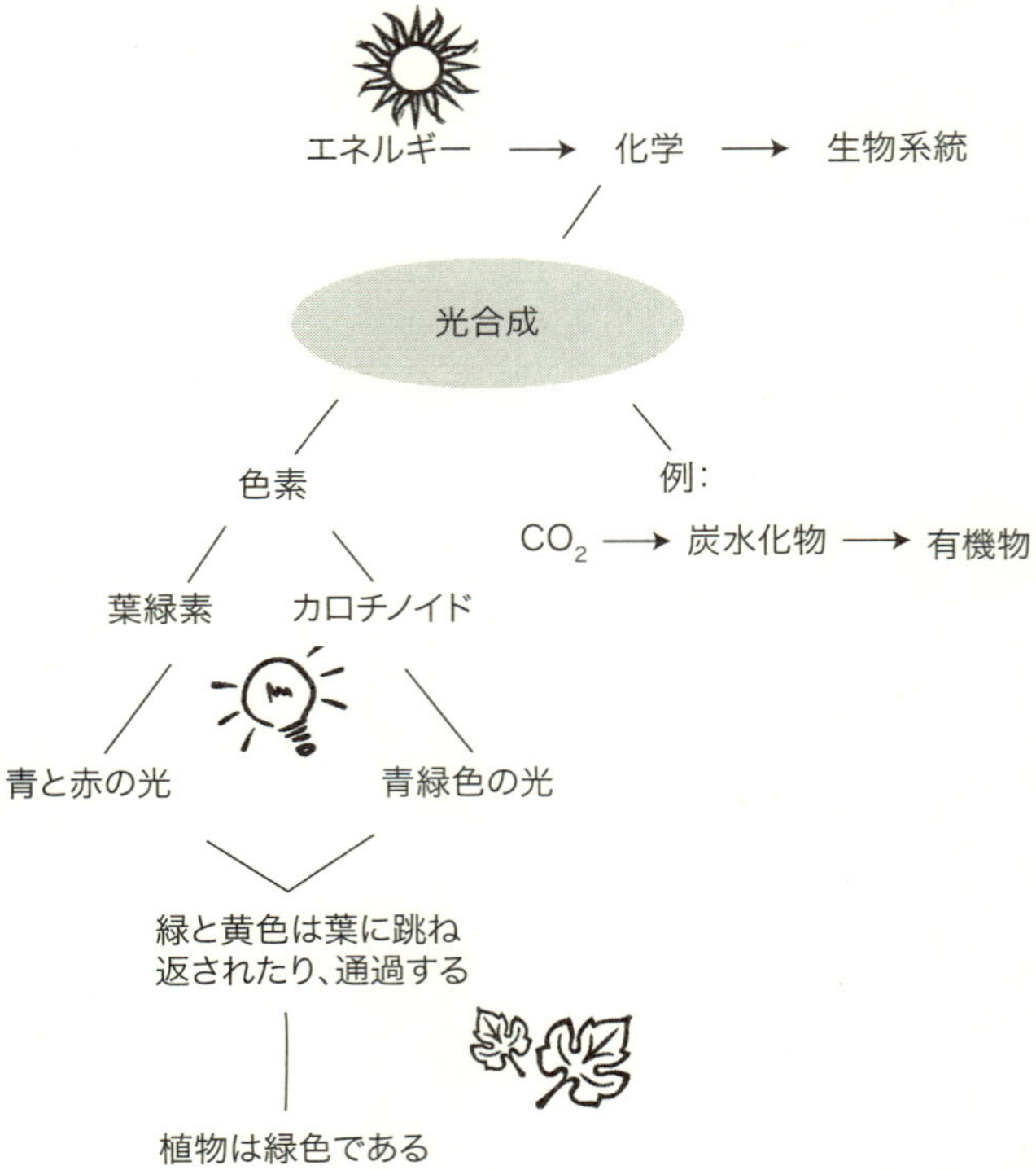

がいのメモを本来の場所に移す作業もこのときにします。

ノートの整理そのものと同じくらい大切なのは、清書が、その日の授業を、ざっと振り返る機会であるということです。これを数分間行うことで、その日に習った内容がよりよく記憶に残り「大きなテスト」がのしかかってきたときに、楽に勉強ができるのです。

タイピング

わたしが高校時代に身につけたタイピングの技能は、レポートや学期末論文の準備の負担を大いに軽くしてくれただけではなく、ノートをとるのにも役立ってくれました。今日では、割安のソフトやご家庭のパソコンでタイピングの基礎を身につけることができます。

「以前は、どうして母がしきりと「メイヴィス・ビーコンのタイピング練習」のソフト〔訳注：アメリカで非常にポピュラーなタイピング練習ソフト」をやらせようとするのか、分かりませんでした」。ペンシルヴェニア州のカレッジの一年生であるコナー・ジョンソンはこう言います。「でも、カレッジの門をくぐったとたん、完璧に、納得がいったんです。ルームメイトが自分のタイピングは我流だけど、速打ちにかけてはひけをとらないと言いはるので、教科書からパラグラフを二つ選んで彼の説を検証したことがあるんです」。コナーはこう振り返ります。「ぼくのほうが速かったし、まちがいも少なかったですよ……母に感謝ですね！」

タイピングができるようになれば、子どもも、毎日数ページの清書など、さほど時間もかからないし、苦でもないと分かるでしょう。それによって、このコンピューター時代においては非常に有用なタイピング技能を練習し、読みやすいノートを手に入れ、さらにこのタイピングのプロセスにおいて、教材をもう一度見直すことになるのです。なんともすばらしいマルチタスキングだとは思いませんか？

時間指定帳を使って、時間を割り振る

これは、お子さんが一日中、どこに行くにも持っていくべきノートです。一般的に、小さな（約一〇×一五センチ）リングノートか、スケジュール帳で間に合うでしょう。

これぞ、できる生徒が、一日のうちにやる必要のあることをすべて記録しているノートなのです。かつてのわたしたちは、学校の予定だけを書きこんでいましたが、こなすべき課外活動を山のように抱えている現代の子どもの場合は、バスケットボールの練習、音楽のレッスン、ベビーシッターのアルバイトなどを同じページに並行して記入していくのがお勧めです。これらの情報を一カ所にすべてまとめておくことが、自分の時間を割り振る役に立つのです。

たとえばある日、午後も夕刻も用事が目白押しだと分かったら、自習時間をおしゃべりに費やしたり、放課後すぐにショッピングセンターに繰り出すのに最高の日だとはいえないことが分かります。できるときに、あの荷の重い科学の宿題を片付けてしまったほうが身のためです。逆に、歴史の大きなテストを明日に控えていて、今晩の予定が何もないとしたら、家では試験勉強をしたほうがよく、数学の二〇問の練習問題は学校の自習時間にすませてしまったほうがよいでしょう。多くの学校は、子どもにきちんと時間管理について教えようとしません。そのため、教えるときは、始めかたや

それによるメリットなどの初歩から、実際にやってみせる必要があるかもしれません。

✽勉強の習慣とテストの準備✽

勉強の習慣とテストの準備を同じ項で一緒に扱うことにしたのは、ただてっとり早く宿題を済ませるのとは対照的に、効率のよい勉強は貴重なテストの準備になり、実際のところ、勉強というよりも実際には短期的な記憶にすぎない詰めこみ勉強をする必要が減るからです。本当に勉強をしている子どもは、一夜漬けの試験勉強をする子どもがほとんど何も頭に残らないのに対し、必ず、何らかの知識が残るものです。

多くの子どもは宿題やテスト勉強を、放課後、本当に大切なことをする妨げにならないよう、できるかぎりてっとり早く、できるかぎり手をかけずに片付けるべき必要悪だと思っています。たしかに、学校というシステムを本当に理解している子どもは、うまくこなすことができるでしょうし、その気持ちはよく分かりますが、ほとんどの場合において、これは学業の成功をもたらす姿勢とはいえません。

お子さんに、お気に入りのスポーツのチームを思い浮かべるように言ってみましょう。そのチームでは、毎日午後一時に練習を始めるでしょうか、それとも、ほかにもっとめぼしい用事がないときだけ練習するのでしょうか。相手チームが「御しやすい」からといって、練習もせずにいたら、どうなるでしょう。子どもはほぼどんな年齢であっても、この取りくみかたがよい結果を生まないのを知っています。彼らは、勝つチームが予定に沿って練習をし、ぐずぐずと先延ばしにすることなく、真剣に課題と取りくみ、心して試合に臨むことを理解しています。これと同じ知恵が、学ぶこと、そしてお子さんの学業にも当てはまるのだと説明しましょう。

ホームスクーリングによって学んだ子どもは、伝統的な学校やカレッジに進んだ場合、それまでに可能なかぎり自分自身の教育に責任を負ってきた経験から、ほとんど直観的に、心構えが成功の鍵を握っていることを察知します。この、成果を上げる習慣を作り出した、あるいはファシリテートしたのは、親であることが多いものです。あなたにも、できます。

✽子どもを正しいスタート地点に送りだすには✽

まず、肩の力を抜きましょう。こと、勉強とテストの準備に関しては、責任はお子さんにあります。ただし、親には子どもが正しい方向に進むよう、目を配ることができます。

装備

今やお子さんは、完璧な勉強場所を手にしました。けれども、まだ、真面目な生徒が常に携えておくべき装備があります。勉強には、とくに年齢が上がると、大量の読書がつきものですから、良質の辞書は欠かせません。辞書は最新の単語を収録するために改訂を繰り返すものですが、今日買った辞書はゆうに、少なくとも一〇年間は、お子さんの役に立つでしょう。ですから、二ドル九九セントの特価品で間に合わせたりしませんように！　また、辞書を買いに行く際には、分野ごとの辞書のチェックをお忘れなく。とくに肝心なのは、お子さんの興味に沿った内容の辞書です。たとえば、わが家の息子が作詞熱に取りつかれていたころは、同韻語辞典が棚に収まっていることがなかったものです！

　レポートを書くときの、シソーラス〔訳注：意味や概念を手がかりに語を検索できる類義語・反義語・関連語辞典〕の価値ははかりしれません。お子さんにはレポートで「最高の」という形容詞を一〇回も使い、単調な印象を与えてしまった経験はありませんか？　使える単語はほかにもたくさんあります。たとえば、最良の、極度の、最高級の、最上層の、上に出るもののない、優れた、第一級の、えりすぐりの、秀でた、無類の、無比の、至高の、だんとつの、などなど。また、シソーラスには多くの見出し語に対して反意語が収録されています。これを使い、活用し、応用し、使いこみ、駆使し、操れば、使い手の語彙はいやでも磨かれるというものです。あとの使いかたはあなた次第です！

　百科事典は、あってもよいものではありますが、高くつくうえに、時代遅れになりがちです。パソコンがあれば、インターネット上で提供される辞典が、無料のものや購読料がかかるものなど、たくさんあります。そのほか、あると便利なものには、計算機、定規、ホチキス、クリップ、余分のペンと鉛筆などがあります。場合に応じて、分度器やコンパスもあるとよいでしょう。

勉強を日課にする

今日の、目が回るようなライフスタイルによって、勉強の日課を確立することは難しくはありますが、不可能ではありません。日課といっても必ずしも毎日、とくにお子さんがスポーツの練習や音楽のレッスンや（ガール、ボーイ）スカウトの集会をこなさなければならないとあっては、きっちり同じ時間にというわけには行きません。わが家の場合「日課」は一日のどこかでかならず勉強をするように、事前に計画を立てることを意味していました。

「以前は、学校の勉強を日課にすることについて、真剣に考えてはいなかったんです。でもある日、夜中の二時に娘に起こされて。科学のテスト勉強をするのを忘れていたと言うんですよ」とシンシア・レイノルズは振り返ります。「ベッドに戻りなさいと言っても娘はがんとして聞かず、結局、復習問題を出すはめに陥りました。なにしろわたしは睡眠をとても大切にしているので、もう二度とあんなことはごめんなんです」。

シンシアの家族は全員、毎日ちがうスケジュールで動いている。「うちでは子どもが家に着いたら、すぐにわたしの職場に電話をかけてくることになっています。それぞれ、そのあとの用事を報告し、一緒に、すべてを済ませる一番いい方法を考えます。おかげで、以来、午前二時に科学の本とにらめっこをする必要はなくなりました」。

この日課を考える際には、お子さんの性質を考慮に入れなければなりません。子どもによっては、帰宅後すぐに取りくむと、宿題と勉強が一番すらすらと進みますし、まず一休みしてリラックスし、お菓子をつまんだり少し運動したほうが、集中力が増すという子どももいます。日中は遊んだり友達づきあいをする時間だから、勉強は夕食のあとにするという場合もあるでしょうし、夜型人間は月が昇った後にもっとも能力を発揮できるものです。

どの方法がもっとも効果的か分からない場合は、お子さんとあなたで、分かるまでいろいろと試してみましょう。

勉強とテストの準備

親がしてやれること

・子どもがやるべきことを終わらせるのに役立つ道具を提供する。
・子どもにとってもっとも効率のよい時間にもとづく日課を築く。
・いつも援助の手を差し伸べる
・子どもと一緒に、勉強の要点を復習する。

子どもが自分でできること。

・自分自身の集中力の持続時間をテストする。
・集中力を向上させる。
・ノートを充実させる。
・たとえ宿題がなくても、毎日勉強する。
・記憶の手掛かりとして、頭字語を使う。
・レポートを口に出して読み、校正する。
・「反すう」を利用する
・グループ勉強に参加したり、自分でグループを作ったりする。

常に手助けができる態勢を整える

わたしたち人間は、何をやるにしても、愛する相手が自分を支えてくれているという自覚があったほうが力を発揮できます。もちろん口やかましくなるのはいけませんが、ことごとに、子どもに手を差し伸べるようにしましょう。手を差し伸べるといっても、文字通り宿題を肩代わりするのではありません。たとえば単語の綴りを練習したがっていたり、掛け算の表を覚えたがっていたり、小説について話し合いたがっていたり、レポートや研究課題のアイディアを求めていたりするときに、相手をつとめるのです。ホームスクーリングをする親が頻繁にぶつけられる疑問から判断するに、世間には子どもの学習を手伝うためには、まず、自分にその知識がなければならないという、目立った誤解があるようです。ときには、あなたもお子さんもお手上げになるような特別な場合もあるでしょうが、大人であるあなたには、今分からなくても答えを見つけ出す方法がたくさんあることを知っています。それに、たいていの場合、もっとも大切なのは、支え、理解するというかたちで提供される手助けなのです。

読み聞かせを続ける

しっかりした読解の技能を磨くことは、どんな子どもにとっても、学力を伸ばすために、絶対に必要なものです。国では、その段階にあろうとなかろうと、すべての子どもに一律の課題を学ばせますが、それ以外に、どんなに優れた読解力を持っていようと、幼い読者が一人で読みこなすことはできない、けれども楽しむことはできる文学作品はたくさんあります。ところが、子どもの能力が一人で挑戦するほど上がったころには、題材が年齢にそぐわなくなっていて、興味を惹かなくなっている、という次第なのです。

「一二歳未満の子どもに読みこなせる、本当に重要な文学作品なんて、あるでしょうか？」と疑問を呈するのはリリアン・ジョーンズ。「ですから、自分で読む分にはどんなものでも本人の興味に任せ、親子で夢中になれるもっと重厚な本は親が読んでやるというふうにしてはどうでしょう。わたしは、息子が一二歳になるまで、すばらしい児童文学の古典を読んで聞かせました。そのころになると、息子が興味を持つ本が急に分厚くなってきて、わたしが口に出して読むには時間がかかりすぎ、息子が自分でじっくり味わうほうが楽だし速くなったのです。そのころまで、息子が読むのは興味を惹かれたテーマのノンフィクションと決まっていましたが、自力でどんなものでも読みこなせるようになるころには、成熟し、複雑で深い意味をもつ素材を味わうことができるようになっていました。読書は今でも息子の好む娯楽ですし、もっとも重要な学習の源でもあります」。

勉強を勉強する

勉強をテーマとする作品を、この本一冊にかぎっていただくのは、わたしの本意ではありません。どうぞ、図書館やお気に入りの書店に足を運び、何十冊もの、勉強の向上をテーマとする本をふるいにかけてください。ほかのことと同じように、ネット上でも、おびただしい情報があなたを待っています。もしも「勉強すること」を勉強した結果、お子さんにぴったりの、またとないアイディアが見つかったら、有意義な時間を費やしたといえるでしょう。

✽お子さんにできること✽

問題はお子さんの時間、お子さんの教育、お子さんの責任です。以下にご紹介するアイディアをお子さんと分かち合ってください。お子さんが、あなたを「優秀な親」とみなすようになるのは請け合いです。

集中力の持続時間

わたしの知るかぎり、このテストを試した人は誰でも、目から鱗《うろこ》が落ちたと言います。典型的な読解の素材を前に置き、子どもに現在時刻を書かせてから、読書を始めます。最初に、気持ちがそれていることに気づいたら、読むのをやめ、その時間を記録して、第一の時間から第二の時間を差し引き、どれくらいの時間集中したかを見てみます。ほとんどの人が、自分の集中力の持続時間が、思っていたよりずっと短いことに気がつきます。集中力を向上させる習慣が身についてきたら、折にふれてこのテストを繰り返しましょう。

集中力を向上させる

椅子に腰を落ちつけ、いざ家庭学習に臨むとき、はじめに、どの科目から手をつけたらいいのでしょうか。大人と同じように、子どもも、興味のある対象のほうが集中力を発揮します。ですから、例外はあるとしても、多くの子どもにとって、答えはもっとも難しいと思う科目、になります。はじめは頭がまだ「くたびれて」いませんから、最大限のエネルギーを、それがもっとも必要なものに、投入できるのです。また、先に控えているのが、もっと楽しい勉強だと思うほうが、その逆の場合よりも、気が楽なものです。

型にとらわれない姿勢も、集中力を向上させます。ベッドやソファーに寝転んだり、思いおもいの格好でリラックスしながら家庭学習をする子どももいますし、それが、その子に合ったやりかたなのです。一番面白くないと感じる題材に取りくむときは、面白い物語でも聴くように、しゃんと背を伸ばし、身を乗り出して取りくんでもよいでしょう。

しょっちゅう空腹を覚える子どもの場合には、勉強を始めたあとで、冷蔵庫通いで立ったり座ったりしないように、事前に、必要な食物や飲み物を用意しておいたほうがいいかもしれません。一口つまんで中断するたびに、本筋に戻るのに余計な時間がかかりますから、次々と休めば、手元の課題を終わらせるのにかかる時間はどんどん長くなってしまいます。

もしも可能であれば、本当は、勉強のあいだは一口つまむのをやめたほうがよいのです。食べているあいだは、消化を助けるために、脳に向かう血液の流れは悪くなります。その結果、小規模とはいえ、感謝祭の夕食を食べたあと、誰もが覚えるのと同じ現象が起こります。最適な集中力を得るためには、勉強の合間ではなく、そのあとでごちそうを食べるようにしましょう。電話の応対、インスタント・メッセージのやりとり、Ｅメールの送受信も、冷蔵庫への旅に勝るとも劣らず気を散らします。

ノートを充実させる

とくに子どもが大きくなってくると、勉強や家庭学習にはより多くの教材を読むことが伴います。そこで、大切なのが、ノートを充実させることです。自分用の教科書を購入するカレッジの学生は、絶えず重要な情報にマーカーを入れ、余白にメモを書きこみます。学校所有の教科書を使う子どもが同じ効果を得るためには、情報を別の紙に書き取らなければなりません。とはいえ、教材を読んで、要点を抜き出し、それをノートにまとめるコツを身につければ、疑問に対する答えを求めたり、テスト勉強のために、章やセクションを全部読み返す必要がなくなり、結果的に時間の節約になります。今かけた時間が、先々、時間を稼いでくれるのです。

毎日勉強する

さあ、これは、お子さんが大喜びするような提案です。宿題が課されていない場合でも、勉強をしましょう。遅れを取り戻したり、少し先を予習する絶好のチャンスなのですから。「ぼくにとって、毎日の勉強がとくに役立ったのは、数学でした。数学は、ほんの一日サボっただけでも、勉強中の概念のカギとなる情報を忘れてしまうので」と言うのはコナー・ジョンソンです。「次の日にそこに立ち返ると、まるでゼロからやり直すような気になるんです」。

これには、やり遂げなければならないといういつものプレッシャーがかからない分、勉強がそれほど悪くないと思える可能性もあります。

頭字語を使う

この世には、頭字語、つまり、すべての単語の頭文字を寄せ集めて名称に変えるおかしな単語が、あふれています。たとえば、ＮＡＳＡやＡＡＲＰ〔訳注：アメリカの五〇歳以上の会員三六〇〇万人を有する、高齢者擁護を目的とする巨大ＮＰＯ〕がこれにあたります。この頭字語は、お子さんが一連の情報を覚える必要があるとき、すばらしい勉強の道具になります。たとえば（現職も含めて）もっとも最近の大統領六人を覚えなければならないとしましょう。つまり、フォード、カーター、レーガン、ブッシュ、クリントン、ブッシュです。本当はそれぞれの名前の頭文字が実際に何らかの単語のスペルになればありがたいのですが、たいてい、そうはうまくいきません。そんなときは、ちょっとしたナンセンスな文章を作ってしまいましょう。***"For compulsive reders, buy custom books"***（強迫的に本を読む人には、あつらえた本を買え）といった具合です。

レポートを口に出して読み、校正する

学期末レポートだろうが、研究レポートだろうが、読書感想文だろうが、作文だろうが、口に出して読み、校正することによってよりよくならなかった文章はかつて存在しません。お子さんは、最初は、一人で席について口に出して読むなんて、だとか、たとえ相手がいても、レポートを親に読み聞かせるなんて、と尻ごみするかもしれませんが、やってみれば、それだけで成績が上がるかもしれ

ません。文章、あるいは段落ですら、紙面で見ている分には完ぺきに思われても、いざその文章や段落を耳から聞いてみると、流れの悪い段落やまちがった使われかたをしている単語が浮かび上がるものなのです。

「反すう」を利用する

お子さんが新しい情報を吸収するときには「頭のなかで反すうする」ことを勧めましょう。けっして目新しいことではないはずです。あなたはただ、お子さんが別の方面で、すでにしていることを、活用するよう提案するだけなのです。

たとえば、先生にこんなふうに言えばよかったのに、とか、パーティーに行くお許しをどうやって取りつけようか、とか、あの素敵な男の子に、なんと話しかけようか、とか考えるときは、頭のなかで反すうしているはずだということを、お子さんに思い出させます。これと同じ「反すう」を活用することによって、お子さんは、今勉強している情報の別の切り口を見つけることができ、その主題をより深く掘り下げるような疑問が湧き、今ある知識にその情報を結びつけ、よりよく記憶に残すことができるのです。「反すう」によって使われる脳は、読むことによって使われるのとは別次元で、情報に、重要性が非常に高い「脈絡」を少なくともいくらか提供するのです。

難しい問題に備えるための四つのR

教科書の節や章の最後に設けられた問題は、あなたにとって、宿題のなかで一番簡単な部分だったでしょうか。わたしにとっては、そうではありませんでした。おそらく、お子さんにとっても、同じでしょう。お子さんが答えを見つけ、覚えておく手伝いをするには、難しい問題に備える四つのRについて教えてやる必要があります。

・Ｒｅｐｈｒａｓｅ（表現を変える）ときに、問題を解けないのはただ、それ自体を理解していないからだという場合もあります。言いかたを変えれば、もしかしたら、答えが明らかになるかもしれません。

・Ｒｅｍｅｍｂｅｒ（思い出す）手元の問題に答えられるかどうかは、すでに習った情報を思い出すことにかかっているかもしれません。

・Ｒｅｖｉｅｗ（見直す）本にその問題が載っている以上、答えも、その本のどこかに埋もれているはずです。

・Ｒｅａｓｏｎ（理論的に考える）もっとも論理的な答えは何でしょう。

グループ勉強は助けになるか

考え、勉強するのに、静かで落ち着いた環境を必要とする人もいますが、グループで教えたり教えられたりするほうが、効果が上がると考える人もいます。ほかでも推奨してきましたが、これも、同じ必要性をもつ子どもをもつ家庭同士が学習共同体を作る目的の一つです。恥ずかしがるのはやめましょう。そういう人々を一堂に会することは、全員のためになるのですから。

第15章　生徒になるとき

あなたは今、またとない成功への入り口に立っています。入場料ですか？　愛、信頼、そして、お子さんに勝るとも劣らず、あなたにも学ぶべきことがたくさんあることを受け容れることです。この入場料をかき集め、未知の世界に飛びこむとき、あなたは生徒になる特権と名誉を授かります。そう「先生」が生徒になるのです。親愛なる読者のみなさん、このことはもしかしたら、ホームスクーリングから得られる、もっとも重要な教訓かもしれません。この、あふれんばかりの信念をもって、飛躍することこそ、多くの家族を学業面でも実生活の面でも成功へと導くものなのです。

＊生徒になる＊

ヒナ鳥は母鳥に手本を見せてもらって、飛びかたを学びます。ライオンの仔は母親に手本を見せてもらって、狩りのしかたを学びます。だとしたら、人間の子どもだって、母親（か父親）に手本を見せてもらって物事のやりかたを学ぶと考えることにも、無理はないはずです。親がみずから、意欲的で、知識欲が豊かで、熱意のある生徒になり、身近で熱心な手本を提供することで、子どもが意欲的で知識欲が豊かで熱意のある生徒になる手助けをすることができると考えるのは、理にかなってはいませんか？

「生徒になる」ことは、「若くある」のと同じように、心の持ちようであり、一度その境地に達すれば、あなたの学習中心のライフスタイルをお子さんのみならずご自身にとっても価値あるものにしてくれるでしょう。おそらくあなたは、どうしてこんなに長いあいだ、このことをなおざりにしてきたのかと首をひねるのではないでしょうか。

「分からない」「知らない」と言うことを学ぶ

わたしの一番上の子どもは、わが家がホームスクーリングを始める以前、幼稚園に通っていました。学習中心のライフスタイルを導入したばかりのある日、息子がわたしに何かを訊いてきたときのことを、わたしは鮮明に覚えています。わたしはこう、答えました。「分からないわ。あとで調べてみましょう」。

するといい、息子は声も出ないほど驚いていました。

「どうかした？」わたしは訊きました。

「ママは先生じゃないか」息子は言いました。「先生は、なんだって知っているはずなのに！」

たった半日、一年間通っただけで、息子はすでに、型どおりの見識、つまり、先生はあらゆる答えを握っているものだという考えに染まっていたのです。

多くの親は学習中心のライフスタイルというプロセスに乗り出す時点では、自分たちは、万事について、すべてを知っていなければならないと考えていますが、ふつう、遠からず、生来好奇心の強い子どもの無数の質問に「分からない」と答える心構えができます。

人は、わたしの息子と同じように、教育を預かる人物はすべてを知っているものだと考えることが習い性になっているだけではなく、なぜか、すべてを知らないと、人間としての価値が低いと考えるようになってしまっています。そのため「知らない」と認めるのを恥じるのです。

けれども、知識の欠如を認め、熱心に「だから、調べてみよう」とそれに立ち向かうことは、解放的です。そのように認めることは、わたしたちを、完璧でなければならないという窮屈な思いこみから解き放ってくれるのです。幼い子どもですら、ショックから立ち直ったあとは、この正直さを認め、喜んでそれに応じてくれるものです。

生徒として「子どもより頭がいいこと」よりも、人間らしくあるほうが、親子関係においてより大きな価値をもっていることを学びましょう。

質問をする

自分が何もかもを知っているわけではないと認めた時点で、あなたはご自身のどんどん膨らむ好奇心を満たす道へのドアを大きく開きました。あなたは今や、自由に、質問ができるのです！　さあ、自由に羽をはばたかせ、お子さんに、知識への飢えを忘れない姿を、物語を読むときにただの上っ面で満足することなく、もう一歩踏みこむことで、はるかに深く味わう様子を見せましょう。その影響力たるや、絶大です！

「あなたが質問をする姿を見れば、お子さんも、より深く掘り下げることを学びます」。キャロル・ナリゴンはこう語ります。「深く掘り下げれば、生きることの上っ面しか眺めていなかったときにくらべて、自分の内に潜むより多くの情熱が見えてきます。意欲的に教え、導いてくれる人々との人間関係も築けるかもしれません」。

あなたは、質問をぶつけることは、相手にひどい迷惑をかけることだと思ってはいませんか？　実はわたしも、そう思っていました。多くの人の口から、わたしや子どもたちに自分の知っていることを分け与えることがどれほど楽しいか、そして、学ぼうとする好奇心や熱意がどれほど新鮮なものであるかを聞くまでは。彼らの対応は、わたしの予想とはまるで反対だったのです。

キャロル・ナリゴンと家族も、ほとんどの人は自分自身や自分の仕事や趣味についての質問に答えるのが大好きだということを発見した経験者です。「あるとき、ホームスクーリンググループのお父さんの一人が、ライト・パターソン空軍基地メディカルセンターの麻酔科への見学ツアーを企画してくれたことがありました。ツアーのあと、娘とわたしは基地内で同行した、お父さんと子ども二人の家族と、一緒に歩いていました。そのときたまたま、高圧酸素治療室の前を通りかかったんです。わたしたちがご一緒していたお父さんは救急医療の専門家で、医療のことならどんなことにでも興味をもっています。わたしもかねてより不思議に思っていたのですが、彼はそのとき、高圧酸素装置というのがどんなものか、その中ではどんなことが行われているのかと疑問を膨らませました」。

好奇心を満たす方法を探るのに慣れているキャロルと友人は、診療所に入っていき、仕事中の技術者に、自分たち家族に、高圧酸素装置を見せ、そのしくみを説明してもらうわけにはいかないかと頼みました。「結局、わたしたちは三〇分もかけて、高圧酸素装置を案内してもらうことができました。そのとき、誰も使っていなかったおかげで、中に入れてもらうことまでできました」とキャロルは言います。「わたしたちは治癒しない傷や、放射線被ばくの治療について、そして深海ダイバーがどうしてケーソン病［訳注：減圧症、潜水病ともいい、周囲の気圧が急激に変化することによって生ずる障害をいう］にかかりやすいか、そして周囲の気圧を変化させることが、それらの状態の改善にどう役立つかについて、思うさま学ぶことができました」。

ときには、目指す知識を掘り下げる前に、適任者を探さなければならないこともあります。「動物園や博物館に行ったら、白衣を着ている人を探すか、手のあいている学芸員《キュレーター》がいないか訊いてみるといいですよ」とは、キャロルのアドバイス。「『裏方』として働いている科学者は、博物館の収蔵品だけにかぎらず、自分の専門分野に関する質問に答えてくれるかもしれません。たとえば、地質学者ならば、小さなグループに地元の地質学について話してくれるかもしれないし、あなたの家の裏庭で見つかった岩の鑑定もしてくれるかもしれません。出来合いのツアーよりもずっと面白いですよ。ただしそれを可能にするためには、質問を切り出し、より深く掘り下げる意欲がなければならないわけです」。

親であるあなたが、生徒として、周囲の世界がどれほど面白いものであるかを学ぶのです。

お子さんが「その道の専門家」になるのを見守る

お子さんに対して「知らない」「分からない」と認めることを学んだあなたにとっては、お子さんが「その道の専門家」になるのを見守るのは、たやすく、楽しいことですらあります。「どんなことに、お子さんが活きいきとするか、そのサインに目を光らせなければなりません」。リリアン・ジョーンズはこう断言します。「標準的な学科には興味がなくても、ごく専門的な問題に対しては、際立った才能があるということもあります。もしかしたら、それにのめりこむことが役に立ったり、そのおかげですばらしい職業が選べるかもしれない。大天才や、さまざまな分野でそれなりに成功している人々の来歴を聞くと、学校の成績はおそまつだったけれども、当時は人目を惹くでもなく、役にも立たないと思われたことに夢中になっていた、という話がよく出てきます。さいわい、彼らの両親はその興味を支持したというわけです」（わたし個人が確かめた話ではありませんが、ジム・キャリー［訳注：カナダ出身の喜劇俳優。柔軟性のある顔とからだを活かした演技で有名］が、想像通りのクラスのふざけ屋だったころ、鏡の前で、何時間もいろいろな表情を作っていたと聞いたおぼえがあります。そのころ、その少年の未来に何が待っているかを予見できた人はいたでしょうか？）。

「支持するといっても、お子さんの興味に飛びつき、そこから、勉強の要素を引き出そうと大活躍するべきだと言っているわけではありません」。リリアンは言います。「その逆に、陰ながら支えてやるべきなのです。成果を収めなくてはならない対象にするのではなく、そっと、お子さんだけの、特別な得意分野にしておいてやりましょう。そうしないかぎり、本来なら子どもの情熱の対象であったかもしれないものへの興味を、親が殺してしまうという、ごく現実的で一般的な危険があります。ですから、子どもがその道の専門家になるのを、尊重しつつやたらに口だしをしない傍観者として、見守りましょう」。

親であるあなたが、生徒として、支えることを学ぶのです。

母なる自然に

わが子をはじめてスクールバスに乗せるとき、少しも心を揺さぶられない母親はめったにいません。ぎゅっと抱きしめることなく、か細い脚がステップを上がり、大勢の子どものなかに消えていき、その後ろで大きなバスのドアがぴしゃりと閉まるのを見送る母親もしかりです。

社会に広く浸透するメッセージは、わたしたちにこう訓戒をたれます。「しゃんとしなさい、お母さん。これがあるべき当然のことなのですから。誰でもやっていることです。子どもが成長するのはあたりまえ。この日が来るのは分かっていたことでしょう。さあ、痛みを乗り越えて、さっさと立ち直りましょう」。

そして、母親たちはその通り、しゃんとして、痛みを乗り越え、日を送ります。そのうちに、本当にこれがあるべき当然のことのように思えてくるまで。ついにわたしたちは、直感、本能、直覚、母なる自然――呼びかたはどうであれ、湧き上がる感情を、無視することを学んだのです。

学習中心のライフスタイルを生きることは、ふたたび、感じることを手助けしてくれます。これこそまさに、ほかのライフスタイルではかなわないお子さんの姿が見られるゆえんなのです。母なる自然に心を預け、自分がそうした感情を覚えることを許しましょう。ただし、感じることを許せば、過去に果敢に追い払った苦痛に心をふたたびさらすことになるかもしれないのは、覚悟しなければなりません。楽しいものであれ、苦しいものであれ、これらの感情はわけあって、あなたにもたらされたのです。あなた次第で、それらは理知的にあなたの考えや行動を導いてくれるでしょうし、あなたを惑わすことはけっしてないはずです。

生徒として、この生まれもった貴重な能力を活かすことを学びましょう。

✽できる子どもとのあたらしい暮らしを謳歌する✽

多くの先輩たちと同じように、今頃、あなたはこう考えているかもしれません。「子どもの学業面での成長を助けることがこんなに簡単だとしたら、(a)どうして今までやらなかったんだろう。(b)どうして誰もが実行しないんだろう。

この答えはどちらも同じです。奇妙なことに、人はいくつかの非常に厳しい疑問への答えを探し求めないかぎり、教育というものが、比較的シンプルで、お金のかからない、家族中心の、楽しいプロセスだということに気がつかないのです。この本を読み終えたあなたは、今ではこのことに目を開くことができるはずです。難しい疑問に答えたからではなく、お子さんの教育に対する愛情深い関心によって。

この本が出版されるに至ったのは、ホームスクーリングが社会的認知を受け、驚異的に増加し、その輝かしい実績がアメリカの主流にどんどん認識されつつある賜物であることを、どうぞ忘れないでください。それは「必要十分な数」の親たちが、わたしがこの本でご紹介した教育についての真実を、みずからの手で発掘してくれたおかげなのです。今現在、アメリカでどのくらいの家族がホームスクーリングを行っているかは、誰も、確かには知りませんが、その数はすでに、誰もが、知りあいにホームスクーラーがいるという程度まで増えています。これによって、当初、ホームスクーリングという概念につきまとっていた「得体の知れなさ」はほとんどが拭い去られました。今では人々は、すぐ近所や教会や、自分の親類縁者のなかにすら存在するホームスクーラーが、ごく普通の人々だということを認識するに至っています。

次に、ホームスクーラーの成功が「まぐれ」扱いを脱し、本物のニュースとして流されるには、それなりにメディアの注目が集まることが必要でした。もしも隣人がホームスクーリングをやっていて、ＭＳＮＢＣ〔訳注：アメリカのケーブルテレビの代表的なニュースステーション〕でブライアン・ウィリアムズ』〔訳注：ＮＢＣの人気看板ニュースキャスター〕がそれを話題にし、『タイム』や『ニューズウィーク』などがカバーストーリーにとりあげていたら、なにか、注目すべき理由があるのはまちがいないでしょう。

最後に、アメリカ人は相当数のホームスクーリングで学んだ「卒業生」をその目で見届けなければならなかったようです。子どもたちは長じて（遺憾ながら）従来の手段によって、自分の価値を証明しなければなりませんでした。際立って世間の注目を惹く、全米綴り字競技会や全米地理協議会などの学問的なコンテストで勝者にならなければなりませんでした。アメリカ国民は、ホームスクーラーが伝統的な学校教育を受けた子どもたちとほぼ同じ割合で大学に進学し、地域社会へと溶けこんでいくのを見届けなければならなかったのです。現在、若者となった初期のホームスクーラーたちは、仕事を得、みずから事業を始め、親やテニスやフットボールのスターや警察官や消防士にならなければなりませんでした。一言で言えば、ホームスクーラーたちが、浴びせられた批判が筋違いだということを立証して、はじめて、周囲の人々はホームスクーリング家庭の言い分に心を開いてくれたのでした。

今、心を開いてこの本を読んでくださったあなたに、心からお礼を申し上げます。きっと、親であるあなたがそうしたことで、お子さんの人生はより豊かなものになるでしょう。そのより豊かな人生を通じて、お子さんは学業の成功へと近づいていきます。より重要なことは、お子さんがより豊かな人生を通じて、自分の基準ではかり、家族の価値観で支えられた成功に向かって近づいていくということです。それは、お子さんの将来の幸せと安心に、そしてお子さんご自身のお子さんの幸せと安心に、もっとも確実につながる道です。

どうか、あなたとあなたのお子さんに、このすばらしいライフスタイルが老いも若きも、すべての生徒にもたらす、好奇心や発見の興奮や成功やぬくもりや絆や喜びや愛が訪れますように。

巻末付録　やってみましょう。「楽しい学習」を始動する知恵

✱学習を活性化させる一〇の会話の糸口✱

(1)「人生において大切なものってなんだろう？」
(2)「これまで、想像力を活用することは、問題解決にどう役立った？」
(3)「得意なことは何？　あなたの技能を一番活かせる職業はなんだろう？」
(4)「有名なアーティストと夕食が食べられるとしたら、誰を選ぶ？　過去の人でも、現在の人で

も構わないとして」
(5)　新聞に載っている、おもしろい裁判中の事件を見つけ、自分が陪審員だと仮定してみます。「あなただったら、有罪、無罪、どちらに票を投じる?」
(6)　「宇宙計画を継続することは大切だと思う?」
(7)　「好きな作家は?　その理由は?」
(8)　「コンピューターと、コンピューターに関係するすべての情報伝達の手段は、英語という言語の正しい使いかたに、よい影響を与えてきた、それとも悪い影響を与えてきた?」
(9)　現代の人間は、多くの計算を機械任せにしています。「そのメリットとデメリットは?」
(10)　「あなたの思う、世界で（一番長い、一番短い、一番重い、一番軽い）（動物、植物、惑星、魚、人間）は?　それらは、どうしたら見つかると思う?」

✱お買いもののの算数あれこれ✱

お子さんは、一盛りの果物の重さを推測したことがありますか?　実際にはかってみて、お子さんの推測がどの程度正確だったかをたしかめましょう。

缶詰が二つで九九セントだとすると、四つではいくらになるでしょう。では、三つでは?

レジの前に並んでいるあいだに、買い物かごのなかの商品の値段を見積もり、全部の支払い額を推測しましょう。

買ったものを入れる袋は、いくつ必要でしょう。

あるシリアル一箱の二〇パーセントはいくらでしょう。二〇パーセント引きだとすると、いくらになるでしょう。

ソーセージの大袋を買うとします。家族一人につき、一回の食事で二本食べるとすると、この袋で何食分になるでしょう。

どちらのほうがお買い得でしょう。有名な銘柄の商品をこのクーポンを使って買うのと、クーポンなしで、お店のブランド品を買うのと?

一箱五九セントのパスタがあります。五ドルでは何箱買えるでしょう。では、一〇ドルでは?それぞれの場合で、おつりはいくらもらえるでしょう。

一つ四分の一ポンドの肉類の缶詰を、何種類買えば、三ポンドになるでしょう。

単価をチェックしましょう。お気に入りのピーナッツバターは本当に、ほかのピーナッツバターよりもずっと価値があるのでしょうか?

一パックが三人分だとすると、日曜の夕食のためには、何パック必要でしょうか。

一ポンド当たりの個数は、赤ジャガイモは白ジャガイモよりいくつ多いでしょう。

✱五分でできる、綴りの力が伸びるゲーム✱

なんという言葉?

お子さんに、辞書から一つ任意の単語を選ばせます。長ければ長いほど、好都合。親が参加している場合は、その言葉の意義や使いかたを説明してやってもよいでしょう。参加者はそれぞれ、一枚の紙を持ち、一番上にその単語を書きます。時間制限（三分から五分くらい）を設け、その長い単語に入っている文字だけを使って、できるかぎりたくさんの単語を書き出します。作り出した単語に、元の長い単語の文字がいくつ使われているかに応じて、点数をつけます（三文字使われている場合は一点、四文字の場合は二点など）。競争形式にしてもよいし、前回までの自分の最高得点を超えるのを楽しんでもよいでしょう。

ハングマン（訳注：出題者と解答者に分かれ、出題者が考えた単語を解答者が一文字ずつ当てていく言葉当て遊び。紙に単語の文字数の下線を引き、当たったらその箇所に文字を入れ、はずれた場合は首つりの絵を描いていく。単語の文字が出そろったら解答者の勝ち。首つりの絵が完成したら出題者の勝ちになる）

校正してごらん！
新聞や雑誌や子どもの学校の教科書から、段落を一つないし二つ紙に写します。その際、わざと単語のつづりをまちがえましょう。お子さんはまちがいをいくつ見つけられるでしょうか（より教育的な効果を上げるためには、子供が勉強しているおもしろい教材を用いるとよいでしょう）。

ボグル（訳注：アメリカ、パーカーブラザーズ社のゲーム。六面に文字が書かれたダイスを一六個振って

四×四に並べ単語を見つけだすゲーム）

書き回しゲーム
家族全員で一枚の紙を使い、順番に一文ずつ書きくわえ、短いお話を作っていきます。最後に、子どもに声に出して読ませるとよいでしょう。

✽学習タイプ別の、効果的な学習のコツ✽

視覚的学習者　覚えるべき事柄を書き出し、家のそこここに貼っておく。
芸術的学習者　覚える事柄を、本人に装飾させ、その後、家のそこここに貼っておく。
聴覚的学習者　覚えるべき事柄をテープに吹き込み、寝る前に聴くようにする。
運動感覚的学習者　覚えるべき事柄を小分けにして階段の段の脇に貼り出しておき、上らないと（下りないと）次のことに移れないようにする。

✽数学的なゲーム✽

ジオボード
典型的には木製の板に等間隔に釘を打ったものを用意します。六×六、あるいは七×七など。子どもは輪ゴムを使って、釘に引っかけ、幾何学的な形を作ったり、面積について学びます。

タングラム

正方形の板状の素材を七つに切り分けたものを用意します。三角形を五つ、長斜方形を一つ、正方形を一つ切り出します。常に七つのピースすべてを使って、あらかじめ決められた図を作り直すパズルとしたり、形について探求するのに用います。

積み木

木製あるいはプラスチック製の色や形のちがう積木を用意し、図形や形を探究するのに用います。

モノポリー（訳注：さいころを使う卓上ゲームの一種で、地所の取引を行ない、不動産を独占しようと争うことを模したもの）

カードゲーム（トランプ）

ヤーツィー（訳注：米国 **E. S. Lowe** 社製のゲーム。五つのさいころを同時に振って出た目の組合わせについて、フルハウス、ストレート、ヤーツィーなどそれぞれ得点が定められており、これを一三回繰り返し高得点を競う）。

ライフ（訳注：格子状の区画に適当に配された「個体」が世代を重ねるごとに、他との関係に応じ、与えられた規則にしたがって存続・消滅したり、新個体を誕生させたりして生成するパターンを楽しむ数学ゲーム）

お店ごっこ

サイコロを使うゲームに、さらに二つサイコロを加えて、難度を上げます。

✱子ども思いの計算の説明のしかた✱

グラフ

グラフは作る人の工夫次第で、どんな形にもどんな大きさにも、どんな色にもどんな複雑なものにもなりえます。さらに、どんな情報であっても、グラフ化することができます。グラフは、分数について（そのためには、円グラフが特に有用です）、割合について、～より大きいとか小さいとかいうことについて、比較、分類、統計などなどについて、語り合う機会を生み出します。コンピューターソフトにも、グラフが作れるものはたくさんありますし、年長の子どもはこれを用いることで、スプレッドシート（訳注：縦横のます目を埋める形で表形式に表現されたデータ）の作成を覚えることもできるでしょう。

極端な数字

多くの子どもは、「ものすごく大きい数」に興奮するものですが（グーゴルってなんでしょう？［訳注：一のあとに〇が一〇〇個連なった一〇一桁の数。一九二〇年、アメリカの数学者エドワード・カスナーの当時九歳の甥、ミルトン・シロッタによる造語。天文学的な数字を意味する。ちなみに、検索エンジンgoogleは製作者であるラリー・ページがグーゴル（googol）のつづりをまちがえて登録した］）、逆に、ものすごく小さい数に触れさせるのも、同じく面白いものです。極端な数字はちまたにあふれています。世界に手始めに、昔ながらの方法で、ただ数えるだけでも、重さや長さをはかるのもよいでしょう。世界にいる魚のうち、もっとも大きいもの、もっとも小さいものを含んだグラフを作るのはどうでしょう？もっとも重い動物ともっとも軽い動物は？　キログラムに対して、ミリグラムはどんな単位でしょうか。たくさん続く〇の意味は？　全部書き出してみるのはどうでしょう。

工作

手仕事が好きな子どもだったら、自分でジオボードやタングラムを作る魅力に勝てるはずがありません。幾何学的な図形を、ひもやわら編みの箱をつかって説明してみるのはどうでしょう。積み木はさまざまな目的に活用することができます。お宅の芸術家をやる気にさせるために、作品中に繰り返し模様を用いたことで有名な視覚芸術科、M・C・エッシャーの作品に触れさせるのはいかがでしょう。彼のもっとも有名な作品には、ガンや魚や手を描いたものがあります。

✽読み・書きを楽しむ七つの方法✽

(1) 家族のスケジュールに合う晩を選んで、全員が、誰かに宛てた手紙を書きます。相手は親戚でも、有名人でも、作家でもかまいませんし、企業への製品の苦情や評価の手紙でもいいでしょう。専門家に、自分が研究していたり興味のあることについての情報を求める手紙を書いてもかまいません。ときには、その努力に対して、驚くほどの報いが、郵便受けにひょっこりあらわれるものです。

(2) お子さんが、興味を共有するメール友達を見つける手伝いをしましょう。

(3) 今読んでいる本の登場人物の役になりきって、声音を変えてそれぞれの役柄を演じましょう。ナレーション係も必要です。音声をカセットに録音したり、映像をビデオで撮って「演技」を記録しましょう。

(4) 映画を観る見る前に原作を読み、本と映画を比較しましょう。

(5) お宅のテレビに、耳が不自由な人のための字幕が映る機能があれば、音を消して、しばらくテレビを「読んで」みましょう。

(6) お子さんに、お話を読んでカセットに吹きこませ、弟や妹や親せきや近所の人への贈り物にしましょう。

(7) お子さんに自分自身の「ニュース」を満載した、週刊あるいは隔週の新聞を作らせましょう。

パソコンのソフトウェアを使えば、作業が楽になります。

✽歴史と地理を学ぶための七つの簡単な方法✽

(1)　アメリカ合衆国あるいは世界の地図を、目立つところに貼り出しましょう。手紙や電話の発信源を地図で特定します。
(2)　車に乗っているあいだ、子どもにコンパスを渡して遊ばせましょう。
(3)　地球儀をぐるっと回して国を一つ選び、その国の民族料理を作ってみましょう。
(4)　祖父母や近所のお年寄りや年上の友人に、人生について話してもらいましょう。
(5)　お子さんにインターネットで、歴史上「今日は何の日」などの雑学を調べさせ、夕食の席の話題にしましょう。
(6)　お子さんに、今現在勉強している歴史や社会科の教材から、あなたに、クイズ問題を出させましょう。
(7)　家の周囲にある物が、どの国の原産であるかに注意を払いましょう。継続的に見ていき、洋服、電化製品、おもちゃなど、多く作っているのはどの国かを発見しましょう。また、その国はどこにあるでしょうか。

訳者あとがき

本書は、原題を“*What the Rest of Us Can Learn from Homeschooling ?*”といい、アメリカのホームスクーリングの草分け的存在の一人であるリンダ・ドブソン女史が、従来の学習方法をしのぐ効果を挙げ、多くの成績優秀者を輩出しているホームスクーリングのエッセンスを、いわゆる従来の学校に通う子どもたちの親に分け与える内容の作品である。

日本ではまだまだ認知度の低い「ホームスクーリング」とは、広義には、読んで字のごとく、従来の学校に通うかわりに、家庭で、自分なりの方法で学ぶスタイルをいう。アメリカでキリスト教徒が信仰を守るための一手段としてはじめ、のちに交通の便や学校の荒廃、不登校などのさまざまな理由から広がったこの学習法は、本書の巻末でも書かれているとおり、当初は異端視や軽視の憂き目にもあいながら、それらをくつがえす実績を上げることによって認知度を高め、今や反対に、アメリカ屈指の諸大学から注目株としてスカウトを受けるまでの地位を築き上げているという。それと同時に生まれてきた、ホームスクーラーが「できる」秘密を知りたいという巷の要求が本書の背景にはあるわけだが、では、伝統的な学習法を凌駕する、ホームスクーラーたちの勉強のコツとはどんなものなのだろう。

一八年間、公私ともにホームスクールに関わってきた著者は、それは、特殊なプログラムでも、スパルタ教育でもなく、ごく普通の親にでもできる、いや、「親だからこそ」、生活のなかでごく当たり前に実践できることの積み重ねだと語る。「生活」と「学習」を融合させ、一人として同じではない子どもの個性を活かす。学ぶ喜びをつぶすことなく、それぞれが心に持っている興味を引き出してやる。そうやって、見つめ、守り、ときどき手を添えてやるだけで、子どもたちは、学業の面でも、社会的な意味においても、おのずから育っていくものなのだ……と。

もちろん、一口に「誰にでもできる」と言っても、たやすいことではない。子どものいる人ならだれでも分かることだが、彼らの尽きない好奇心に一々付き合うのには大変な精神力を要する。著者が提唱するように、親がみずから率先してほかの親を巻きこみ、地域を巻きこみ、子どもがそのときどきに必要としている、けれども親だけでは不十分な導きを与え、社会性を育むためには、並外れた社交性を発揮する必要があるだろう。学校や塾や習い事など、その道の「プロ」にゆだねたほうがどれほど楽かわからない。しかし、他人との関係が希薄になり、「存在感」やたしかな「よりどころ」を求める子どもたちの悲鳴のような事件が毎日のように世間を騒がすこの現代において、その、どの親にもできること——時間も手間もかかるだろうが、子どもの成長を真に願うなら、必要なこと——こそが、求められていると思うのは、はたして、訳者一人だろうか。

「ホームスクーリング」そのものへの興味の有無にかかわらず、学力だけではない子どもの真の「成長」を願う、一人でも多くの親たちの手元に本書が届くことを切に願ってやまない。

最後になるが、本書を日本に紹介する機会を与えてくださり、いたらない訳者を叱咤激励して訳了にこぎつけさせてくださった緑風出版の高須ますみさん、斉藤あかねさんに、この場をかりて、心からの感謝を申し上げたい。

二〇〇六年六月一日

遠藤公美恵

[著者略歴]

リンダ・ドブソン

アメリカ、ニューヨーク州サラナクレーク在住。アメリカにおけるホームスクーリングの草分け的存在であり、教育関連のコラムニストとしてもよく知られる。ホームスクーリングに関する著書多数。みずから３人の子どもをホームスクーリングで育て、長年にわたって、ホームスクーリングを行う親子のみならず、従来の学校教育を受ける子どもとその親へのアドバイスを行っている。

[訳者略歴]

遠藤　公美恵（えんどう　くみえ）

早稲田大学第一文学部卒。横浜出身、栃木県在住。翻訳者。主に女性学・精神医学・出産・育児・教育関連の翻訳を手がける。翻訳書に『母に心を引き裂かれて』、『そのオモチャ、本当に買ってあげていいの!?』、『専業主婦でなぜ悪い!?』などがある。

ホームスクーリングに学《まな》ぶ

2008年7月5日　初版第1刷発行　　定価2300円＋税

著　者　リンダ・ドブソン

訳　者　遠藤公美恵

発行者　高須次郎

発行所　緑風出版 ©

〒113-0033　東京都文京区本郷2-17-5　ツイン壱岐坂

[電話] 03-3812-9420　[FAX] 03-3812-7262 [郵便振替] 00100-9-30776

[E-mail] info@ryokufu.com [URL] http://www.ryokufu.com/

装　幀　堀内朝彦

制　作　R 企 画　　印　刷　シナノ・巣鴨美術印刷

製　本　シナノ　　用　紙　大宝紙業　　E1500

ISBN978-4-8461-0809-0　C0037

◎緑風出版の本

■全国どの書店でもご購入いただけます。
■店頭にない場合は、なるべく書店を通じてご注文ください。
■表示価格には消費税が加算されます

世界一素敵な学校
サドベリー・バレー物語
ダニエル・グリーンバーグ著／大沼安史訳
四六版上製
三一六頁
2000円
カリキュラムも、点数も、卒業証書もない世界一自由な学校と言われる米国のサドベリー・バレー校。人が本来持っている好奇心や自由を追い求める姿勢を育むことこそが教育であるとの理念を貫くまさに、21世紀のための学校。

自由な学びが見えてきた
サドベリー・レクチャーズ
ダニエル・グリーンバーグ著／大沼安史訳
四六版上製
二三二頁
1800円
本書は、自由教育で世界に知られるサドベリー・バレー校を描いた『世界一素敵な学校』の続編で、創立三十周年のグリーンバーグ氏の連続講話。基本理念を再検討し、「デモクラシー教育」の本質、ポスト産業社会の教育を語る。

プロブレムQ＆A
10代からのセイファーセックス入門
［子も親も先生もこれだけは知っておこう］
堀口貞夫・堀口雅子・伊藤　悟・簗瀬竜太・大江千束・小川葉子著
A5変並製
二二〇頁
1700円
学校では、性教育はバッシングの対象となり、十分な性知識を教えられない。正しい性知識と、より安全なセックス＝セイファーセックスをするためにはどうすればよいか、Q＆A形式で詳しく解説。異性愛者も同性愛者も必読。

プロブレムQ＆A
性同一性障害って何？
［一人一人の性のありようを大切にするために］
野宮亜紀・針間克己・大島俊之・原科孝雄・虎井まさ衛・内島　豊著
A5変並製
二六四頁
1800円
戸籍上の性を変更することが認められる特例法が施行されたが、日本はまだまだ偏見が強く難しい。性同一性障害とは何かを理解し、それぞれの生き方を大切にするための入門書。資料として、医療機関や自助支援グループも紹介。